本书为安阳工学院博士科研启动项目 BSJ2022019 阶段性成果之一。

府志彰德

七部《彰德府志》与明清安阳地方社会研究

郭海东 著

中州古籍出版社

·郑州·

图书在版编目(CIP)数据

府志彰德：七部《彰德府志》与明清安阳地方社会研究 / 郭海东著. —郑州：中州古籍出版社，2023.10
ISBN 978-7-5738-0989-6

Ⅰ.①府… Ⅱ.①郭… Ⅲ.①安阳–地方志–清代②社会史–研究–安阳–明清时期 Ⅳ.① K296.13

中国国家版本馆 CIP 数据核字（2023）第 196763 号

责任编辑	刘　琳
责任校对	吴胜蕊
装帧设计	曾晶晶

出 版 社	中州古籍出版社（地址：郑州市郑东新区祥盛街27号6层 邮编：450016　电话：0371-65788693）
承印单位	河南瑞之光印刷股份有限公司
开　　本	787 mm×1092 mm　1/16
印　　张	19.25
字　　数	300千字
印　　数	1—1000册
版　　次	2023年10月第1版
印　　次	2023年10月第1次印刷
定　　价	68.00元

本书如有印装质量问题，请联系出版社调换。

目 录

绪　论 | 1

第一章　七部《彰德府志》纂修概说 | 5

第一节　明代以前安阳方志述略……………………………… 6
一、明代以前安阳方志书籍概述 / 6
二、地方志的续修与重修 / 10

第二节　明代两部《彰德府志》编纂及刊行……………… 11
一、崔铣与嘉靖《彰德府志》/ 13
二、郭朴与万历《彰德府续志》/ 17
三、明代名儒与家乡方志的编纂 / 18

第三节　清代五部《彰德府志》编纂及刊行……………… 21
一、宋可发与顺治《彰德府续志》/ 21
二、汤传楷与康熙《彰德府志》/ 29
三、刘谦与乾隆五年《彰德府志》/ 31
四、黄邦宁与乾隆三十五年《彰德府志》/ 34
五、卢崧与乾隆五十二年《彰德府志》/ 35

第四节　《彰德府志》编纂机构与修志经费……………… 38
一、编纂成员构成及分工 / 39
二、《彰德府志》取材与内容考辨 / 44
三、《彰德府志》编纂的经费来源 / 54

第二章　《彰德府志》特色及价值 | 56

第一节　明清《彰德府志》的体例及特色⋯⋯⋯⋯⋯⋯⋯⋯⋯⋯⋯⋯56
一、明清方志凡例之规定 / 57
二、七部《彰德府志》凡例的变化 / 61
三、明清《彰德府志》的特色与不足 / 68

第二节　明清《彰德府志·艺文志》的价值⋯⋯⋯⋯⋯⋯⋯⋯⋯⋯⋯75
一、《艺文志》收录文献的类型 / 76
二、《彰德府志·艺文志》的价值 / 84
三、《艺文志》对地方文化的贡献 / 86

第三章　明清彰德府政区调整与安阳地方治理 | 94

第一节　明清彰德府行政区划调整⋯⋯⋯⋯⋯⋯⋯⋯⋯⋯⋯⋯⋯⋯95
一、明代彰德府行政区划的调整 / 96
二、清代彰德府行政区划的调整 / 98
三、明清彰德府区位地理优势 / 105

第二节　彰德府辖境内的河渠水利⋯⋯⋯⋯⋯⋯⋯⋯⋯⋯⋯⋯⋯⋯106
一、洹水 / 107
二、万金渠 / 109
三、漳水 / 112
四、其他河渠陂堤 / 117

第三节　明清安阳地方社会发展⋯⋯⋯⋯⋯⋯⋯⋯⋯⋯⋯⋯⋯⋯⋯119
一、明代彰德府马政 / 119
二、明代彰德府粮运与盐引 / 122
三、明清易代彰德府下辖州县的矛盾 / 123

第四章　府县同城视角下的彰德府机构与职能 | 127

第一节　明清彰德知府⋯⋯⋯⋯⋯⋯⋯⋯⋯⋯⋯⋯⋯⋯⋯⋯⋯⋯⋯127

一、明清彰德府官僚群体概述 / 128
　　二、明清彰德知府群体结构分析 / 131
　　三、知府在宦迹内的突出贡献 / 136
　　四、《彰德府志》入传知府形象 / 138
第二节　府县同城中的明清安阳知县……………………143
　　一、明清安阳县附郭彰德府 / 144
　　二、府县同城中安阳知县之境遇 / 147
　　三、附郭知县的任期及迁转 / 150
第三节　彰德卫与彰德营……………………153
　　一、明代彰德卫 / 154
　　二、明清易代中彰德卫的命运 / 157
　　三、清代彰德营 / 159
第四节　明清彰德府驿递网络与巡检司……………………162
　　一、明清河南驿传系统概况 / 162
　　二、明清彰德府驿递网络 / 164
　　三、强化彰德府治理的巡检司 / 172

第五章　明清彰德府灾害疫病与地方应对举措 | 175

第一节　明代彰德府的灾害疫情与官员应对……………………175
　　一、彰德府自然灾害情况 / 176
　　二、彰德府地区疫情概况 / 179
　　三、灾情中地方官员的应对措施 / 182
　　四、自然灾害与明清易代 / 191
第二节　清代彰德府的灾害疫情与官员应对……………………194
　　一、灾情统计 / 195
　　二、疫情统计 / 200
　　三、地方官员的应对措施 / 201
第三节　明清安阳仓廪储备与地方救灾……………………206
　　一、设仓储谷、以备饥荒 / 206
　　二、各类仓廪的救济方式 / 214

三、仓廪储备与粮食安全 / 219

　第四节　明清彰德府灾疫救助中的民间力量……………………224

　　一、乡邦善士捐资赈灾 / 224

　　二、明清彰德府义行统计分析 / 226

第六章　忠义的书写与《彰德府志》教化功能 | 228

　第一节　明清两朝的岳飞崇祀……………………………………228

　　一、明代对岳飞崇祀的兴起 / 229

　　二、清代对岳飞崇祀的变化 / 236

　　三、明清《彰德府志》中对岳飞形象的构建 / 240

　第二节　兴教与资政并重的崔铣……………………………………244

　　一、坚守气节，宦海三起三伏 / 245

　　二、献身教育，办私塾教子弟 / 247

　　三、著书明道，修方志以资政 / 249

　第三节　仁义巷里话郭朴……………………………………………252

　　一、秉公铨政、以贤著称 / 253

　　二、致仕还乡、修身养德 / 257

　　三、仁义礼让、美名流传 / 261

　第四节　兴文教化，彰德府儒学教育 / 264

　　一、彰德府府州县儒学 / 265

　　二、社学与义学 / 275

　　三、明清两代书院 / 280

　　四、府学、县学的教官 / 288

结　语 | 293

参考文献 | 297

后　记 | 300

绪　论

一、选题缘由

近年来，在明清社会史和区域社会变迁的研究领域，研究者都十分重视地方文献资料的挖掘与应用，然而较之于学者热衷的方志资料的搜集与应用，对于方志本身的研究却非常薄弱，而对于地方志与地方文化的研究更多地停留在理论探讨方面。究其缘由，主要在于方志本身的流传情况，如《彰德府志》，明清两代共进行了7次纂修、续修和重修。目前，在7部《彰德府志》中，流传较广的两部方志为明代的嘉靖《彰德府志》（又名《邺乘》）和清乾隆五十二年（1787）的《彰德府志》，前者因收录于天一阁明代方志选刊中而广为人知，后者因其收录于《中国方志集成·河南府县志辑》而广为流传。而其余5部则专藏于各大图书馆或档案馆成为孤本，例如明代郭朴的万历《彰德府续志》，目前原本收藏于国家图书馆，复印本收藏于安阳市档案馆，而顺治本、康熙本均属孤本。有幸由河南省地方志办公室编《河南历代方志集成·安阳卷》，将七部《彰德府志》进行了整理影印，为研究者提供了方便的资料获取途径。在嘉惠学林的同时，也为研究者将7部《彰德府志》作为一个整体进行比较研究提供了新的思路。

二、学术史研究回顾

本课题以明清两代修纂的7部《彰德府志》为研究对象，探讨明清历史变迁过程中地方文化的发展与传承。由于时间跨度大，加之7部《彰德府志》资料收集困难，因而现有研究较为薄弱。笔者就现有《彰德府志》的研究情况以及明清安阳地方文化相关研究成果总结如下：

（一）河南方志研究基础扎实、成果丰硕

河南方志的研究起步早，成果丰，研究基础扎实，为后继研究者提供了翔实的基础材料。史亚夫编《河南地方志综录》（1981年）收录了河南历代旧志554种。杨静琦《河南地方志佚书目录》（1982年），收录河南散佚方志368种，其中明代183种、清代89种。刘永之、耿瑞玲编纂《河南地方志提要》（1990年），涉及河南旧志566种。2018年河南省方志办出版了《河南历代方志集成》。朱丽晖《河南旧志整理及存佚考述——〈河南历代方志集成〉为中心》（《中国地方志》2020年第1期）中指出河南方志有31种未收录，530种已收录，现存河南旧志561种。杨彦智《1949年以来河南方志的整理、出版与研究》（《出版广角》2021年第19期），作者在朱丽晖的基础上又增补了33种。此外还有樊美玉、段德仁《河南地方志纂修和藏书情况简介》（《中州学刊》1981年第1期）。明清时期的方志编纂是中国古代方志发展高峰。此时段20世纪80年代的代表成果有王兴亚《清代顺治年间河南纂修的方志述略》（《中州学刊》1984年第2期），此外还有聚兴堂的《明以前河南方志浅识》（《河南图书馆学刊》1989年第4期）、张佐良的《清初河南修志述论》（《中国地方志》2009年第1期）等分别对清顺治年间、明以前和明初期的河南修志情况进行了简要梳理。前辈学者的辛勤付出，为后继研究者的研究披荆斩棘，在此基础上针对河南各地的方志研究也有深入挖掘，其中《彰德府志》的研究也如雨后春笋。

（二）与《彰德府志》相关的研究成果不断涌现

河南各地府志研究成果较为集中在《河南府志》和《开封府志》，近年来彰德府的关注度也逐渐被学界重视。笔者从著作、科研论文、学位论文三个层面进行简要的归纳。

著作方面，刘永之、耿瑞玲著《河南地方志提要》（1990年），认为嘉靖《彰德府志》较后代方志"简明扼要、篇幅不大，而内容翔实"，作者还兼论了崔铣秉笔直书的品质。周国瑞先后出版了《崔铣洹词选》（1993年）和《崔铣传》（2011

年），为明代安阳著名理学家崔铣做了专题研究。此外，由临漳县地名办公室编《临漳县地名资料汇编》（1983年），其运用明代嘉靖《彰德府志》和清代乾隆五十二年（1787）的《彰德府志》对临漳县村落名录进行了研究。丁世良、赵放《中国地方志民俗资料汇编》（中南卷）（1989年）对彰德府志中的资料进行了梳理。

论文方面，王迎喜的《明清时期安阳地方志的编修》（《安阳师范学院学报》2004年第6期）一文，详细介绍了《彰德府志》的纂修过程，认为崔铣所修《彰德府志》详略得当，少有错讹，对后期的《彰德府志》影响极大，其史料价值极高。赵秀红的《"中州杰士"崔铣之文化精神论略》[《郑州轻工业学院学报》（社会科学版）2014年第2期]，通过发掘历史上产生过积极影响的河南士人，研究他们的思想及其文化精神，从而丰富中原文化内涵。该文从求学、为官和为学三个方面挖掘崔铣身上所体现出的中原文化精神。郭建平《崔铣及嘉靖〈彰德府志〉述评》（《图书馆学刊》2013年第8期），认为崔铣所修《彰德府志》大胆创新，体例严谨，详略得当，考证精要，史料翔实，而崔铣改变了安阳地方志有而不存、凌乱无章的局面，让3000年古都有了一本前所未有的史志。

学位论文方面，孙萌的《明清彰德府学校教育研究》（华中师范大学2018年硕士学位论文），利用府志对明清安阳地区的教育状况进行了研究。刘卫帅的《清代彰德府城空间布局研究》（郑州大学2016年硕士学位论文），从建筑物城市空间布局进行研究。路丹的《嘉靖〈彰德府志〉研究》（河南师范大学2015年硕士学位论文），该文深入地对崔铣所修《彰德府志》从文献学角度进行了研究。此外还有靳文豪的《明代豫北移民若干问题研究》（广西师范大学2013年硕士学位论文）和申淑兰的《安阳地区古代园林探研》（河南农业大学2010年硕士学位论文）等。

（三）以府志为基础的研究成果不断扩展

史行洋的《明清时期安阳地区万金渠空间演变及动力探析》（《安阳师范学院学报》2016年第4期），通过说明万金渠在明清时期的空间发展演变，认为其发展变化因素与当地人口和资源的矛盾、气候、地形以及政府政策密切相关。高远《明代彰德府进士群体的时空分布及社会贡献》（河南大学历史地理学第三届学术论坛）。

吴志远的《明清河南武安商人兴起的历史背景》(《中州学刊》2012年第2期),该文以明清时期彰德府武安县商人活动为研究对象,探讨武安商帮形成的过程以及对中原经济的贡献。杨飞的《明清时期安阳手工业及商业发展概述》(《安阳工学院学报》2005年第6期),该文利用地方志的记载,对明清安阳地区商业的发展进行了分析。韩雅慧的《安阳崔铣家族文化建设研究》(《安阳师范学院学报》2016年第6期),该文通过研究崔铣赋闲安阳期间的著书立言、培养生徒、广交名士、设立祠堂和家塾等一系列活动,来探究崔氏家族以儒学传家的家族文化传统,及其对士人群体的积极影响。

对于方志编纂者的研究是开展方志研究的基础。秦元元《明清河南地方士绅参与方志纂修初探》(《晋图学刊》2015年第4期)统计了明清两代河南方志编纂中地方士绅参与情况,明代士绅占到了65%,清代达到了68%,士绅在纂修过程中主要承担顾问、采访和资金筹集等工作。庞乃明《明代河南儒学与方志编纂》(《洛阳师范学院学报》2020年第1期)指出,儒学是本省方志编纂的核心力量,儒学修志体现在文化传承和教化功能上,主要是在政治文化上表现突出。

前辈学者在方志研究领域已经取得了丰硕的成果,但是对于地方志中同一地区府志、县志续修和重修专题的研究还有待进一步加强。目前,博士、硕士论文中对于某一地区的多部方志研究有一定的积累,但还需要持续研究形成规模。鉴于此种情况,笔者将研究对象聚焦于明清两代的彰德府。由于历史上行政区划的多次调整,《彰德府志》在明清两代进行了7次续修和重修。将其作为样本研究豫北地方社会发展和地域文化,对于探究方志与地方社会发展有一定的参考价值。明清易代在方志中的书写是学界关注的焦点。王浩远《清顺治〈汉中府志〉纂修考——明清易代之际的方志书写》(《中国地方志》2021年第3期),纂修者冯达道以旁观者的视角对明清之际的汉中社会变迁和旧府志编纂的得失进行评价,并将明末清初汉中史事记入新府志中,这样的视角对于方志研究很有启发。受此启发,笔者试图利用明清时期流传下的7部《彰德府志》为基础,探究其文献价值和编纂得失,并围绕着府志记载管窥明清豫北地方社会的变迁。

第一章

七部《彰德府志》纂修概说

安阳作为中国历史文化名城,既是殷商王朝后期的都城,又是南北朝时期的邺都。顾祖禹在《读史方舆纪要》中对安阳的历史沿革进行了如此概括,安阳:"禹贡冀州之域,殷河亶甲居相,即此。春秋为晋东阳地,战国为魏之邺地,后属赵。秦为邯郸郡地,汉为魏郡。东汉末冀州徙治焉,曹魏以受封于此,称为邺都。晋仍为魏郡,属冀州。后赵石虎、前燕慕容儁并都邺。魏仍为魏郡,兼置相州,东魏都此改司州,北齐又都之……唐仍曰相州,天宝初改为邺郡,乾元初复为相州。五代晋天福三年置彰德军。宋仍为相州,金为彰德府,元曰彰德路,明初复为彰德府。"① 据此史料可知,安阳在历史上曾为多朝都城,在隋朝之前邺城是曹魏、后赵、燕、东魏、北齐等政权的都城,历经战火而不废。直至隋文帝火焚邺城,自此之后安阳成为普通的区域城市,但是重要的地理区域优势让安阳在历代王朝中都能得到重视。

---

① 〔清〕顾祖禹:《读史方舆纪要》卷四十九,中华书局,2005年,第2314—2315页。

安阳地理位置极为重要，宋代以降是畿辅襟喉，十省孔道，素有"河溯巨镇，彰德为最"的美誉。清代乾隆朝卫辉府知府刘谦在乾隆五年（1740）刊行的《彰德府志》中这样写道："其为控扼雄瞻，依然之大都会也。左太行，右漳水，六峰万金之灵淑，蔚为人英。"①安阳重要的地缘优势，使其即便不再是都城也依然在区域内发挥着重要的作用。历史上文人墨客记录安阳历史文化的文献典籍甚多，其中尤以方志记载最为完备。

第一节　明代以前安阳方志述略

中国古代纂修地方志的目的可以概括为"纪故实、明兴废、鉴前车、警来轸"这十二字。明代以前安阳地区已经有多部方志，如晋人陆翙的《邺中记》，但原本已亡佚。②《四库全书总目》载："殆翙书二卷，惟记石虎之事，后人稍摭《邺都故事》以补之，并为一卷。"③宋元时期的方志有宋人李琮修、陈申之纂《相台志》12卷，原撰人不详的《续相台志》10卷。

一、明代以前安阳方志书籍概述

安阳地方志的编纂历史渊源颇为久远，自《魏地记》《邺中记》问世以来，各时期不断推陈出新。张国淦先生的《中国古方志考》中记载了从唐至元的10余种志书，但年久失传只能得其只片。吴平、钱荣贵在《中

---

① 〔清〕刘谦：乾隆五年《彰德府志·序》，《河南历代方志集成》，大象出版社，2017年，第9页。
② 郭海东：《嘉靖〈彰德府志〉对地方特色文化传承的贡献》，《安阳工学院学报》2019年第3期。
③ 〔清〕永瑢：《四库全书总目》卷六十六，史部载记类存目，中华书局，1965年，第584页。

国编辑思想发展史》中指出，方志是"从春秋战国发端，中间经魏汉迄于隋唐，至宋时才确立了方志的体例"①。我们按图索骥对明代以前记载的安阳地方典籍加以概述。

（一）《邺中记》

《邺中记》作者为东晋国子助教陆翙，该书是记载魏晋南北朝时期五胡十六国中以邺城为都城的后赵和前燕政权逸事。据《隋书·经籍志》载："《邺中记》二卷，晋国子助教陆翙撰。"而南宋藏书家陈振孙的《直斋书录解题》中则称其为一卷，且不知撰人。如此则存在版本的疑问。更遗憾的是，由于《邺中记》在明朝以后散佚，所以清朝史官只得从《永乐大典》中零散辑佚72条，编为一卷，内容主要涉及后赵石虎的逸事以及北齐高欢、高洋等。乾隆四十一年（1776），清廷官方将其刊印为《武英殿聚珍版书》。

清乾隆年间所修的《四库全书总目》中就对《邺中记》进行了考证，四库馆臣经过推理得出结论："犹之《神农本草》郡列秦名，《汉氏黄图》里标唐号，辗转附益，渐失本真，而要其实则一书。观高欢、高洋二条，与全书不类，而与郭茂倩《乐府诗集》所引《邺都故事》文体相同，则此二条，为后人摭入翙书明矣。"②随着清代乾嘉考据之风的兴起，乾隆朝四库馆臣对于前代典籍的考证，证实了以往经籍志中的疏漏。

清朝同治时期史部封验司主事李光廷，在《榕园丛书〈邺中记〉跋》中给予《邺中记》很高的史学价值评估："铺陈华侈，恐非实录，然《晋书·载记》于诸国之事既属寥寥，今所存崔鸿《十六国春秋》亦为残帙，考当日霸朝事业，不能不取于稗官。"由此而知，《邺中记》虽然并不完整，但仍弥足珍贵。1937年，商务印书馆以清内府聚珍本按丛书本排印《邺中

---

① 吴平、钱荣贵：《中国编辑思想发展史》，武汉大学出版社，2014年，第833页。
② 〔清〕永瑢：《四库全书总目》卷六十六，史部载记类存目，中华书局，1965年，第584页。

记》，将其收录于"丛书集成初编"之中。

（二）《邺城新记》

《邺城新记》作者为唐代刘公锐。据《新唐书·艺文志》载，"刘公锐《邺城新记》三卷"，此外，刘公锐还著有《邺城旧事》。而对于刘公锐其人，则记录不详。据《宋史·艺文志》对其记载来看，元代史官应该见过此书。明人崔铣在辑《彰德府志》时，在《邺都宫室志》中曾引用过《邺城新记》中的"御史台"条："《邺城新记》曰：北齐尚书辛术镇广陵……而马温止记秦汉所传一玺，其言似出于传。"① 崔铣所引的《邺城新记》可能并非原本，因为崔铣认为此书作者是马温，而实际上马温是《邺都故事》的作者，所以《彰德府志》中引用此条是存在问题的。由于原本已经散佚，故而目录及内容不可详考。

（三）《魏地记》

此书不知卷数，作者亦未详。据《太平寰宇记》对滏阳县之记录中引用了《魏地记》，但由于缺失信息太多无法考证。高远在《明代安阳地区纂修方志论略》一文中有所征引。

（四）《相台志》

《相台志》12卷，宋李琮修，陈申之纂，已散佚。北宋时期韩琦欲编纂安阳方志但未成，由郡守李琮命郡文学掾陈申之效仿宋敏求的《河南志》纂写，《相台志》以简要著称。嘉庆二十四年（1819）《安阳县志》编纂者也认同："《相台志》十二卷，皇朝韩琦欲编次未成，郡守李琮命文学掾陈申之，效宋敏求《长安志》成此书。"② 《相台志·序》中记述："若

---

① 〔明〕崔铣：嘉靖《彰德府志》卷八《邺都宫室志》，上海古籍书店影印，1982年重印，第6—7页。
② 〔清〕贵泰修：嘉庆二十四年《安阳县志》卷二十八《识余》，《河南历代方志集成》，大象出版社，2017年，第356页。

夫《水经》地记，正史别录，士大夫之传释氏道流与野人之语，靡不该采，至于砚评、药目独附著于其后，盖亦备矣。"[1]据《永乐大典方志辑佚》记载，有《相台志》山川、村寨、仓廪、宫室、寺观、人物、遗事、诗文。如山川类中记有林虑县鲁般、流砂岭、扑猪岭、玉虹岩等。村寨类见于册五十，记载如林虑县河涧村、临漳县贫儿村等。仓廪类中对临漳县太仓、积瑞仓、广丰仓、准备仓均有记载。此外，还有宫室、寺观、人物、遗事、诗文等。嘉靖《彰德志》中的瓦砚、药、邺都宫室均引自此书。

顾炎武的《天下郡国利病书》中摘录《相台志·序》曰：其地平广阔大，挟上党抚襄国，跖澶掖卫，常为天下要。此后，嘉庆《大清一统志》和雍正《河南通志》中均引用此描述。《相台志》何时散佚，学界说法不一。据清朝刘谦所修乾隆《彰德府志·序》所记，河南巡抚雅尔图到任后，"亟求陆翙《邺中记》，陈臻《相台志》读之，惜乎邈不可得也"[2]。自宋代起方志形成了记人述地的体例，"方志之书，至赵宋而体例始备"[3]。宋代志书开创的体例也为后世编修者所效仿，明代正德年间彰德府崔铣辑《邺乘》时就借鉴了宋代的《相台志》体例，但又有所改进，其叙中写道："宋志事略具而文义芜鄙，元以下亡观焉。乃别为例。"[4]

（五）《续相台志》

《相台续志》10卷，元代撰者未知，已散佚，仅从崔铣嘉靖《彰德府志》的自序中知崔铣引用过此志。在《永乐大典方志辑佚》第三册和第四册中有散碎记录，如村寨、宫室、人物、遗事、诗文。明代杨士奇所撰的《文

---

[1] 安阳市档案馆编《安阳史志资料选编》，安阳市档案馆，2020年。
[2] 〔清〕刘谦：乾隆五年《彰德府志·序》，《河南历代方志集成》，大象出版社，2017年，第4页。
[3] 张国淦：《中国古方志考·叙例》，上海古籍出版社，2019年。
[4] 〔明〕崔铣：嘉靖《彰德府志》卷首《叙》，上海古籍书店影印，1982年重印，第3页。

渊阁书目》中也有记述。

二、地方志的续修与重修

自方志体例创设以来，每一地方都要根据当地政区的变化和时代的变迁进行方志的续修或重修。同一地区不同时期方志的纂修，在方法与理论体系上会有所不同，因而不同时期同一地方的方志续修或重修都值得认真研究。清代方志学家章学诚指出："时殊势异，旧志不能兼该，是以远或百年，近或三数十年须更修也。"① 方志的续修，主要是原有志书无须改动，对前志截止时间以后史实按照门类进行编补。续修就是在前志体例和篇目等框架内继续在时间上向下延伸，因此对方志续修的编纂者必须对前志的体例认可。续修志书的情况有三种：一是对同一朝代已经编纂的方志进行增补，与前志体例不同，续成新志单行；二是同一时期之前编纂方志内容保留较多；三是续修以增补内容为主，并保留前志的内容。

方志的重修，则可以对前志的门类进行调整，由于前志创修日久，时代变化。重修者以前志为基础，把纂修的重点放在前志下限之后的史事。续修与重修有明显的不同，"当踵述新文，不复纷更于曩制。前志门类精审，无可置辞"②。吴奈夫认为"重修就是重新编纂统合古今的通志，不以上届志书的下限作为记述的起点，而是追溯到事物的发端"③。也有学者指出了方志续修与重修的三种情况：其一是以前志下限起始，内容与前志互不相干；其二是大量保留前志内容，续写部分少；其三是"以续增内容为主，旧志记述从略"④。

---

① 〔清〕章学诚：《文史通义》卷八《记与戴东原论修志》，上海古籍出版社，2015年。
② 〔清〕方浚颐：同治《续纂扬州府志》，广陵书社，2015年。
③ 吴奈夫：《苏州旧志的重修、续修和补修》，《江苏地方志》2003年第3期。
④ 闻衡：《也谈方志的"续修"与"重修"》，《黑龙江史志》2002年第4期。

对于方志的重修问题，笔者认为续修或重修者应对前志进行综合评估，考虑体例是否合乎志体，是否存在严重缺陷或错误等因素，这是重修的前提。如果只是对前志勘误、补遗、纠讹等，只需要在续志中解决即可。因此，前志的质量高下决定是否有必要重修。判断多部方志是否属于重修，主要是看其内容记述的时间断限，如果时间上限与前志相同，那么即可认定为重修，而至于体例与前志变化大等情况成为"重修"显然勉为其难。在清朝所修的五部《彰德府志》中，笔者发现时人对于重修、续修也存在概念分界模糊情况。从特点分析，续修志书属于断代志，而重修则属于统合古今的通志。虽然有些方志并未标明是"续修"，但从志书本身的内容、序言、凡例中依然可以判断出来。

相州作为天下十二要州，自唐代以来就受到历朝中央政府的重视，因而其志书也在历代被重修或续修。自宋代《相台志》12卷成书后，元代续修10卷，故而在明清两代彰德府的志书编纂中续修前志的做法得到了继承。宋元安阳方志的续修及重修，为提高明清《彰德府志》的整体水平发挥了推动作用。

第二节　明代两部《彰德府志》编纂及刊行

明代是中国方志发展的重要时期，其显著标志是从王朝最高统治者到地方封疆大吏乃至府州县官，都对各种类型方志的编纂相当重视，积极参与并推动方志的编纂工作。从明代开始，为地方编纂方志的理念开始逐渐深入人心，并成为代代相传的传统，成为一种官方文化的重要特征。在志书体例方面，明代继承宋元以来志书体例优点，又有创新和发展，采用纲目体、平目体、三宝体、编年体、纪传体、纪事本末体等编纂的志书交相辉映。

在方志理论方面，对方志性质、起源、编纂目的、作用、内容以及编纂方法等有了系统的论述，积累了丰富的实践经验。《明代方志选编》一书中就指出编修贯通古今方志、订立凡例以明志书的宗旨和原则、注意研究方法性质、强调方志资政作用、注重方志编纂题材的优化与讨论①，这些硕果为中国方志学发展积累了丰富的经验。

明代方志刊印数量大增，据统计逾2000种。从明初全国府、州、县编制来看，全国有府120个、州108个、县887个，后期行政建制又不断增加，因此有明一代地方志数量十分庞大。明代是我国方志编纂的第一个繁荣时期，较之宋、元方志有了长足的发展，在体例的创新、种类的丰富、特色的鲜明之外，名儒学者参与家乡地方志的编撰又是明代地方志中的一大特色。

从洪武元年（1368）到正德十四年（1519），明朝建立已有150余年，此期间各省均有府志刊行，而彰德府府志的纂修就全国而言相对较晚，其中各种因素交织，正如崔铣所书，"府居冲衢，海内兵作，先被荼棘。今土著之家十不存一。旧典焚灭，后学寡闻，循长乡哲，靡由殚述"②。由于彰德府所处要冲之地，朝代更迭战火不息，因此纂修地方志面临的最大困难就是文献的收集。河南巡抚毕沅这样形容："千百年来分争迭据，事迹既夥，条目滋繁，棼丝乱麻，易以讹舛。故修志难，而于彰德之志尤难。"③虽然编纂府志困难重重，但明清两代府志的编纂却成绩斐然。

---

① 王喜、张英聘点校《明代方志选编序跋凡例卷》，中国书店，2016年，第1页。
② 〔明〕崔铣：嘉靖《彰德府志》，上海古籍书店影印，1982年重印，第3页。
③ 〔清〕毕沅：《重修彰德府志序》，收录于乾隆五十二年《彰德府志》，九州出版社，2021年，第1页。

表 1-2-1 明清《彰德府志》的编修情况统计表

时间	志名	主持编修	纂修	备注
嘉靖元年（1522）	嘉靖《彰德府志》	崔铣	纂修	
万历九年（1581）	万历《彰德府续志》	常存仁	郭朴	续修
顺治十六年（1659）	顺治《彰德府续志》	宋可发	吴之镆	续修①
康熙三十五年（1696）	康熙《彰德府志》	汤传楷		重修
乾隆五年（1740）	乾隆《彰德府志》	刘谦	陈锡辂、夏兆丰	重修
乾隆三十五年（1770）	乾隆《彰德府志》	黄邦宁	景鸿宾、童玤	重修
乾隆五十二年（1787）	乾隆《彰德府志》	卢崧	江大键	重修

从明朝正德十四年（1519）至清朝乾隆五十二年（1787），明清两代彰德府地方官员共组织了七次府志纂修，分别是嘉靖《彰德府志》（又名《邺乘》）、万历《彰德府续志》、顺治《彰德府续志》、康熙《彰德府志》、乾隆五年（1740）《彰德府志》、乾隆三十五年（1770）《彰德府志》、乾隆五十二年（1787）《彰德府志》。这七部府志是了解中国古代安阳地方社会最为翔实的文献。

一、崔铣与嘉靖《彰德府志》

嘉靖《彰德府志》（简称崔志）是崔铣在删订宋元《相台志》《续相台志》的基础上，征引《水经注》《邺中记》和《邺都故事》等史料编辑而成，该志分 8 卷共 9 志刊行于嘉靖元年（1522）。具体目录如下：

---

① 编修者宋可发和吴之镆均认为此部《彰德府志》是重修，从宋可发的《重修彰德府志序》和侯尔东的《重修彰德府安阳县志序》中可以看出。

卷之一　地理志第一之一

卷之二　地理志第一之二

卷之三　建置志第二

卷之四　田赋志第三、祠祀志第四

卷之五　官师志第五

卷之六　人物志第六

卷之七　选举志第七

卷之八　邺都宫室志第八、杂志第九

陈光贻在总结明代方志的特点时讲道："明修方志，初以宋志为树范；至正德间体裁始变，沿史法，工词章，褒贬善恶。"① 这用来评价崔铣的《彰德府志》也颇为恰当。崔志行文简洁，颇具文采，志中多插评论，见解独到，自刊行以来广受好评，被称为海内名志。清人阮元在《日下旧闻考》中就称："遍阅天下郡邑所上志书，其间舛错漏脱不可胜举，以是知地理之难言。若崔后渠之《彰德府志》与康对山之《武功县志》，诚未易才也。"② 清代修《四库全书》时，四库馆臣评价崔铣的《彰德府志》认为其颇为谨严，盖铣本儒者。这已经是极高的评价了。

崔志除编纂严谨之外，笔者认为其最为成功之处在于对历史文化的现实关怀，以及对其后多部《彰德府志》纂修的影响。明清两代《彰德府志》共进行了7次修纂，即嘉靖元年（1522）崔铣的《彰德府志》8卷，万历九年（1581）常存仁修、郭朴纂《彰德府续志》3卷，顺治十六年（1659）宋可发修、吴之镆纂《彰德府续志》8卷，康熙三十五年（1696）汤传楷《彰德府志》18卷，乾隆五年（1740）刘谦修、陈锡辂、夏兆丰纂《彰德府志》

---

① 陈光贻：《稀见地方志提要》，齐鲁书社，1987年，第3页。
② 〔清〕于敏中：《日下旧闻考》卷一六一，北京古籍出版社，1981年，第2576页。

22卷，乾隆三十五年（1770）黄邦宁修，景鸿宾、童钰纂《彰德府志》24卷，乾隆五十二年（1787）卢崧修、汪大键纂《彰德府志》32卷。这7部府志中因崔铣的嘉靖《彰德府志》是首志，且体例严谨、文简事赅、褒贬善恶受到了广泛赞誉，而且由于崔志中保存了现已亡佚的宋代《相台志》和元代《相台续志》的文献，因此嘉靖《彰德府志》对后世安阳方志的修纂产生很大影响。明代郭朴在修万历《彰德府续志》时称，"《彰德府志》成于正德之末年，盖崔文敏公所笔削者。海内称为善志久矣"，在修纂过程中其义例一循前志之旧。清乾隆朝河南巡抚毕沅就感慨重修志书之难，他在《重修彰德府志·序》中对崔铣所修府志赞誉有加："旧有陆翙《邺中记》，温子昇《魏永安记》，刘公锐《邺城新记》，陈臻《相台志》，今不可复见，独明崔文敏、郭文简二书体例精考、覆审，后有作者不能出其范围。"① 这是对嘉靖《彰德府志》极为公允的评价，此后无论是对《彰德府志》续修或是重修，纂修者都保持了崔铣所修府志的敬重之情。

陈贻光先生在《稀见地方志提要》称其"兹按其编例，首例地理志，凡古今沿革、疆域、城池、山川、古迹悉以括之，大干立而体裁备矣。又以河渠闸堰水利之务，皆统于山川一目，山川水利攸关，故不另列水利一目，以少重复，此亦慎严核实之道"②。《提要》中对于嘉靖《彰德府志》的体例给予了很高的评价，谨慎、严核，条目清晰不重复。

关于嘉靖《彰德府志》具体的纂修时间及成书时间，据《四库全书总目提要》载"是书成于嘉靖壬午"。《稀见地方志提要》认为"此志纂成于正德末年，刊成于嘉靖初元"。崔铣在《彰德府志·序》中言："正德已卯，太保汤阴李公于中秘得宋《相台志》十二卷、元《续志》十卷，

---

① 〔清〕卢崧：乾隆五十二年《彰德府志》卷首《序》，九州出版社，2021年，第4页。
② 陈光贻：《稀见地方志提要》，齐鲁书社，1987年，第741页。

郡守陈公万言令所部各以其志送官。是岁冬，以予辑而正之。明年春，铣遭先母淑人忧，又两阅岁，即禫祔矣，始启书读之。"从崔铣的自述来分析，正德己卯即正德十四年（1519），是年冬准备开始编辑工作，但是正德十五年（1520）春天崔铣为母丁忧，编撰工作因此暂停，笔者查阅了《崔文敏公年谱》《洹词》等文献，发现在此时间段，崔铣确实未开始此项工作。正式的编撰工作是从嘉靖元年（1522）开始的，这一年他完成了《彰德府志》的编撰，并被重新起用，参与《明武宗实录》的编纂工作。

明朝万历年间大学士郭朴修万历《彰德府续志·序》言："《彰德府志》成于正德之末年，盖崔文敏公所笔削者。海内称为善志久矣。嘉靖以来，迄今六十年，循良之美绩，贤哲之茂行，节孝之芳懿，科贡之名籍，与夫建置、沿革之由，徭赋厉害之故，皆关政教之巨者。乃今缺逸靡纪，后将何述焉？"①在60多年后要再修《彰德府志》，郭朴给出的解释是郡守常公"慨旧志剥蚀难观，且近世莫考也！亟惟锓辑，而新是图"。可见对于崔志虽有褒扬，但也指出其中存在的问题。

《安阳古今方志述要》认为明代崔铣所撰的《彰德府志》"体例完备，叙述简明，资料翔实，不冗不乏，披览之下，觉一方大事，尽收眼底。从形式而言，有统有属，纲举目张，层次分明；从内容上来讲，提要勾玄，深得志体，简明扼要"②。由于崔志编纂体例得法，内容丰富，资料翔实，此后所修《彰德府志》均以其为圭臬。清人孙奇逢谈到方志的编纂时也认为，"史载是非得失、兴坏理乱，用以戒世；而志于山川之陋，人物之恶，文章、风俗之偷薄，不伦皆不书。此是志与史相异之处"③。同时他认为方志的纂修者应具识力，要立场坚定，出于公心。要做到"于人之善不能欺，

---

① 转引自李国庆编《明代刊工姓名全录》，上海古籍出版社，2014年，第956页。
② 陈文道：《安阳古今方志述要》，中国文艺出版社，2008年，第3页。
③ 申畅、申少春主编《河南文化史》，中州古籍出版社，2002年，第885页。

于人之恶不能掩"。否则，迫于人情，不能载其恶，将导致不实。

明清两代地方志数量颇巨，然而能成为名志者寥寥，地方志是一个地区的地方史，要编好一部地方志就应该像修史一样具备一些条件。如唐代刘知几提出的史家三长"史才、史学、史识"，对于地方志的修志者同样适用。崔铣为完成编辑嘉靖《彰德府志》的任务，他阅览了大量的历史文献，如《相台志》《相台续志》《邺都故事》《水经注》等，同时还需要进行大量的实地调研，对于之前史料记载有误之处需要予以订正。从嘉靖《彰德府志》的编纂参与人员组成情况来看，主要是由崔铣完成，尤其是时任彰德府知府的陈策给予崔铣极大的支持，在编修志书过程中减少了不必要的干扰因素。因而，嘉靖《彰德府志》的编修从义例的确定到内容的收录，完全按照崔铣的意图。当然，崔铣的编纂工作也存在一些问题，这也导致了此部志书留下了一些缺憾。

二、郭朴与万历《彰德府续志》

万历《彰德府续志》是由明代致仕内阁大学士郭朴，受彰德府知府常存仁委托而修。郭朴，字质夫，号东野先生。年少聪颖，14岁补彰德府庠弟子员，嘉靖十四年（1535）进士及第，授翰林院编修，参与《历朝国史》《明会典》的编修工作。后升任吏部左侍郎、南京礼部尚书、吏部尚书等职务。嘉靖四十五年（1566），郭朴由吏部尚书兼任武英殿大学士，正式入内阁。隆庆元年（1567）九月，由于受内阁首辅高供牵连而致仕，"特以拱故，不容于朝，时颇有惜之"。

万历朝彰德府知府常存仁感慨嘉靖《彰德府志》成书已近60年，旧志剥蚀难观，而嘉靖以后的地方史事还没有及时记入地方志中。于是从万历九年（1581）开始进行府志的续修。虽说是续修府志，但是其体例目录与崔志相差甚大。

该志分上、中、下3卷，全书9万余字。具体目录如下：

卷之上前　　地理志、建置志、祠祀志、田赋志

卷之上后　　官师志

卷之中前　　人物志

卷之中后　　选举志 仕绩封赠附、杂志

卷之下　　艺文志

虽然在纲目上万历《彰德府续志》只分3卷，实际细分应为5卷。清顺治十五年至十七年（1658—1660），彰德府地方官员对万历《彰德府续志》进行了增补，因而在现存的万历《彰德府续志》中出现清顺治时期的田赋数额、官员信息等。目前国家图书馆藏万历《彰德府续志》中有多页加入清顺治时的史事，如官师志、选举志等，并在页码处以"又"字与原页码相区别。据笔者推断，应为清顺治时期河南巡抚贾汉复要求全省修志时期所为，但并未从相关文人笔记等史料中找到确凿证据。

郭朴在续修府志时，提出了"实、直、博、工"的修志原则，他认为"纪载欲实，实则信；去取欲直，直则公；闻见欲博，博则赅；文词欲工，工则传"[①]。可见，郭朴提出的记载欲实是延续了崔志，只有真实记载才能取信于后世，只有做到秉笔直书，才能彰往训来。这也是后世称赞其修志翔实的原因。郭朴强调修志的目的是："彰往而训来，弗训弗彰，奚以为志？"所以修志就是要资政以教化，否则就不能称之为方志。

三、明代名儒与家乡方志的编纂

明代的地方志撰修属于官方行为，通常由当地官吏主持。当时方志纂修的一大特色便是聘请地方名儒学者主笔修纂。如明正德时期何瑭纂修正

---

① 〔明〕郭朴：万历《彰德府续志·序》，《河南历代方志集成》，大象出版社，2017年。

德《怀庆府志》。何瑭，字粹夫，河南武陟人，明弘治十四年（1501）中河南乡试第一名，次年成进士，历任翰林院庶吉士、编修、修撰等职，著有《柏斋文集》《阴阳管见》《乐律管见》《儒学管见》《医学管见》《兵论》等，是当时著名的学者，同时编纂了正德《怀庆府志》。再如康海纂修正德《武功县志》。康海，陕西武功人，字德涵，号对山，明代文学家。弘治十五年（1502）状元，任翰林院修撰，著作有诗文集《对山集》、杂剧《中山狼》、散曲集《沜东乐府》等，与李梦阳等并称为明代文学史上的前七子。他修纂的《武功县志》在明代备受好评，后世编纂地方志，多以康氏此志作为楷模。韩邦靖纂修《朝邑县志》。韩邦靖，陕西朝邑人，字汝度，号五泉，正德三年（1508）进士，任工部主事等职，著作有《韩五泉诗集》，编纂《朝邑县志》，该志被列为陕西八大名志之一。此方面的例子还有很多，不再一一列举。明代名儒参与地方志的纂修，对于当地方志具有积极的意义，使得明代名志、佳志辈出。

明代名儒对家乡方志纂修的助推作用非常显著，表现在三个方面：

首先，学者名儒自身的学术造诣决定了其所修方志的好评度。

在明代的方志中，《武功县志》以简约、谨言而闻名，自刊行后赞誉不断。明代学者吕柟赞其曰："地理约而不漏，建置则有据，祠祀先今而后古，官师直书而劝诫自形，人物之志，浩乎其无穷也。……盖之良者也。"① 王士禛则称康对山作《武功志》："文古事核，厥后秦中士大夫撰郡邑志，率矜式之，故陕西诸志多可观。"② 清朝乾隆年间，四库馆臣纂修《四库全书总目提要》时云："王士禛谓其'文简事核，训词尔雅'。石邦教称其'义昭劝诫，尤严而公，乡国之史，莫良于此'。非溢美也。"③ 如此可见，明

---

① 武功县地方志编纂委员会：《武功县志·田赋志》，陕西人民出版社，2001年，第3页。
② 〔清〕王士禛：《池北偶谈·秦中诸志》，中华书局，1982年，第257页。
③ 〔清〕永瑢：《四库全书总目提要》卷六十八，史部二十四，中华书局，1965年，第1835页。

清两代对康海《武功志》的认可。

与《武功志》齐名的《朝邑县志》,四库馆臣评价其曰:"古今志乘之简,无有过于是书者。而宏纲细目,包括略备。盖他志多夸饰风土,而此志能提其要,故文省而事不漏也。然叙次点缀,若有余闲,宽然无局促束缚之迹。自明以来,关中舆记,惟康海《武功县志》与此《志》最为有名。……盖所谓'不可无一,不容有二'者也。前有邦靖自序,又有康海序,末有吕柟后序,及朝邑知县陵川王道跋。并文格高洁,与志适相配云。"① 这一评价也十分有见地。

其次,学者名儒从事方志修纂丰富了志书的体例。

明代纂修地方志时,前期以宋代方志作为典范,到明中期正德时体裁开始发生改变。其主要特色是认为方志就是地方史,因而沿用史法,寓人物、事件褒贬于其中,并重视文笔辞章。例如最具特色的康海《武功志》,全书非常简洁,虽然只有7篇,但每篇都是单独的一篇文章,并且7篇首尾相贯。再如韩邦靖的《朝邑县志》,更是宏纲细目,体例完备而又文辞简约,虽然篇幅不长但文省而事不漏,并且韩邦靖长于辞藻,文中叙次点缀、宽然无局促束缚之臃肿感。所以,世人对以上二志推崇备至,称其"乡国之史,莫良于此"。清代四库馆臣总结其体例特点是:"论者谓《武功志》体例谨严,源出《汉书》;此《志》笔墨疏宕,源出《史记》。然后来志乘,多以康氏为宗,而此《志》莫能继轨。"②

最后,学者名儒的思想及修志主张在所修志书中均有反映。

以康海《武功县志》为例,虽然作为一部地方史料性质的志书,但此志寄寓了作者"用昭劝鉴""以寓劝惩"的治政思想。在志书中,康海通

---

① 〔清〕永瑢:《四库全书总目提要》卷六十八,史部二十四,中华书局,1965年,第1836页。
② 〔清〕永瑢:《四库全书总目提要》卷六十八,史部二十四,中华书局,1965年,第1835页。

过对史料的取舍、编选来表达他依法行政、亲民爱民的思想,以及取信于民、行简靖之政和兴学重教的思想。① 在《武功县志》中,他按照自己关于地方官应如何治政的思路进行材料的取舍,针对明代正德年间赋役繁重的问题,他在《田赋志》中直书"正赋之外,有驴马牛站,五年一易。易者又五年,已又代之。五年之内,诸丁赋岁调力役事,无一免焉。故站户多至流移,豪右者或据其业为己有"②。由此观之,康海敢于在《武功县志》中秉笔直书,抨击当时社会积弊,并得到了士大夫基层的赞誉。

第三节　清代五部《彰德府志》编纂及刊行

前志不废,后志为续是明清两代官修方志的显著特色。清代陆续续修和重修了5部府志。其中乾隆朝就重修了3次,虽然是重修但3部府志各具特色。

一、宋可发与顺治《彰德府续志》

顺治《彰德府续志》(简称宋志)由宋可发编修,实际情况是任督理一职。宋可发离任后由继任彰德知府王弘仁以及彰德府同知、通判、推官等共同完成。其中校梓为安阳知县侯尔东。纂修者为原任河间府南皮县知县郡人吴之镆,举人孙麟征、杨起泰,生员张炳蔚、王元熙。此外,还有评论、订正、采集等人员,可谓编修组织人员齐备。

顺治《彰德府续志》与嘉靖《彰德府志》的区别有以下几处:一是增加了彰德府四境图、城垣图、府署县署图、府儒学县儒学图等;二是由知

---

① 段琼慧、李世忠:《康海〈武功县志〉治政思想探微》,《中国地方志》2016年第7期。
② 武功县地方志编纂委员会:《武功县志·田赋志》,陕西人民出版社,2001年,第873页。

府宋可发撰《重修彰德府志·序》，安阳知县侯尔东撰《重修彰德府安阳县志·序》；三是志书末为总校、理工、同校、缮写等人员名称。刘永之在《河南地方志提要》中评价宋可发所修府志存在的问题时写道："各目所载照录旧志，职官、选举只讫止明正德间，于旧志所载亦未录全。郭朴志已属过简，而郭志以后则几乎不见载一字！"①细心的作者还发现宋志最后落款是彰德府安阳县知县刘元霖总校，主簿孙九恩，典史侯添爵理工，府学生员张燎、刘存礼，县学生员许光裕、侯竞封同校，书办崔仲相缮写。这些人员的时代也存在混乱。

从顺治《彰德府志》篇首《彰德府安阳县为纂修志书以备典要事》的内容来看，顺治十五年（1658）三月二十八日，安阳地方官员接到河南布政司修志信牌后即开始着手府志纂修工作。在明清鼎革、百废待兴的匆忙中修志显然有着深层含义。这表现在以下几个方面：一是清廷为体现继承明朝统治的正统性，以修志方式从文献方面予以验证；二是河南布政司需要对明清易代后的各府州县的田粮、人丁、赋役有一个全面的掌控，清朝虽然入主中原但是征战不停，就全国而言面临同样的问题；三是顺治时期河南布政司共仓促修成的方志有顺治《河南通志》、顺治《荥泽县志》、顺治《汜志》、顺治《密县志》、顺治《中牟县志》、顺治《登封县志》、顺治《新郑县志》、顺治《开封府志》、顺治《祥符县志》、顺治《陈留县志》、顺治《尉氏县志》、顺治《仪封县志》、顺治《河南府志》、顺治《洛阳县志》、顺治《偃师县志》、顺治《伊阳县志》、顺治《永宁县志》、顺治《郏县志》、顺治《襄城县志》、顺治《卫辉府志》、顺治《封丘县志》、顺治《胙城县志》、顺治《原武县志》、顺治《怀庆府志》、顺治《河内县志》、顺治《温县志》、顺治《林县志》、顺治《汤阴县志》、顺治《滑

---

① 刘永之、耿瑞玲：《河南地方志提要》（上册），河南大学出版社，1990年，第469页。

县志》、顺治《淇县志》、顺治《陕县志》、顺治《灵宝县志》、顺治《阌乡县志》等，而地方如开封府、河南府、彰德府、怀庆府、卫辉府等纂修了府志，林县、汤阴县等纂修了县志。顺治时期府州县大规模纂修新志书，目的是要为河南巡抚主持纂修顺治《河南通志》提供素材，更是为新朝正名。

以顺治《磁州志》为例，康熙《磁州志》的编纂者就批评道："国朝顺治戊戌，州守张公瑞午奉中丞贾公檄修，虽重加编辑然克期竣事，未免草率。"[1] 顺治时期，虽然北京陷落崇祯帝自缢而死，但明朝宗室在南方相继建立政权（1644—1662年）继续与清廷进行抗争。顺治十五年（1658），河南布政司在不具备修志的条件下仓促开展此项工作，显然是有深层的考虑。

清朝经由山海关进入关内后，开始了对中原地区的征服。在李自成、张献忠等农民军的不断抵抗下，以及南明朝廷的奋力抗击中，清廷的主要精力在顺治时期是平定各方反清政权及势力。直至顺治十五年（1658），清廷才将南明桂王一系击败。在这个战火纷飞的年代，修撰地方志显然缺乏外部环境的支撑。然而在条件尚不具备的顺治初期，各地仍然有汉族地方官员为向清廷邀功而编纂顺治朝的方志，如顺治三年（1646）就出现了《真定县志》《饶阳县后志》等志书。此后，随着清廷统治地位逐渐稳固，各省陆续开始了方志的编纂工作，其中以河南巡抚贾汉复最为积极。因而，顺治朝河南地方志的成书量位居全国之冠。据《中国古籍总目》统计，顺治朝河南共修各类方志达60种之多，位居各省之首。河南巡抚贾汉复在向顺治帝上奏的《题为恭进豫省新志以备采择事》的奏折中称："志虽不敢上侔国乘，而所以纪往胜，昭来许，垂一方之典制，表四国之观型者，端于志乎是赖"，"窃思赞同文之治者，莫大于修志一事"[2]。王兴亚先生

---

[1] 〔清〕任塾等纂修：康熙《磁州志》卷首《重修磁州志·叙》，清康熙二十五年宁致堂刻本。
[2] 〔清〕贾汉复：顺治《河南通志·序》，《中国地方志集成》，2011年。

在《清代顺治间河南纂修的方志述略》一文中也对顺治时期河南修志情况有过评价,他指出明代保存下来的河南方志有56种,顺治十五至十七年(1658—1660)新修30多种。同时,王兴亚先生指出彰德府地方官员在顺治末期增葺补刻万历九年(1581)《彰德府续志》,这也是为何现存万历九年府志中加入清代顺治史事并在页码上与旧本有所区别。

《河南地方志提要》作者认为顺治时期宋可发等纂修的《彰德府志》,虽然原目原文使用嘉靖《彰德府志》,"录而不作,亦属严肃态度"①,但是需要指出的是顺治《彰德府志》在编纂态度上极不认真。以志书篇末的落款为例,总校为彰德府安阳县知县刘元霖,理工为主簿孙九思、典史侯添爵,事实上查阅史料不难发现刘元霖、孙九思、侯添爵皆非清顺治时期人物,而是明万历时期。刘元霖为直隶任丘县人,万历八年(1580)任安阳知县。"刘元霖,字元泽,北直隶任丘人,进士,尝修庙学又修安阳桥。"②由此可知,顺治十六年(1659)所修《彰德府志》,虽然人员配备齐全,但对于志书的纂修态度并不认真,竟然出现如此明显的错误。当然,从此中也可窥探到万历《彰德府志》的版本问题,目前所见的万历《彰德府续志》中,存在诸多问题,如出现清朝的相关史实等,郭朴所修续志历来以简著称,校对、理工等人员在续志中均未出现,结合顺治《彰德府志》中将刘元霖列为总校,可以推测在万历九年(1581)续修《彰德府志》时,安阳知县刘元霖应该也担任总校一职。

此外,顺治《彰德府志》篇末出现的"书办崔仲相缮写"也是一处问题。因为崔仲相是明朝人,负责嘉靖《彰德府志》的刊工任务。③以上两处明显错误的出现,不免让人疑惑。顺治朝纂府志时期为何要将嘉靖朝的刊工与

---

① 刘永之、耿瑞玲:《河南地方志提要》(上册),河南大学出版社,1990年,第469页。
② 〔清〕卢崧:乾隆五十二年《彰德府志》卷八《宦绩》,九州出版社,2021年,第215页。
③ 参见李国庆编《明代刊工姓名全录》(上),上海古籍出版社,2014年,第67页。

万历朝的知县、主簿列于志书篇末？显然，这是撰者有意为之。笔者分析原因是顺治《彰德府志》将崔志原文抄录，但在具体条目下又将郭志补充崔志。如卷四中用郭志的《谒汤阴岳武穆祠》《寄题西湖》《铜雀台》《邯郸》四篇补录其中。虽然存在诸多诟病，但是其编纂群体人员却异常完备，各项分工一目了然。

修志姓氏

总裁

巡抚河南提督军武兼理河道兵部尚书兼都察院右副都御史加二级贾汉复

巡按河南监察御史李粹然

提调

布政使司左布政使徐化成、右布政使桑芸

管通省粮储道副使兼左参议

管通省清军、屯田驿传盐法道兼颍川潼关卫等处防河事务兵备佥事程芳

按察使司按察使马烨鲁

专管通省河道水利兵备副使徐必远

提督学政右参议兼佥事朱廷瑞

分守河北道左参议李昌祚

分巡河北道河南等处提刑按察司佥事加一级杨春芳

督理

彰德府知府加一级宋可发

彰德知府加三级王弘仁

同知谢宸、通判张学孟、推官赵贾台

较梓

 彰德府安阳县知县侯尔东

同较

 彰德府儒学教授苌孕秀

 安阳县儒学教谕邹楷

 训导王九域

纂修

 郡人原任河间府南皮县知县吴之镆

 郡人举人孙麟征

 郡人举人杨起泰

 郡人生员张炳蔚

 郡人生员王元熙

评论

 郡人开封府儒学教授许犷

 郡人举人缑酉生

 郡人举人许三礼

 郡人生员□统瞻

 郡人生员吴振周

订正

 郡人贡生高鸣岐

 郡人生员曹运通

 郡人生员路之朝

采辑

 郡人生员郭璧

郡人生员安之禔

郡人生员尚林春①

从这份参修人员名单中不难发现，省府县三级官员和地方士人共有35人参与，虽然存在挂名现象，但是如此庞大的编修组竟然屡屡出现错误，其中缘由值得深思。

我们从顺治《林县志》中河南巡抚贾汉复颁发各县修志宪牌的内容及林县官员采用和彰德府知府宋可发相同的做法进行分析，从彰德府林县为纂修志书以备兴要事的公函中可知，顺治十五年（1658）三月二十八日，林县知县接到钦差巡抚河南兵部左侍郎兼都察院右副都御史贾汉复的宪牌和河南布政使司信牌后，开始着手准备县志纂修。

巡抚部院为纂修志书以备典要事

前据该县申送刊完志书到部院，据此查阅志内无序，且修志姓氏之下，本部院仍系旧衔。按院、司道、府厅俱系去任姓名。其田赋志内，地丁银两皆系旧日数目，如此草率何以传后？拟合更正，为此票仰，林县官吏即将发□□□□县，敦请素有品望名流作序，增列志首。本部院官衔换载见今新衔，按院、司道、府厅俱列见任姓名，至于地丁、钱粮查照该县赋役全书内规式数目载入，其余照依粘搭浮签□正，再自首至末，细加检阅。凡有差讹字迹，忌讳字样逐一改正，妥当印刷。一样二部申送，本部院阅览毋得迟违，须票计发志书一部。顺治十七年三月十二日限本月二十二日缴②。

---

① 〔清〕宋可发：顺治《彰德府续志》卷一，《河南历代方志集成》，大象出版社，2017年，第3—5页。
② 〔清〕万兆龙纂：康熙《林县志》卷首，《宪行》，清康熙三十四年刻本。

从河南巡抚衙门给林县地方官员回复的县志纂修存在问题，可以推断当时《彰德府志》也属于此类情况，即将前朝志书直接套用。于是，河南巡抚衙门要求林县地方官员按照要求进行整改，如修志者职官名称、地亩、田赋等，确保志书不会出现原则性错误。

有学者认为，清廷于顺治时期修撰各级方志是"督促各府州县提供本邑志书，对那些志书缺失的地方，则要求尽快修撰新志，以备修通志参考"[①]。从巡抚贾汉复下达各府的"修志信牌"可知，在清初河南的8府12州95县中只有少数府县开展了顺治时期的方志修纂工作。拖延修纂的府县不在少数，究其缘由在于报送旧志与修新志有着本质不同。方志修纂的目的是为资政服务，但是短时期内修成显然有困难。从顺治十五年（1658）河南巡抚贾汉复颁发"信牌"起，当年只有10部县志完成，第二年又有4部府志、21部县志上交，顺治十七年（1660）《河南通志》也付梓。但是，从编纂的严谨性而言，短时期内完成其真实性会打折扣。河南巡抚贾汉复此后转任陕西，在陕西又照搬河南修志模式，完成了《陕西通志》的修纂。可以说，此种政绩工作并不能显示出清初地方的真实状况。

巡抚的"修志信牌"中明确要求"凡无志者，速宜网罗旧章，博求稗乘，敦礼耆英，开局裒辑。其有旧志而未载近今之事者，或有虽经翻刻而因陋就简，不谙史裁者，亦须多方采集，更延名硕订正务使缺略咸辑，今昔备载"[②]。因而，地方官员为完成上级布置任务，在仓促时间内只能寻求捷径。从宋可发所修《彰德府续志》便可见一斑。事实上，我们从康熙二十九年（1690）河南巡抚颁发的修志宪牌也能了解到顺治朝所修志书的质量如何，"昔年修志止取备文，未加考订，或限以数日，或所记非人，本督院逐一查阅，

---

① 董馥荣：《清代顺治康熙时期地方志编纂研究》，远东出版社，2018年，第5页。
② 〔清〕宋可发修，吴之镆纂：顺治《彰德府续志》，《河南历代方志集成》，大象出版社，2017年，第5页。

府志如河南、南阳，县志如宜阳、河阴、兰阳等处，荒悖失伦，莫可枚举；至于安阳、汲县及彰德、卫辉两府首邑竟无志书，尤为缺典"①。正是由于种种因素堆积，致使顺治《彰德府志》不能展现明万历朝至清朝初期的安阳社会，所以康熙时期才迫切需要续修府志。

二、汤传楷与康熙《彰德府志》

汤传楷，字素公，江苏长洲（今苏州）人，贡监，于康熙三十年（1691）由景东府同知升任彰德府知府。康熙二十九年（1690）七月二十四日，河南巡抚阎兴邦向省内各府州县下达《为续修志书以存文献事》，其中特别敦促彰德府官员进行府志续修工作，要求"稿成先录草木，呈送本都院批阅裁定"②，但是时任知府吴肇新并未开展此项工作。由于汤传楷的前任彰德知府准备转任或升迁，因而修志工作并未开展。到康熙三十三年（1694）三月十二日，河南巡抚顾汧，再次催促彰德府续修志书，汤传楷修《彰德府志》较明代的两部府志体例变化较大，其中增加了天文、星野。

> 为续修志书等事。照得郡邑志书政治所关，文献是赖。前院因旧志率多荒陋，又三十余年未经增修，随颁发条例通行纂辑在案，其该府志稿乞今日久，曾否修完未据申送，合行查催。为此票仰彰德府官吏查照原行及今票催事理，即将该府志书作速修完，先录草本送阅，慎勿再迟，速速须票。

---

① 〔清〕汤传楷：康熙《彰德府志》卷首《宪行》，《河南历代方志集成》，大象出版社，2017年，第116页。

② 〔清〕汤传楷：康熙《彰德府志》卷首《宪行》，《河南历代方志集成》，大象出版社，2017年，第117页。

康熙三十三年三月十二日①

在河南两任巡抚先后催督下，汤传楷开始着手修志工作，"集本郡饱学文士，稽故册，访遗闻，并亲自发凡起例、排纂，历时五月稿成"②。由于顺治时期所修府志无法借鉴，康熙《彰德府志》（简称汤志）编纂时需要重新列目，所以全书以纲代目，共分18卷：

卷一　星野

卷二　沿革

卷三　疆域　方域、疆界、里社、市集、村庄、邮铺、街巷

卷四　建置　城池、公署、仓庾、坊表

卷五　山川

卷六　古迹　陵墓

卷七　学校　社学、义学、学田、书院

卷八　祠祀　寺观

卷九　田赋　则壤、地亩、正赋、人丁、户口、起运、存留、杂贡、盐引、驿站、垦荒、自首、杂税、宗禄、漕粮

卷十　河渠　津梁

卷十一　风土　风俗、物产

卷十二　秩官　守令、僚幕、师儒、防御

卷十三　宦绩

卷十四　选举　甲科、征辟、贡监、武科、武功、驰封、恩荫

---

① 〔清〕汤传楷：康熙《彰德府志》卷首《宪行》，《河南历代方志集成》，大象出版社，2017年，第117页。

② 刘永之、耿瑞玲：《河南地方志提要》，河南大学出版社，1990年，第470页。

卷十五　人物　列传、孝行、义烈、隐逸、仙释、流寓、列女

卷十六　艺文　制诰、奏疏、记、序、志铭、杂著、诗、词、赋

卷十七　灾祥

卷十八　杂志

  准确地说，汤志应该是清朝建立后彰德府第一部府志，它不仅重新编排目录，而且有所创新，其中对于水利和人物最为翔实，整体内容丰富，体量也较以往3部府志大。汤传楷所修《彰德府志》是在太平盛世，修志的各项条件要比顺治时期有保障，"国家大化翔洽文教诞薄，海内外尽隶职方之籍，圣天子乃命儒臣纂辑一统志，用彰同轨同文之治，敕直省汇编通志，所在郡邑各举旧乘，增修之升储朝备采择"①。值得注意的是，清代康熙以后的《彰德府志》非常注重纠正前志的谬误，尤其是乾隆五十二年（1787）卢崧所修，在乾嘉考据之风影响下，究谬改错，将旧志中错误之处改正，遗漏之处补充成为常态。

三、刘谦与乾隆五年《彰德府志》

  乾隆五年（1740）刊行的府志是乾隆朝第一部《彰德府志》（简称刘志）。这部府志的署名有颇多细节，时任卫辉知府署理彰德府事的刘谦，在代理任期内挂名刊行，修志的具体工作是由安阳知县陈锡辂和安阳县候选知县夏兆丰具体完成。此次编修开始于前署府安溪李光型，继而由前彰德知府刘德成负责，但刘德成在府志未成时调任他处。安阳知县陈锡辂熟于掌故，有着丰富的修志经验，最终完成了纂修工作。到府志刊行时，知府刘谦署理

---

① 〔清〕汤传楷：康熙《彰德府志·序》，《河南历代方志集成》，大象出版社，2017年，第108页。

彰德府事仅有三个月。所以说彰德知府刘谦作为主修只是挂名，并无不妥。

刘谦在乾隆《彰德府志·序》中也对府志的具体完成过程有所说明："彰志议修始于前署府安溪李君，继以前守锦州刘君，而安阳令陈君圣严熟掌故，力任其事。"① 我们从《重修彰德府志姓氏》中可以看到，重修之衔下有四人，分别是署彰德府事今升卫辉知府的刘谦，彰德府知府李渭，署彰德府事彰德府河务同知李光型，护理彰德府事安阳知县陈锡辂。从史料记载来看，实际参与策划和编纂事务的有李光型、陈锡辂以及前任知府刘德成，彰德知府李渭是乾隆五年（1740）到任，应该是在刘谦代理彰德府事之后的事情，所以此部府志纂修应该是从乾隆四年（1739）开始筹备。这里还要说明的是，刘志的刊行，还有夏兆丰的参与。此部府志的主要编纂者是夏兆丰。夏兆丰，字大田，雍正甲辰（1724）举人，淹通经史，长于古文。他修志经验丰富，曾在雍正时期还参与纂修了雍正《河南通志》，著有《雨笠集》、府志、《文苑》。

《刘志》在目录、体例上延续了康熙时期汤传楷的做法，在体量上增加至22卷：

  卷首　舆图

  卷一　星野

  卷二　沿革

  卷三　疆域　方域、疆界、里社、市集、村庄、邮铺、街坊

  卷四　建置　形胜、城池、公署、别廨、坊表

  卷五　山川

  卷六　古迹　陵墓

---

① 〔清〕刘谦：乾隆《彰德府志·序》，《河南历代方志集成》，大象出版社，2017年，第3页。

卷七　学校

卷八　祠祀　寺观

卷九　田赋　则壤、地亩、正赋、人丁、户口、起运、存留、杂贡、漕粮、宗禄米、垦荒、耗羡、盐引、驿站、杂税

卷十　河渠　津梁

卷十一　风土　风俗、物产

卷十二、十三　秩官　守令、僚幕、师儒、防御

卷十四　宦绩

卷十五　选举　科第、征辟、贡监、武勋、封荫

卷十六、十七　人物　列传、孝行、文学、义行、隐逸、流寓、列女、附仙释、伎术

卷十八、十九、二十　艺文　诗、赋

卷二十一　祥异

卷二十二　杂记　杂行、拾遗、辨误

刘志纲目沿袭了汤志，但又有所细分。此版府志较之以往最大的变化在于减磁州而增内黄，磁州由于行政区划调整划入直隶，内黄县于雍正初期划归彰德府管辖。在乾隆五年（1740）所修《彰德府志》中，各条目之下增加了内黄县的相关史事。刘志对于汤志中的引证史事错误进行了考证，"杂记所增各条，分杂行、拾遗、辨误三类"①。辨误并予以纠正，这是其超越前志的贡献，也体现出此阶段乾嘉考据之风的兴起。

---

① 〔清〕刘谦：乾隆五年《彰德府志》卷二十二《杂记》，《河南历代方志集成》，大象出版社，2017年，第493页。

四、黄邦宁与乾隆三十五年《彰德府志》

乾隆三十五年（1770）所修《彰德府志》（简称黄志），是由彰德府知府黄邦宁主持。黄邦宁，福建同安县人，监生，乾隆三十一年（1766）任彰德知府，在其任期内兴利除弊、发展教育。景鸿宾，字仲仪，号翼堂，河南汲县人，进士。康熙年间景鸿宾掌管昼锦书院，"与山阴童钰续修《彰德府志》，鸿宾请独任其难，专修人物诸传，取裁宽而用笔严。稿甫成，以疾卒于荣事堂"①。此次所修府志中安阳知县景鸿宾参与其中，由于他在任期间还掌管昼锦书院，所以书院学生也多有参与。

黄邦宁主修的府志共 24 卷，首一卷，如下：

首卷　圣制

卷一　舆图、星野

卷二　沿革

卷三　疆域　方域、疆界、里社、市集、村庄、邮铺、街巷

卷四　建置　形胜、城池、公署、别廨、坊表

卷五　山川

卷六　古迹　附陵墓

卷七　学校

卷八　祠祀　附寺观

卷九　田赋　则壤、地亩、正赋、人丁、户口、起运、存留、杂贡、漕粮、宗禄米、垦荒、耗羡、盐引、驿站、杂税

卷十　河渠　附津梁

---

① 〔清〕卢崧：乾隆五十二年《彰德府志》卷十八《人物志》，九州出版社，2021年，第651页。

卷十一　风土　风俗、物产

卷十二、卷十三　秩官　师儒、防御

卷十四　宦绩

卷十五　选举　科第、征辟、拔贡、恩贡、副榜、武勋、封荫

卷十六、卷十七　人物　先贤、列传、忠烈、孝行、儒林、文学、义行、隐逸、流寓、仙释、伎术、孝女、孝妇、义妇、烈女、烈妇、完节

卷十八至卷二十二　艺文　制诰、奏疏、书启、序、跋、碑记、论、赞、铭、议、考、说、传、杂著、志、诗、诗余、赋

卷二十三　祥异

卷二十四　杂记　杂行、拾遗、辨误、续补胜录

黄志在目录与体例上与汤志相仿，但其卷首加入"圣制"是其独特之处，翻阅同时期的其他府县志会发现这也是乾隆时期的方志官方化印记。

五、卢崧与乾隆五十二年《彰德府志》

乾隆五十二年（1787）刊印的《彰德府志》是乾隆朝第三次重修府志，由时任彰德府知府卢崧主持，汪大键等纂修，"是书始于丁未秋七月，即以是腊初旬脱稿"①，此次重修虽然府志体量超过以往，但完成效率还是非常高的。卢崧，字存斋，奉天人，属汉军镶黄旗，历任卫辉府、吉安府、彰德府知府。他于乾隆四十四年（1779）出任彰德府知府，到任后在河南巡抚的授意下开始重修府志。卢崧此前在吉安府任职时已经主修了《吉安

---

① 〔清〕卢崧：乾隆五十二年《彰德府志·凡例》，《河南历代方志集成》，大象出版社，2017年，第35页。

府志》，因而在主持《彰德府志》时按照高于旧志的标准纂修。

卢崧所修府志共32卷，首一卷，如下：

卷首　上谕、圣制、旧序、凡例、图说

卷一　天文、地理

卷二　山川

卷三　建置

卷四　古迹

卷五　学校　书院、义学附

卷六　职官　考、表

卷七、卷八　宦绩

卷九　选举　科第、荐辟、贡举、武勋、封荫

卷十　武备

卷十一　田赋　地亩、科则、正赋、人丁、户口、起运、存留、杂贡、漕粮、宗禄米、垦荒、耗羡、盐引、驿站、杂税

卷十二　风土　风俗、物产

卷十三至卷十八　人物　名臣、庶官、忠烈、孝友、儒林、文苑、行谊、义行、隐逸、技艺、流寓

卷十九、二十　列女　贤母、贤妇、孝女、孝妇、烈女、义女、义妇、完节、贞寿、贞女

卷二十一　寺观　仙释附

卷二十二至卷三十　艺文　制诰、奏疏、书启、序、跋、碑记上、碑记中、碑记下、论、赞、铭、议、考、说、传、杂著、志、诗上、诗下、赋

卷三十一　机祥

卷三十二　杂记　杂行、拾遗、胜录

清代乾嘉考据学兴起以来，重视考据之风，尤为明显的是卢崧套用《吉安府志》的编纂模式编修《彰德府志》，这与之前有很大的不同。由于此次纂修处于考据盛行时代，因而纂修者对前志中错误指出较多，并"崔志见于徐元文《日下旧闻考》，《四库提要》亦许为谨严，盖为康氏《武功志》之流亚耳"①。

卢崧所修府志对于黄志中的舆图进行润色，他认为黄志"'绘图'：黄志太繁，几于模糊不可考"②，而且对于黄志中的错误"星野"中星对、野错予以辨证。卢崧为了府志舆图方便阅读又重新绘制，并绘制了安阳八景图以润色太平盛世。卢志还将以前志书中附于职官之下的"武备"，单列成为一门，在体例上有所创新。从卢志的纂修情况来看，纂修时注重考据是其特色。

清代府州县方志纂修较以往繁盛，究其缘由在于上行下效，形成了延续之风。正如梁启超所言："清之盛时，各省、府、州、县皆以修志相尚，其志多出硕学之手。"③除了有当时的知名学者参与修志，这种延续性还表现在重修的时间在乾隆时期缩短至30年左右。方志名家章学诚就认为："时殊势异，旧志不能兼该，是以远或百年今或三数十年，须便修也。"④乾隆朝三次纂修《彰德府志》，"史谓天运三十年一小变，故三十为世，凡以

---

① 河南省地方志编委总编室：《河南地方志提要》，河南日报社附属印刷厂印刷，1982年，第18页。
② 〔清〕卢崧：乾隆五十二年《彰德府志·凡例》，《河南历代方志集成》，大象出版社，2017年，第33页。
③ 梁启超：《清代学术概论》，收录于《饮冰室合集》第八册，中华书局，1996年，第40页。
④ 〔清〕章学诚：《章学诚遗书》，文物出版社，1985年，第129页。

历年至此,则价甲子居半,去日已多"①。明代《彰德府志》纂修过程中,地方知府聘请致仕归乡的官员纂修,知府本人并不参与,也不挂名。而清代《彰德府志》为了在修志过程中体现国家意志,因而知府通常成为主修。

  明清《彰德府志》的编纂是由地方官与士绅合作完成,明代两修府志,彰德府和安阳县的地方官员是主要策划和实施者。清代5次重修府志主要的推动力来自河南巡抚的修志宪牌。从清顺治时期的河南巡抚贾汉复策划各地府县志重修情况看,在王朝政权更替与权力动荡时期,通过纂修方志的方式来强化百姓对新建王朝认同是最直接的方式。因而,此类重修也打上了时代的政治的印记。在顺治十五年(1658),河南地方经历了农民战争及清军铁骑的踩躏后百废待兴,此时恢复生产发展才是造福地方的首要举措。在南方,南明政权还存在,就全国的局势看并非修志的最佳时机,河南巡抚贾汉复此时急于修志,目的十分明确:一是要"纪往绩昭来许,乘一方之典制,表四国之观型者,端于志乎"②;二是要增强河南布政司辖区内民众尤其是文人对新王朝的认同感,借以在方志等文献中确立清王朝已经是继承明朝统治的正统王朝。乾隆朝3次重修《彰德府志》,更是体现出中央集权制下省府对地方的引导。

第四节 《彰德府志》编纂机构与修志经费

  明清两代7修府志的基本情况,上文仅做了简要概述。对于7部府志的纂修过程,编纂机构,修志人员构成分工情况,府志如何取材,材料如

---

① 〔清〕黄泽修,窦彝常纂:康熙《涉县志·序》,清康熙年刻本。
② 〔清〕贾汉复:顺治《河南通志·题疏》,收录于《中国地方志集成》,2011年,第112页。

何考辨,以及修志经费如何筹措等问题都是非常值得关注的。

一、编纂成员构成及分工

明清两代的《彰德府志》编纂成员中通常会出现赋闲在家的官员,这些官员被彰德府地方官邀请主持或参与府志的编纂,如此一来,赋闲官员便有了和地方官员、士绅联络的桥梁,由此在地方上建立一种协作的关系。同时,地方官员也会通过向赋闲官员支付一些报酬,"使他们重新与当地社会结合为一体,旧的关系焕发新机,新的关系随之建立"[①]。在明清的彰德府此类代表人物有崔铣、郭朴、侯尔东等。

明代崔志中关于参与纂修的人员及分工如下:生员任秀负责誊录,武安县儒学训导苏则曾和儒学教授刘昆负责校勘,彰德府安阳县知县韩德泽负责理工。除此之外,崔志中前期各项工作分工没有更多记录。而郭志中详细记录了前期人员分工"委学生张爌、许光裕、刘存礼、侯竟封,汇集成编,授余"。出于对崔志的认可,"义例一循前志,无敢易焉!间有增者,则固公授之意也"。可见在遵循崔志的同时,又有所增补。

清代编修方志时通常开馆设局,因而组织结构和人员分工非常清晰,如总裁、提调、督理、校梓、同校、纂修、评论、订正、采辑、缮写、雕校、校刻等岗位。相较于明代《彰德府志》及地方县志的编修,清代修志机构中挂名人员众多,实际参与纂修人员较少。以顺治《彰德府续志》为例,其机构成员有36人,其中总裁由河南巡抚贾汉复和河南巡按御史李粹然两人担任,提调有9人,分别是河南布政司左右布政使徐化成、桑芸,管通省粮储道副使,管通省清军驿传盐运道佥事,按察司按察使,专管通

---

① [美]戴思哲:《中华帝国方志的书写、出版与阅读1100—1700年》,上海人民出版社,2022年,第136页。

省河道水利兵备副使，提督学政右参议，分守河北道左参议，分巡河北道河南等处提刑按察司佥事。督理5人为彰德府知府、同知、通判、推官。由此可见，虽然府志的编修机构人员众多，但实际工作人员则要少很多。

表1-4-1 明清《彰德府志》编修组成人员统计表

府志名称	分工	人数	参与人员
嘉靖《彰德府志》	4类	5人	编辑1人，誊录1人，校勘2人，理工1人
万历《彰德府续志》	4类	约6人	咨乡大夫汉中翟守仲观致言余，朴属专领其事，首令两学采求郡中故实，次令诸属以志上郡，遂以诠次委学生张燸、许光裕、刘存礼、侯竟封汇集成编授余
顺治《彰德府续志》	9类	36人	总裁2人，提调9人，督理5人，校梓1人，同校3人，纂修5人，评论5人，订正3人，采辑3人
康熙《彰德府志》	9类	77人	总裁8人，鉴定10人，纂修1人，同修3人，采辑8人，同辑19人，参订12人，校阅13人，督刊3人
乾隆五年《彰德府志》	10类	62人	总裁1人，鉴定6人，重修4人，同修2人，采辑9人，同辑16人，编纂1人，参订10人，校正11人，督刊2人
乾隆三十五年《彰德府志》	10类	63人	总裁1人，创修1人，鉴定6人，重修1人，采辑13人，同辑15人，编纂2人，督办1人，校订12人，校对11人
乾隆五十二年《彰德府志》	13类	50人	总裁6人，监修1人，编修2人，督采1人，采辑10人，正提调1人，副提调1人，校对3人，收掌1人，分修4人，同校15人，监录2人，监刊3人

从上表可知，康熙朝《彰德府志》修志机构的人员多达77人，位列第二、第三的分别是乾隆三十五年（1770）的63人和乾隆五年（1740）的62人。

乾隆五十二年（1787）所修《彰德府志》的编修分工职位也是多达50个，其中总裁就设置6人。与顺治《彰德府续志》相比，此次编修将提调官员并入总裁内，其中实际人数是41人，因有9人是一人任二职。卢崧所修乾隆《彰德府志》由于体量巨大，因而在编修成员中设立编修2人、分修4人，这更明确了修纂者是按卷次分别完成的。再如同修、同校、同辑等职务也能看出府志是由一个团队合作共同完成的。

相较于清代修志庞大的纂修队伍，明代方志纂修时参与修志的人员较少，从明代两部府志的署名即可看出，这与清代有很大差别。戴福士对明代《临漳县志》的研究指出，由于是县令景芳主持修纂县志，其助手也仅为两名社学生，因而县志中更多地体现出知县景芳个人在地方治理中的特殊贡献。而这种写作风格也被清代《临漳县志》的编纂者、县令陈大玠所效仿，翻看雍正《临漳县志》，不难发现陈县令在地方治理中的各项贡献。相较于明代修志人员的精简，清代则有完备的组织机构和庞大的修志团队。我们从卢崧所修乾隆五十二年（1787）《彰德府志》一窥究竟：

表1-4-2　乾隆五十二年《彰德府志》编修组成人员统计表

分工	姓名	身份	备注
总裁	毕沅	河南巡抚	
	刘种之	翰林院编修、提督河南全省学政	
	江兰	河南等处承宣布政使司布政使	
	景安	河南等处提调按察使司按察使	
	张朝缙	河南通省粮储盐法道	
	唐侍陛	河南分守彰卫怀三府兼管水利河北河务兵备道	
监修	卢崧	河南彰德府知府、升浙江盐法道	

续表1

分工	姓名	身份	备注
编修	江大键	贡生	
	程焕	校阅贡生	
督采	汤康业	河南彰德府督捕兼管河务水利通判	
采辑	阴晦	安阳县知县	
	丰伸	汤阴县知县	
	严彭年	临漳县知县	
	谈清	林县知县	
	武达观	武安县知县	
	裴延鼎	涉县知县	
	王宸仔	署涉县知县	
	缪晖吉	署内黄县知县	
	田化	内黄县知县	
	许长浩	内黄县知县	
正提调	阴晦	安阳县知县	一人任二职
副提调	秦联登	安阳县儒学训导	
校对	乔瑞璋	彰德府儒学教授	
	周辉	署彰德府儒学教授	
校对	孔继鸿	彰德府儒学训导	
收掌	萧述烈	安阳县儒学教授	
分修	曹叶龄	临漳县儒学训导	
	刘方俨	林县儒学教谕	
	杨贵先	署武安县儒学训导	
	于从龙	内黄县儒学教谕	

续表2

分工	姓名	身份	备注
同校	乔瑞璋	彰德府儒学教授（一人任二职）	一人任二职
	孔继鸿	彰德府儒学训导	一人任二职
	萧述烈	安阳县儒学教授	一人任二职
	秦联登	安阳县儒学训导	一人任二职
	李振元	汤阴县儒学教谕	
	王松	汤阴县儒学训导	
	王思位	临漳县儒学教谕	
	曹叶龄	临漳县儒学教谕	一人任二职
	刘方俨	林县儒学教谕	一人任二职
	马熙烈	林县儒学训导	
	郅溕	武安县儒学教谕	
	杨贵先	署武安县儒学训导	一人任二职
	周绳祖	涉县儒学教谕	
	于从龙	内黄县儒学教谕	一人任二职
	吕懋赏	内黄县儒学训导	
监录	聂因培	彰德府经历	
	詹师贤	试用	
监刊	吴兆新	署安阳县县丞	
	李光耿	安阳县典史	
	古锡	试用	

资料来源：乾隆五十二年（1787）《彰德府志》

从上表可以看出，卢崧修志时不仅修志团队庞大，而且其中还有一人任两职的情况。有时府志的编纂在知府的一个任期内无法完成，需要由后继者继续推动。正如上文提及的乾隆五年（1740）《彰德府志》署名知府刘谦主修，事实上前后历经三任彰德知府纂修工作才得以完成。

明清《彰德府志》的刊印，通常是交由刊工完成。明代书籍注重刊刻，所以嘉靖《彰德府》刊印时聘请了当时著名的刻工。嘉靖《彰德府志》的刻工有沈都、王真、崔恩、张邦奇、陆伦、崔德、陆渭、裴世磊、吴守礼、崔仲臣。万历《彰德府续志》聘请的刻工有吴守礼、潘子夏、魏汝吉、李重阳、胡复初、杨深、郝平。而清代为了确保刊刻质量，通常将刻工请到彰德府，由官府制定监刊进行监督。所以，监刊的任务是监督方志刊印，最常见的监督刊印由县典史充任。但是，清代后4部府志中均未提及刊工的信息，这也是一处遗憾。

二、《彰德府志》取材与内容考辨

府志纂修的过程中，对地方史料的收集是重点。通常的做法是以前期已经修成的方志作参考，然后将彰德府下辖各州县的州志、县志收集汇总后择类引用，对于一些时间较近的人物和事迹，需要安排专人实地采访。清代修志不仅参考前志和州县地方志，而且对以前方志中的内容进行考证，将前人疏忽的错误在新修的方志中进行更正，这也为比较明清《彰德府志》提供了研究范本。

（一）州县志是府志编修的文献基础

崔铣在嘉靖《彰德府志·叙》中记道："郡守陈公万言，令所部各以其志送官。是岁冬，以予辑而正之。"[1] 从序中可知，崔铣辑府志时资料来源由两部分组成：一是崔铣岳父、汤阴李镒送来的宋代《相台志》和元《相台续志》；二是彰德府下辖各州县上呈的州县志。崔铣在纂修府志时对材料引用非常谨慎，对于品质一般的州县志则不予采用。

以崔铣编纂《彰德府志》为例，崔铣在叙中说明了其编纂工作的资料

---

[1] 〔明〕崔铣：嘉靖《彰德府志》卷首《叙》，安阳市地方史志办公室点校本，2010年，第5页。

来源,但是正德《临漳县志》并未收录太多。在崔志中也仅是在《官师志》中记"景芳,定陶人,举人,弘治十年任。事具《建置》中,迁知州"①。崔铣所说的事具《建置志》中,在《建置志》中记录了7条景芳为政时修社学,修衙署、预备仓等事迹。笔者认为其中一个原因在于临漳知县景芳在县志中大肆歌颂自己的政绩,并且在《职官志》中将自己列入名臣传,并对个人传记进行美化。戴思哲就指出:"在临漳县,一个几乎没有士人能获得功名的城镇当中,知县景芳主持了县志的编纂,使之呈现出一种国家主义取向。"② 这在明代方志纂修中也并不多见。

从正德《临漳县志》中可知,景芳个人传记有512字,除介绍他本人籍贯、功名、任职时间外,还从资助儒学廪膳生员婚娶、洪灾中捐俸赈济、劝民孝母、审判偷驴案四个方面颂扬其政绩。清代康熙朝彰德知府汤传楷纂修府志时,在《宦迹》中给景芳立传只用了143字,从正德《临漳县志》中引用了景芳四项政绩中的洪灾赈济和劝陈人伦孝母事例。

> 景芳,山东定陶举人。时漳水泛涨,坏民田宅,申请发粟赈济,不足,又出己资二千余两借给,民赖全活。死无所归者买棺以殓,屋被淹没者设法以居。里民陈恕母告不孝,芳不加责治,惟陈人伦孝行,恕大感悟,至鬻子女以供母。芳又捐俸以赎,不令子母分离。邑为之感化。③

汤传楷所修府志中《景芳传》的事迹来自县志,此后在乾隆五年(1740)

---

① 〔明〕崔铣:嘉靖《彰德府志》卷五《官师志》,安阳市地方史志办公室点校本,2010年,第233页。
② [美]戴思哲:《中华帝国方志的书写、出版与阅读1100—1700年》,上海人民出版社,2022年,第139页。
③ 〔清〕汤传楷:康熙《彰德府志》卷十三《宦迹》,《河南历代方志集成》,大象出版社,2017年,第182页。

刘谦所修府志中,《景芳传》延续了汤传楷所述只是稍作改动。而乾隆三十五年(1770)黄邦宁重修府志对于《景芳传》书写是直接抄录刘志内容,只是涉及乾隆帝避讳,将"弘治"改为"宏治"。

> 景芳,山东定陶举人,宏治中任。时漳水泛涨,坏民田宅,申请发粟赈济,不足,又出己资二千余两给之,民赖全活。又于县西南筑堤防患,人称景公堤。里民陈恕母告不孝,芳不加责治,惟陈人伦孝行,恕大感悟,至鬻子女以供母。芳又捐俸以赎,不令子母分离。邑为之感化,祀名宦祠。①

从康熙朝开始重修《彰德府志》,到乾隆五十二年(1787)最后一次重修府志,可以看到4次修《景芳传》内容均未脱离正德《临漳县志》的范畴。所以,在一定程度上州县方志纂修的质量也会影响到府志。

据《中国地方志联合目录》统计,明代彰德府下州县所修州县志有8部,内黄县有2部,因此时尚未纳入彰德府管辖故未记入。清代共修23部,因雍正时期内黄县和磁州行政区划的变动,5部《磁州志》中前4部修于康熙朝以前记入,而同治《磁州续志》未记入。

表1-4-3 明清彰德府地方州县方志纂修统计表

州县名称	明朝数量	清朝数量
安阳县	无	4

---

① 〔清〕黄邦宁:乾隆三十五年《彰德府志》卷十四《宦迹》,《河南历代方志集成》,大象出版社,2017年,第213页。

续表

州县名称	明朝数量	清朝数量
汤阴县	1	2①
林县	1	4
临漳县	1	4
武安县	2	2
涉县	1	2
磁州	2	3
内黄县	2	2

资料来源：《中国地方志联合目录》

1. 安阳县

〔清〕马国桢修，唐凤翱纂：康熙《安阳县志》10卷，清康熙三十二年（1693）刻本。

〔清〕陈锡辂修，朱煌纂：乾隆《安阳县志》12卷，清乾隆三年（1738）刻本。

〔清〕赵希璜修，武亿纂：嘉庆《安阳县志》14卷，清嘉庆四年（1799）刻本。

〔清〕贵泰修，武穆淳纂：嘉庆《安阳县志》28卷，清嘉庆二十四年（1819）刻本。

2. 汤阴县

〔明〕沙蕴金修，苏育纂：崇祯《汤阴县志》19卷，明崇祯十年（1637）刻本。

〔清〕晋淑召纂修：顺治《汤阴县志》9卷，清顺治十三年（1656）刻本。

---

① 张万钧在《对河南旧方志书目的几点补充与订正》中记载，苏元善的《嘉庆汤阴县志稿》见于南阳市图书馆，仅存序、目录及凡例，因苏氏后人出资石印，但因资金问题未能全印，今全稿已佚。故而本书只列清代两部《汤阴县志》。

〔清〕杨世达纂修：乾隆《汤阴县志》10卷，清乾隆三年（1738）刻本。

3. 林县

〔明〕谢思聪修，郝持、李若杞纂：万历《林县志》8卷，明万历二十四年（1596）刻本。

〔清〕王玉麟纂修：顺治《林县志》12卷，清顺治十七年（1660）迩复轩刻本。

〔清〕徐岱、熊远寄修，万兆龙纂：康熙《林县志》12卷，清康熙三十三年（1694）刻本。

〔清〕杨潮观纂修：乾隆《林县志》10卷，清乾隆十七年（1752）黄华书院刻本。

〔清〕康仲方修，卫济世纂：咸丰《续林县志》4卷，清咸丰元年（1851）刻本。

4. 磁州

〔明〕周文龙修，孙绍等纂：嘉靖《磁州志》4卷，嘉靖三十二年（1553）刻本。

〔明〕赵范修，诸桥纂：万历《重修磁州志》8卷，明万历九年（1581）刻本。

〔清〕任塾等纂修：康熙《磁州志》12卷，清康熙二十五年（1686）宁致堂刻本。

〔清〕蒋擢修，乐玉声纂：康熙《磁州志》18卷，清康熙四十二年（1703）本，同治十三年（1874）重刻。

〔清〕程光滢纂修：同治《磁州续志》6卷，清同治十三年（1874）刻本。

5. 临漳县

〔明〕景芳修，张慵纂：正德《临漳县志》10卷，明正德元年（1506）刻本。

〔清〕淘颖发纂修，陈大玠增修：雍正《临漳县志》6卷，清雍正九年（1731）增刻。

〔清〕张济纂修：咸丰《临漳县志》，清咸丰十年（1860）刻本。

〔清〕骆文光纂修：同治《临漳县志略备考》4卷，清同治十三年（1874）刻本。

〔清〕周秉彝修，周寿梓、李耀中纂：光绪《临漳县志》18卷，清光绪三十年（1904）刻本。

6. 武安县

〔明〕唐交修，陈玮等纂：嘉靖《武安县志》4卷，明嘉靖刻本。

〔明〕李椿茂等纂：天启《武安县志》8卷，明崇祯刊本。

〔清〕黄之孝修，李吉纂：康熙《武安县志》18卷，清康熙五十年（1711）刻本。

〔清〕蒋光祖修，夏兆丰纂：乾隆《武安县志》20卷，清乾隆四年（1739）刊本。

7. 涉县

〔明〕佚名纂：嘉靖《涉县志》1卷，明抄本。

〔清〕黄泽修，窦彝常纂：康熙《涉县志》12卷，清康熙年刻本。

〔清〕戚学标纂修：嘉庆《涉县志》8卷，清嘉庆四年（1799）刻本。

8. 内黄县志

〔明〕董弦等纂修：嘉靖《内黄县志》9卷，明嘉靖十六年（1537）刻本。

〔明〕王廷谏修，董复亨纂：万历《内黄县志》26卷，明万历二十八年（1600）刻本。

〔清〕李涥修，黄之徵纂：乾隆《内黄县志》18卷，清乾隆四年（1739）刻本。

〔清〕董庆恩修，陈熙春纂：光绪《内黄县志》19卷，清光绪十八年

（1892）刻本。

（二）府志内容考辨

清代从乾隆时期纂修方志时就非常注重对方志内容的考证，尤其是那些年代久远已经深入人心的历史人物和文物古迹等。笔者以《彰德府志》中陵墓类为例，陵墓通常附于古迹之后，以州县分别记录，按照朝代顺序排列。

表1-4-4　5部《彰德府志》陵墓数量统计

县名	嘉靖元年《彰德府志》	康熙三十五年	乾隆五年	乾隆三十五年	乾隆五十二年
安阳县	24处	19处	40处	41处	59处
汤阴县	6	12	15	15	17
临漳县	5	4	8	7	8
林县	3	10	12	13	14
磁州	9	16	未记录	未记录	未记录
武安县	2	13	17	17	36
涉县	1	4	6	8	8
内黄县	未记录	未记录	11	11	16

从上表可以看出，安阳县和武安县增加的陵墓较多，其中多为明清官员，乾隆《武安县志》是由夏兆丰执笔。此外，清代陈锡辂修、朱煌编纂的乾隆《安阳县志》中《祠祀志》在陵墓一门中出现抄录错误。在《安阳县志》中"刘方伯鲁墓在县西"之后出现了抄录错误，抑或是增加了数位墓主。如下页图：

在乾隆五十二年（1787）《彰德府志》中新增多处墓葬，有明代的"李寺丞学诗墓""崔中宪士荣墓""安寺丞文璧墓""吕中宪化舜墓"，清代"孙参议启贤墓""刘中宪肃之墓""许助教纩墓""宋中宪风来墓"。方志中将陵墓附于古迹之后，且以朝代顺序排列，陵排在前，墓排在后，

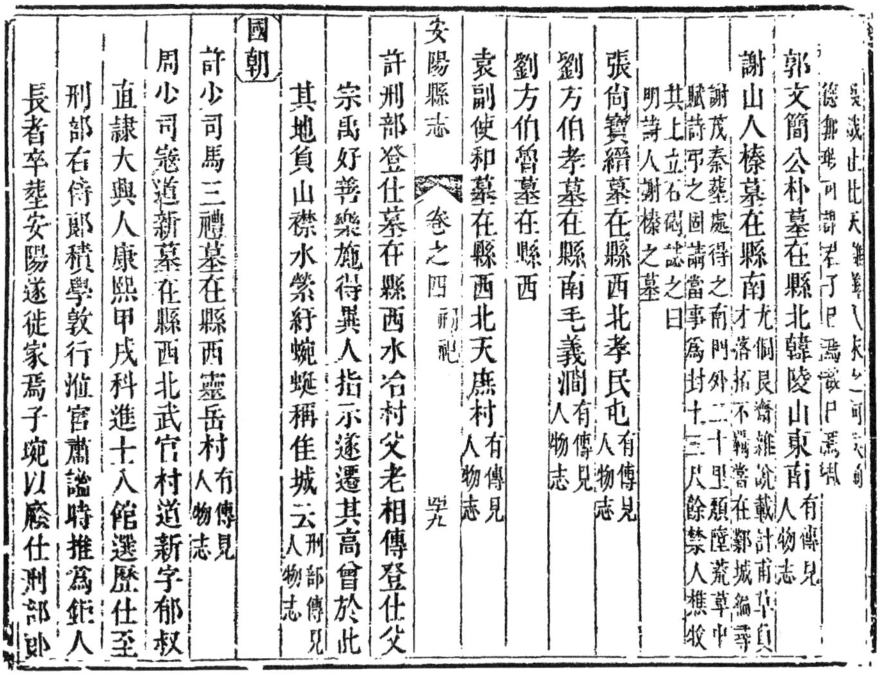

图 1-4-1 乾隆《安阳县志·祠祀》

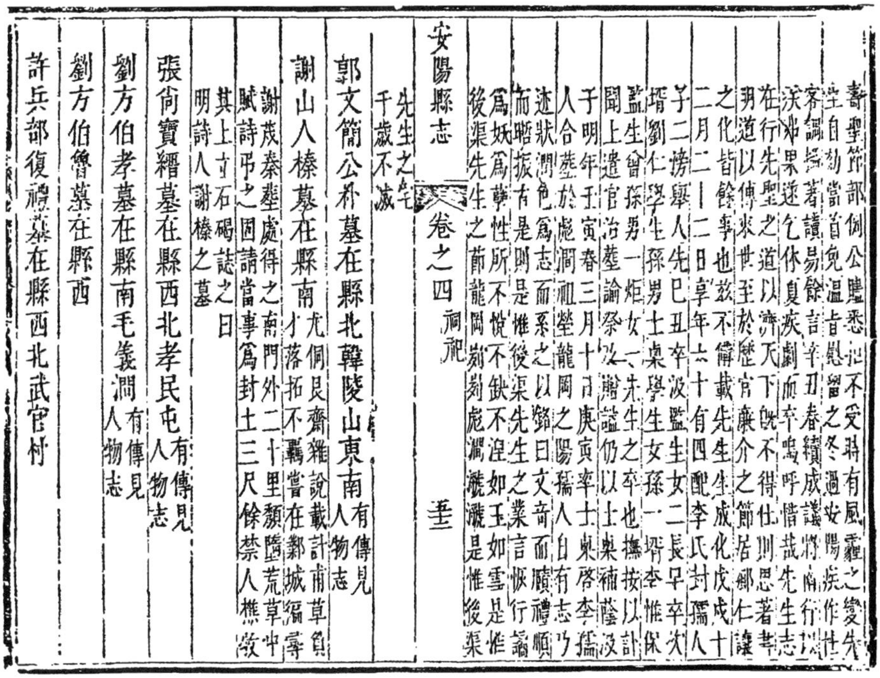

图 1-4-2 乾隆《安阳县志·祠祀》

这是社会等级的象征。方志编纂者意识到将地方官员墓葬列入其中，与古代先贤并列，可提升其家族在当地的知名度，同时也显示出其后人或族人在当地的实力。

（三）关于魏元帝陵的记载考辨

崔铣在《彰德府志·地理志》中记录了陵墓，但并未细分各州县。如袁绍墓、魏元帝陵、甄皇后墓、侯尚书墓、王母墓等。崔志遵循地理空间方位的写法，将古迹、寺庙、景观、墓葬等按空间位置进行记录，各处所在空间位置详细。

其中魏元帝陵在此后的府志中称其为陈留王墓，这一变化体现出当时编纂者对帝王谱系的认识态度。据嘉靖《彰德府志》载："魏元帝陵，在县西南彭城村，帝讳奂，以长道卿公即位，阅四年司马炎篡立，封陈留王，馆于邺宫，崩。"① 崔铣只记其位置在县西南彭城村，但并未说明是安阳县还是临漳县。清康熙年间，彰德知府汤传楷在其所修的府志中并未记录此墓。乾隆五年（1740）所修的《彰德府志》中有记录，但又称其为陈留王墓，并将其列入临漳县。此后，乾隆三十五年（1770）和乾隆五十二年（1787）的府志中沿用"陈留王墓"的称法。

康熙三十五年（1696）的《彰德府志》中将陵与墓分开，以凸显尊卑。陵有4处，即颛顼陵、丹朱陵、河亶甲陵、曹魏三陵。乾隆三十五年（1770）的黄志则只按照时间顺序排序，陵与墓依次而记。而卢崧则将陵与墓合记，陵排在前，墓放在后，以示等级差别。

卢崧所修的乾隆五十二年（1787）《彰德府志》中，对商河亶甲陵记录了两次，分别在安阳县和汤阴县内，其所在位置也相同。另外，对于魏

---

① 〔明〕崔铣：嘉靖《彰德府志》卷二《地理志》，上海古籍书店影印，1982年重印，第6—7页。

武帝陵的记录也有差别，在此之前的汤志中则并未记录魏武帝陵即高平陵，只记录了曹操疑冢。卢志中对于墓葬收录人物类型非常丰富，不仅有帝王、名臣、官员，还有节妇、烈女、孝子墓，其中普通官员墓列入的比例较大。卢崧所修《彰德府志》凡例中是这样说明的："《古迹》《陵墓》俱照旧志，新改建者增之。"①但卢志中陵墓增加规模较大，新增陵墓者也在《人物传》中出现，且安阳县增加多达19处，这是需要注意的。此外，乾隆五年（1740）的府志中，在武安县项目下将烈女和节妇墓也录入其中，此后彰德府下属各县相继录入节烈妇女墓。

（四）关于西陵的记载

崔铣在嘉靖《彰德府志》中对西陵有如下记述："西陵，即高（平）陵也，在县西南三十里，周回一百七十步，高一丈六尺。"②崔铣所说的县指的是临漳县。唐代的《元和郡县图志》也记载魏武帝西陵在县西30里。为了印证记述的可靠性，崔铣引用了唐代王勃的《铜雀台诗》，金朝赵秉文的《西陵诗》，元代许有壬的《三台赋》、刘因的《铜雀砚诗》。

西陵诗

〔金〕赵秉文

蔼蔼西陵村，　萧条歌吹声。

客愁连断雁，　地古更荒城。

山色娇新雨，　河流怒不平。

浮云台上起，　不尽古今情。

---

① 〔清〕卢崧：乾隆五十二年《彰德府志·凡例》，九州出版社，2021年，第31页。
② 〔明〕崔铣：嘉靖《彰德府志》卷二《地理志》，安阳市地方史志办公室点校本，2010年，第72页。

在清代乾隆五年（1740）《彰德府志》中对于魏西陵的记录，在乾隆五十二年（1787）的卢志中被改为"魏武帝陵"，特别明确其"名曰西陵，即高平陵也"①。卢崧的府志中，在临漳县陵墓项下记载，魏武帝陵在邺城西北，可惜卢崧对魏武帝陵记载过于简略，是一遗憾。

三、《彰德府志》编纂的经费来源

明清两朝的《彰德府志》纂修中经费来源是一个重要问题，对于编纂府志的经费来源，明清两朝的《彰德府志》中并无说明。但通过对比明清时期其他府州县方志编纂时经费来源，大致可以有所判断。美国学者戴思哲在《中华帝国方志的书写、出版与阅读1100—1700年》一书中，考察了明清时期方志编纂中经费来源及修志人员和刊刻工人的报酬。修志人员的支出有书币、笔札之费、礼币等，但是戴思哲并没有继续深入探讨此类支出由哪项经费支持。他在方志的资金问题一章中就经费来源进行了探讨，但也并未提及彰德府及下属州县的修志经费。

我们从康熙二十九年（1690）河南巡抚阎兴邦颁发彰德府官员的修志宪牌中看到如下表述，对地方修志经费，阎兴邦要求地方官员"其所费纸张、工料须量力捐资，慎勿丝毫瓜之民间"②。可见，此项经费在官府的财政预算中若无准备，则需要得到民间的捐助，所以是由民间承担一部分，河南巡抚阎兴邦特别告诫地方官员切勿向民间摊派。由地方官员牵头捐款是其经费来源的一种方式。主修官员捐献官俸以及地方士绅的"劝捐乐助"是主要来源，"捐俸寿梓，费有不敷，亦复取助于阖邑之尚义者，如其入金疏载其名"。

---

① 〔清〕卢崧：乾隆五十二年《彰德府志》卷四《古迹》，九州出版社，2021年，第140页。
② 〔清〕汤传楷：康熙《彰德府志》卷首《宪行》，《河南历代方志集成》，大象出版社，2017年，第117页。

事实上，官员带头捐俸修志更深层次的目的是做好表率，发动下属及地方士绅捐资。康熙《安阳县志·跋》中记载："抚军阎公有修辑县志一檄，公捧檄如获故物焉，乃捐俸走币，敦延乡绅之严正与诸生之博洽者。适馆授餐给资饬役，分局任事，采集编摩，历半载而告成。"[1] 彰德府知府卢崧在吉安府任知府期间，曾主持纂修《吉安府志》，从相关史料中可以知晓其纂修《吉安府志》经费的来源："按府志乾隆四十年，知府卢崧以修志余银详明檄饬，知县沈濬增置书院膏火，田二十三亩八分八厘。"[2] 所以，以此为参考，我们可以从各县的赋役支出情况中一窥端倪。那么除了纸张之外，其他费用出处呢？修志中最直接的开支是聘请纂修人员、校刊人员等，据从嘉靖《彰德府志》所记，其刊工有崔仲臣等 10 余人，万历《彰德府续志》，刻工有吴守礼等 8 人，他们并非彰德府人，所以不可能通过征徭役的方式差遣，这笔开支需要官府支出。

---

[1] 〔清〕马国桢：康熙《安阳县志·跋》，《河南历代方志集成》，大象出版社，2017年。
[2] 〔清〕欧阳骏：同治《万安县志》卷六《学校志·学田》，同治十二年刊本。

第二章

《彰德府志》特色及价值

第一节 明清《彰德府志》的体例及特色

凡例是编纂志书规则的体现,又渗透了编纂者的编纂思想。凡例的称法有多种,如总例、叙例、志例、发凡、例言等。西晋杜预的《春秋左氏传·序》中记曰:"发凡以言例,皆经国之常制,周公之垂法,史书之旧章。"①通过发凡起例的方式,言明著述的宗旨、大纲,并拟定著述的体例、样式等。清代学者章学诚就提出了志书编纂需"识足以断凡例,明足以决去取,公足以绝请托"的三原则,其中特别强调凡例的重要性。在凡例中,编纂者需说明编纂的目的和原则,对于所编内容需遵循何种原则。学者们普遍认为凡例是"沟通作者、出版者与读者的桥梁,对于了解书籍的编撰缘起、写作主旨、成书过程和使用方法等大有裨益"②。研读7部《彰德府志》的

---

① 〔西晋〕杜预,〔唐〕孔颖达:《春秋左氏传·序》,收录于阮元校刻:《十三经注疏》,艺文印书馆,2007年,第11页。
② 孙云霄、何朝晖:《凡例的形成与兴起述论》,《大学图书馆学报》2019年第5期。

凡例,有助于读者了解明清府志的编纂方法和原则等,且对方志学本身的研究也非常重要。

一、明清方志凡例之规定

巴兆祥先生将明代方志纂修分为4个阶段:第一阶段为修志起步阶段(洪武至天顺年间),第二阶段是修志蓬勃发展阶段(成化至正德年间),第三阶段是修志鼎盛阶段(嘉靖至万历年间),第四阶段是修志渐趋沉寂阶段(天启至崇祯年间)。崔铣受命纂修《彰德府志》起于正德十四年(1519),刊行于嘉靖元年(1522),处于明代修志的蓬勃鼎盛阶段。此时期在门目体志书之外出现了纲目体志书,其以总设地理、田赋、建置、秩官、祠祀、人物、艺文诸志之下再细分类目,并且这一体例逐渐成为此阶段的主流。此外,这一时期修志者将史家褒贬善恶的笔法运用于人物传中,改变了以往方志扬善隐恶的特点,其中康海的正德《武功县志》最为明显,而崔铣在《彰德府志》中也将此笔法进行了运用。巴兆祥先生统计了嘉靖至万历期间的修志数目,此阶段共修志书1622种,占明代方志总数的56%。其中,以今河南省为最多,有174种。①

对于方志体例,元明方志均继承自宋志。从魏晋南北朝至隋唐时期,记载山川、郡县的书籍种类逐渐增多,其中以方志、乘、记、谱、编、录、图经等为主要命名方式。方志正是兴起于此时,但是其记载的内容也仅限于地域、疆土、山川、物产和风俗等项目。到唐朝时期李吉甫作《元和郡县图志》时,将古迹加入其中,丰富了方志门类。宋代的《太平寰宇记》中又增加了人物和艺文,使得方志内容更加丰满。因而,后世修郡县方志皆以宋代方志体例为范本。陈光贻先生在《稀见地方志提要》自序中写道:

---

① 巴兆祥:《明代方志纂修述略》,《文献》1988年第3期。

"举凡舆图、疆域、山川、名胜、建置、职官、赋税、物产、乡里、风俗、人物、艺文、灾异，无不概载。其名称曰志，或曰记，实兼及图经、录、乘，至是方志渐符史体矣。"① 随着方志记载门类的增加，其记录地方史事涉及了方方面面，成为后人了解一地的重要参考文献。

方志的凡例是方志编纂者编纂思想的体现。对方志性质的认识这一问题，明清两朝的方志编纂者有不同的态度。主要分为两派：一派认为志为郡史，"夫志者，史之流"，这是历史派的观点，突出地方志补正史不足的作用。嘉靖《彰德府志》的作者崔铣就是历史派的代表，再如明代的李东阳、胡总缵、童承叙等。另一派认为"郡志，志一域者也，因革损益，以地以时"，特别要突出方志与史书的不同："史以记事，志以备物，史略而志详。"从明清两代《彰德府志》的编纂情况可以看出，明清学者对于方志的认识也有所不同。明代的崔铣、郭朴是历史派的践行者，他们认为"夫志者，史之流也。彰往而训来，弗训弗彰，奚以志为"②。因而，寓褒贬于志书之中，敢于在志书中彰善瘅恶、激浊扬清。万历朝彰德府知府常存仁针对崔铣所修《彰德府志》的体例，指出："其体例则略仿史传，其文则上追班马，遂掩卷叹曰：是诚一郡之史也。"③

再从清代方志编纂情况来看，康熙时期志书编纂者已经注意到史与志的差异及相互关系。清代河南巡抚尹会一就提出了"志之与史其义同，而其体例亦有异者。史于善恶无所不书。志则书善而不书恶。史所记者一代

---

① 陈光贻：《稀见地方志提要》，齐鲁书社，1987年，第11页。
② 〔明〕郭朴：万历《彰德府续志》卷首《序》，《河南历代方志集成》，大象出版社，2017年，第176页。
③ 〔明〕郭朴：万历《彰德府续志》卷末《跋》，《河南历代方志集成》，大象出版社，2017年，第325页。

之事。志所记者古今之事，然同为劝惩备搜"[1]。清代河南方志编纂者既看到史、志之间的渊源关系，也认识到史与志在内容和体例方面的不同。此后，府志的编纂更加突出方志备物的特性，尤其是在乾隆时期府志的体裁中特别重视备物垂轨，内容上更加翔实。以康熙《安阳县志·序》为例，编纂者就认为："志者记也。历代之典故，昔贤之政事，土俗民风之因革利病，指不胜屈。而志皆有以记之志，故可略乎哉？"[2]清代《四库全书》总纂官纪昀在《安阳县志·序》中对于方志的性质概括为"今之志书，实史之支流。然一代之地志与一方之地志，其体例又不同也。故修志者以史为根柢而不能全用史，与史相出入，而又不能离乎史"[3]。清初，范印心就在史学三长的基础上，提出了修志三长："修志亦有三长，曰：正、虚、公……有此三长，而又有才、学、识济之，然后可握生花无色管，了于心而指诸掌。"[4]那么，只有具备了正直、谦虚、公正的品德，才能确保修志公允的原则。

明代方志编修凡例官方有明确规定，永乐年间曾颁布了两次，分别是永乐十年（1412）和永乐十六年（1418）。正德《莘县志》中可以看到《纂修志书凡例》的原文，此凡例共21条，并对每一条目作了相应规定。明代对方志凡例的统一，改变了之前各地志书体例杂乱的问题，对于中国方志发展具有重要的开创意义，可以说明代永乐以后中国方志编纂进入了一个新阶段。

进入清代后，官方对府志的编纂也有明确的要求。康熙二十九年（1690）

---

[1] 〔清〕马国桢：康熙《安阳县志·序》，《河南历代方志集成》，大象出版社，2017年，第259页。

[2] 〔清〕马国桢：康熙《安阳县志·序》，《河南历代方志集成》，2017年，第8页。

[3] 〔明〕郭朴：万历《彰德府续志》卷末《跋》，《河南历代方志集成》，大象出版社，2017年，第325页。

[4] 范印心、张奇勋纂修：《沃史》卷首《修沃史序》，清康熙七年刻本。

年，由河南巡抚颁布的修志凡例共有 23 条，对于相应条目内记录有详细的规定。凡例通常以条目的方式出现，一条为一项。凡例对于方志的纂修具有指导作用，"制定凡例之所以要统揽全志、削切中理、适宜精当"①。凡例一旦确定后，纂修人员均须按照规则开展修志。

表 2-1-1 明清方志凡例条目对比表

明永乐十年凡例	明永乐十六年凡例	清康熙二十九年河南巡抚颁布修志凡例
建置沿革、分野、疆域、城池、里至、山川、坊郭、乡镇、土产、贡赋、风俗、形势、户口、学校、军卫、廨舍、寺观、祠庙、桥梁、古迹、城郭故址、宫室、台榭、陵墓、关塞、岩洞、园池、井泉、陂堰、景物、宦迹、人物、仙释、杂志、诗文	建置沿革、分野、疆域、城池、山川、坊郭镇市、土产、贡赋、田地、税粮、课程、税钞、风俗、形势、户口、学校、军卫、郡县廨舍、寺观、祠庙、桥梁、古迹、宦迹、人物、仙释、杂志、诗文	总图、沿革、天文、四至、建置、河防、乡村镇集、公署、桥梁、仓库社学、街巷、山川、古迹、风俗、土产、陵墓、寺观、赋税、职官、人物、流寓、孝义、烈女、隐逸、方技、艺文、灾祥、杂志

资料来源：万历《重修寿昌县志》、正德《莘县志》、康熙《续修陈州志》

永乐十六年（1418）纂修志书凡例规定，如建制沿革，"历叙郡县建置之由，自《禹贡》、周《职方》所属某州，并历代分合废置，与夫僭伪所据，逮国朝平定属某府所管"②。山川，"叙境内山岭、江河、溪涧之类所从来者，旧有事迹及名山大川有碑文者皆录。其余虽小山小水，有名者亦录"。这就要求对辖境内的山川、河流、江渠悉数收入，以备后来者参考。宦迹，"自前代开创政绩相传者、有题名者，备录之。至本朝某人有政绩悉录之。见任者止书事迹，不可谀颂"。杂志，"记本处古今事迹难入前项条目。

---

① 邹琳琳：《凡例对志书的统制作用》，《黑龙江史志》2017 年第 11 期。
② 《永乐十六年纂修志书凡例》见于正德《莘县志》中。

如人事风俗可为劝戒，草木虫兽之妖祥、水火荒旱幽怪之类，可收录者录之，以备观考"。此项扩充了方志收录的范围，尤其是对那些能表征祥瑞、灾祸的自然事件录入，更是在警示地方官。

康熙二十九年（1690）河南巡抚颁布的凡例，对于河南布政司下各府县志书编纂具有指导性作用。其中对纲目特别有明确要求，如对于地方沿革和疆域强调需要对照诸史考证，毋得混入，也不必追求过多。对于街巷坊第需要注明，如有事实者应当详细考证并记入其中。对于古迹则要求考明时代，不可以小说掺入，并以《宜阳志》全载野史的例子作为对编纂者的告诫。在志书人物传记方面，提出了不能专载世家而遗漏寒素。从顺治朝河南巡抚贾汉复组织编修《河南通志》开始，清廷就开始以此为标杆要求各省效法。康熙帝更是下谕各省："特命督抚各修省志，其成式一以贾中丞秦、豫二《志》为准。"① 由于顺治《河南通志》取得了清廷的认可，康熙皇帝更是将巡抚贾汉复树立为修志标兵。

凡例对于研究者开展方志研究极为重要。通过阅读志书的凡例，大致可以获得如下信息，即志书编修的主体和性质、编纂宗旨和原则、编纂体例及框架等。方志凡例的制定，应该是针对所纂修志书遇到的现实情况来制定，以下对《彰德府志》凡例进行比对。

二、七部《彰德府志》凡例的变化

在纂修方志的过程中，凡例体现了编纂者的修志思想。明清7部《彰德府志》的凡例反映出编纂者既有较为一致的认同，也有截然不同的认知。从7部府志的主持编修情况来看，虽然7部《彰德府志》是由地方行政长官及士绅主持，但明清两代彰德知府对于府志编纂的影响力是不同的。明

---

① 〔清〕徐时作：乾隆《沧州志·凡例》，乾隆八年刻本。

代府志编纂时，充分发挥了纂修者的主动性，知府干预较少。而清代的方志更多地体现出官府的意志，这就决定了其在方志编纂中理论水平难以得到重大突破和提升，由此导致独创性不及胡虔、杨笃、章学诚等方志名家。纵观7部府志的变化，可以发现明清两代府志凡例的递变，对于府志的影响极大。

（一）嘉靖《彰德府志》凡例

明代的方志体例，明廷虽然在永乐时期曾有过明确的规定，但编纂者往往在此基础上又有所损益，这主要是受编纂方志时所搜集材料等因素影响。崔铣曾言及彰德府修志之难，由于时日久远，加之朝代更迭，屡遭兵燹，许多文献亡佚荡尽，保存下来的志书也是寥若晨星。《魏地记》亡佚，《邺中记》也需考证，仅有《相台志》12卷，《续相台志》10卷供参考。崔铣纂修《彰德府志》即以《相台志》为蓝本而成，他在叙中言："宋志事略具而文义芜鄙，元以下亡观焉。乃别为例，作九志，凡八卷。其事采诸史，其文则删润者过半矣。夫志者，郡史也，备物垂轨，不物不轨，眩观惑乡，虽文奚用哉！"[①]崔铣在编辑《彰德府志》前，参考了宋《相台志》和元《相台续志》，但他认为旧志的体例已经不适合当时方志编撰需要，因此按照当时流行的纲目体进行了编辑工作。

嘉靖《彰德府志》纲举目张，9个门类从不同层面记录了历史上各时期安阳的物质文化和非物质文化，表现出文化概念中的广博性特点。而由嘉靖《彰德府志》引领，明清时期先后7次修纂《彰德府志》并将其奉为圭臬，在其基础上进行增补，将更加鲜活的地方文化因子注入地方志中，这恰恰是文化发展的历史传承表现。崔铣在编纂《彰德府志》期间，正遇丧母之痛，加之编纂人员不足，因此该志中无舆图，可谓遗憾。针对崔志

---

① 〔明〕崔铣：嘉靖《彰德府志》卷八《邺都宫室志》，上海古籍书店影印，1982年重印。

无舆图的缺憾，乾隆三十五年（1770）《彰德府志》的舆图成为一大特色，黄邦宁的目的十分明确："兹编详考各州县疆域，一一详绘，府有总图，另有府城、府署、府学及所属一州六县各有分图，每图绘制精细，山川、城郭、道路、沟渠、村庄、镇集、名胜古迹等均在列，且各有图说，十分周详。"①

从凡例来看，由最初嘉靖《彰德府志》的8卷，到乾隆五十二年（1787）《彰德府志》增至32卷，而门类也从9个增至18个。乾隆五十二年（1787）《重修彰德府志·序》中这样写道："郡之有志，如国之有史也。议复修之厘订旧文，益以新事视前志加详密焉。"这从横向扩展了方志收录的知识面，为后人了解地方历史和文化提供了极大的便利。可见，从崔铣开始纂修《彰德府志》有了良好的开端，随后出现的各志均希望超过前志，这为安阳地方历史文化资源的丰富提供了良好的环境。崔铣在编辑《彰德府志》时，特别留意地方的名山、河流、人物、碑刻，对于重要的史料则全部抄录于府志之中，为后世留下重要的文化遗产，也为发展地方文化提供了文献支撑。

（二）万历《彰德府续志》凡例

明朝隆庆年间内阁大学士郭朴，在致仕期间受彰德知府常存仁之托，为嘉靖《彰德府志》续修。由于时隔60年，"夫建置沿革之由，徭赋利害之故，皆关政教之巨者。乃今阙逸靡纪，后将何述焉"②。以此来弥补崔志的不足，但编纂者态度十分谦虚，"义例一循前志之旧，无敢易焉。间有增者，则固公授之意也"③。

---

① 刘永之、耿瑞玲：《河南地方志提要》，河南大学出版社，1990年，第473页。
② 〔明〕郭朴：万历《彰德府续志·序》，《河南历代方志集成》，大象出版社，2017年，第176页。
③ 〔明〕郭朴：万历《彰德府续志·序》，《河南历代方志集成》，大象出版社，2017年，第176页。

常存仁在《彰德府续志·跋》中就凡例所涉及有所交代："所采辑者参互考订，随宜而删润之，大都关世教切民隐孚舆论而后录焉。其中乡哲、吏治、懿行、芳猷，每出自公之藻鉴，士庶所不及记者实多也。"① 可见，从崔铣之后，但凡修府志必受崔志影响，例如针对崔志中大量收录了各时期明人的碑记，万历《彰德府续志》、康熙《彰德府志》和乾隆 3 部《彰德府志》均注重艺文志内容的收录，并且将关于安阳地区的文献竭尽全力收入其中。

（三）康熙《彰德府志》凡例

康熙时期重修府志时，汤传楷制定《彰德府志》凡例时分列 18 条，主要可以概括为 8 项：

一是对义类增加，务使详明，于是分为 18 卷。在旧志的基础上补齐星野，这也是对以前三部府志的增补。

二是把学校从旧志的衙署中分离出来，以示尊师重教。汤传楷认为旧志将学校列于衙署之下是对儒学教育的轻视，应该单列一门。

三是对名宦、乡贤进行考证。对于旧志缺失或没有详细考证的历代先辈作者也进行了细致的考证。

四是祠祀中祭有关祀典者，杜绝民间淫祠。这是对民间信仰在官方层面的引导，即便民间崇祀，但也不能在官方得到认可。

五是对清朝颁定的赋役全书条款核实。田赋是国计民生所系，自明中叶以来增减赢耗变化颇大，而宋志又无相关详明记载，因而需参照清朝赋役全书逐项核实。

六是将河渠单独立一卷，以示重视。明清两代河渠水利是彰德府地方

---

① 〔明〕郭朴：万历《彰德府续志·跋》，《河南历代方志集成》，大象出版社，2017 年，第 176 页。

官员的重要工作，单列一卷为后世牧民之官提供参考。

七是将官师分为秩官和宦绩两部分，"秩官以纪姓名、爵里，无论贤不肖也。若宦绩则非有功德于民者，弗容滥厕"①。

八是艺文志收录的原则是"文以人重，非人以文传"，同时为了阅览方便进行了分类。

汤传楷在凡例中讲明对明朝崔志、郭志的敬重，同时申明由于年代久远，时事变迁，需要对清朝有所记述。汤传楷也认为"志者郡史也。贵于义类详明，务使观者展卷即得"②。因此也确定了18卷的规模，"是役始于夏杪，讫于冬初。虽簿书酬应而迂拙，耽闲衙齐搜讨，又重以大中丞之命，并日告成。删述居多"③。由此可知，其编纂前后历时半年便完成。

（四）乾隆五年《彰德府志》凡例

刘谦在府志凡例中分列了22条，首先对篇幅的增加作了说明，崔铣的嘉靖《彰德府志》8卷，郭朴的万历《彰德府续志》3卷。乾隆五年（1740）《彰德府志》在前志基础上增加篇幅，《秩官》分为上下两卷，《人物》分上下两卷，《艺文》分上中下3卷，共22卷。刘谦明确表示是对汤传楷所修志书的补充，"旧志十八卷，每卷各有弁言，因历年既久，制度文物前后不无互殊。今并更易，数言其意，则由旧焉"④。在汤志无误的情况下，刘谦新修府志中予以继承，对于有讹错之处则考证后订正。对于编排格式，刘志也作了调整："名宦有传与人物有传，扬美树轨，其重均也。旧志人

---

① 〔清〕汤传楷：康熙《彰德府志·凡例》，《河南历代方志集成》，大象出版社，2017年，第14页。
② 〔清〕汤传楷：康熙《彰德府志·凡例》，《河南历代方志集成》，大象出版社，2017年，第12页。
③ 〔清〕汤传楷：康熙《彰德府志·凡例》，《河南历代方志集成》，大象出版社，2017年，第15页。
④ 〔清〕刘谦：乾隆《彰德府志·凡例》，《河南历代方志集成》，大象出版社，2017年，第15页。

物俱单行,而宦迹用双行,细书似未惬适。今改单行大书文笔,或有短长体制,要归画一。"①清朝人修志时,对于单行与双行有着特别的重视,重要的人和事均用单行排列。同时对于前代人物在以往只录本人事迹的基础上,将人物祖父及子孙见于史传者一并录入。此外,"旧志各条府属一州六向,依次排纂。今林县之下删去磁州,而以改属之内黄增入涉县之后"②。行政区划的调整也是乾隆五年(1740)重修府志迫在眉睫之原因。由于彰德府新增内黄县,因而必须将内黄古今的史事悉数收集汇编。

(五)乾隆三十五年《彰德府志》凡例

黄邦宁所修府志凡例共29条,突出表现在以下几个方面:

第一,"通志首载圣制,重王言也。乾隆十五年翠华南幸,凡郡中名胜有宠被睿藻者,不敢少遗,并恭缮御制《乐善堂集》"③。此后,重修府志均将圣谕载入其间。

第二,对于府县的舆图疆域"详考各邑疆域,一一细绘,郡有全图,县有分图,山川城郭、道路、沟渠、村庄";"录集胜迹、名区,展兹绘图了然心目是亦阅志者一块事"。

第三,对以往旧志中的沿革表进行考证,"核之历代史书多不符合,今据各史略加更定,其汉晋魏隋唐宋金元各朝郡属州邑,旧不备载,今并增入"。

第四,宦绩中"近世官师,非治行确实有据,则不敢滥登"。

第五,对于选举表参照《秩官志》进行编写,其中对于前志"例贡、例监、

---

① 〔清〕刘谦:乾隆《彰德府志·凡例》,《河南历代方志集成》,大象出版社,2017年,第16页。

② 〔清〕刘谦:乾隆《彰德府志·凡例》,《河南历代方志集成》,大象出版社,2017年,第15页。

③ 〔清〕黄邦宁:乾隆《彰德府志·凡例》,《河南历代方志集成》,大象出版社,2017年,第40页。

罗列郡志非体也。今并删之"。

第六，旧志忠烈类中，"失载宋传察金刘均，今悉增入，张三奇虽未殉难，而不降流贼，断手投江，其自分已死矣，并附载之，亦古人表征之意云"①。

作者反复强调对崔志的传承，体现出应有的尊重。对于清代之前几部《彰德府志》中引用崔志、郭志而有改动"所有后为削去者，有前志所详，后从其略者，细研事迹，文义或不宜删略之笔，今仍从崔郭原本载入"。

（六）乾隆五十二年《彰德府志》凡例

卢崧所修的府志是清代《彰德府志》中体量最大、体例最为完备的一部。对历史人物的定性，在《忠烈》中"载岳忠武大节也，而忠武无德不备，故名臣中兼载之"。这是乾隆后期官方对岳飞评价变化的一种体现。凡例中特别说明《名臣》"载韩魏王，定品也，而魏王实治相州，故宦迹中兼载之"②。在《学校》类"旧志多沿明志之旧，今考《吉安志》之详据，于本朝《会典》者订正乐舞、仪器，而首列。康熙三十年圣制序赞，其乡饮之典与书院、义学皆以类附焉"③。在《艺文》中"凡违碍书名概从删削，而附以时彦之作之有关于斯土者"④。

除了在体例上有所创新外，乾隆五十二年（1787）版本的《彰德府志》延续了崔志的优良传统，将反映百姓疾苦的篇名收入《艺文志》中，"有关郡邑之作，如崇祯间，武安知县《乞免钱粮疏》，邑人长垣知县《救荒疏》等文，均接触到实际问题，反映出农民颠沛流离之苦"。然而崔铣在府志中抨击明代徭役繁重致农民破产的评论被称为秉笔直书，清人卢崧虽

---

① 〔清〕黄邦宁：乾隆《彰德府志·凡例》，《河南历代方志集成》，大象出版社，2017年，第42页。
② 〔清〕卢崧：乾隆五十二年《彰德府志·凡例》，九州出版社，2021年，第32页。
③ 〔清〕卢崧：乾隆五十二年《彰德府志·凡例》，九州出版社，2021年，第31页。
④ 〔清〕卢崧：乾隆五十二年《彰德府志·凡例》，九州出版社，2021年，第32页。

然敢于揭露明末的弊政，却不敢直接指责清朝的弊端。由此观之，嘉靖《彰德府志》无出其右者。

三、明清《彰德府志》的特色与不足

明清时期彰德府出现的7部府志各具特色，又各自存在不足。因崔铣所修嘉靖《彰德府志》被称为海内名志，因而重点对崔志进行分析。

（一）嘉靖《彰德府志》的特色和不足

明永乐十年（1412）《修志凡例》和永乐十六年（1418）《纂修志书凡例》是方志学发展史上重要的文献资料，是明代地方志编修定型化和规范化的重要标志。但是依据《修志凡例》，纂修的志书内容包罗虽广，但是体例稍显繁杂琐碎。因此分纲列目体志书逐渐流行起来，嘉靖《彰德府志》的体例即属于分纲列目体，先列出总的纲目，再在每个纲目下细分小类进行叙述。《河南地方志提要》作者认为此书"在体例上显有特点，即由前期之条目无统，进至纲举目张，有统有属，实为方志目录分类学上一大进步"[①]。

1. 文献简练价值高

崔铣在方志学上的成就和观点，在《彰德府志》序言中有说明。他认为方志记人载事要核实，要简确，对于浮沉、附会之词，要一一删除。在《彰德府志》中，虽然不单列《艺文志》一目，但是崔铣将历代诗人、文学家的诗歌、散文和碑记等文献糅合于各个类目之中，只要稍加整理就可一窥其文。粗略统计，在《彰德府志》中共收录诗歌37首、散文13篇、碑记11篇，作品时间跨度从北魏至明代，其中宋金元三代居多，但并未收录当时人的作品。笔者分析，崔铣将诗文等文献糅合于各类目之

---

① 刘永之、耿瑞玲：《河南地方志提要》，河南大学出版社，1990年，第466页。

中而不单独列目，可能是为了对需要说明的问题通过文献的方式加以补充，使读者感受更为直观。以《地理志》中的杜缑山墓为例，崔铣先介绍了墓主的事迹，之后记录了墓主所作的《邺南城》等8首诗。另如《地理志》中介绍天平山，其后就附录了《天平山游记》，以此介绍天平山的秀美风光。通过此法，崔铣使得需要说明的人物或古迹更加形象、生动。以崔铣的渊博学识，在《彰德府志》中设《艺文志》一目收录历代诗文集并非难事，但他缺此一目，在60多年后由郭朴在《彰德府续志》中补齐。此外，在文献辑佚方面，崔铣自述引用宋代的《相台志》和元代《相台续志》，而两部《相台志》今已亡佚，所以崔志中所收录的宋元志书条目，文献价值较高。

2.凸显资政教化意图

方志的资政教化功能是编纂方志的主要目的，明代志书的编纂者虽然每个人的社会地位、社会阅历以及知识水平不同，但在志书的编纂中均受到经世思想的影响，表现出为时政服务的特点。崔铣在《彰德府志》序中，表明了自己的观点，他认为志为郡史，其作用在于"备物垂轨"，教育后人。"不轨不物，眩观惑乡"，文章写得再好，对后世也无意义。同时他对这部志书提出了3个要求：一是记人载事要核实，要简确，对于浮沉、附会之词，要一概删除。二是要敢于引用民谚，旁证大众所受税役之苦，《田赋志》以恤隐，就是要揭露时政之苛。三是于所纂志中，多间插评论。以上3条使得嘉靖《彰德府志》真正地起到了资政的作用。笔者查阅正德、嘉靖时期的相关方志，发现如《武功县志》《朝邑县志》等方志均敢于直书地方弊政，但明朝后期以及清朝地方志中则不再出现。

以《田赋志》作一说明，针对明代正德年间沉重的赋役，如站赋、力赋、银赋等，崔铣论曰："故有一人而数役，一日而用千钱者。民如之何？其不亡且贫也。诸赋中马头尤甚，秣马月费数千钱。安阳、磁州、汤阴客过者涌沸，马不足用，又顾他马。每中官至，有打千钱，多者至百金。马日驰骤易耗，或阅月即死，则醵金买补，站官吏重取赂。"①通过将这些正赋之外的苛赋记录于府志中，警示地方官吏，为政之道在于恤民。

3. 特色鲜明的《杂志》

《杂志》记录的内容很复杂，综名为记，而体例实非一，通俗而言就是在志书中"归之无类，弃之可惜"的条目。永乐十六年（1418）的《纂修志书凡例》中对《杂志》的解释是："记其本处古今事迹难入前项条目，如人事风俗可为劝戒，草木虫兽之妖祥、水火荒旱幽怪之类，可收录之，以备观考。"《彰德府志》中的《杂志》一目，明代之前方志题材已有。章学诚称其为丛谈，即征材之所余，他认为"古人书欲成家，非夸多而求尽也。然不博览，无以为约取也。既约取矣，博览所余，拦入则不伦，弃之则可惜，故附稗野说部之流作丛谈"②。嘉靖《彰德府志》分8卷9志，其中卷九为《杂志》，其下分有村名、药品、砚评、烠爂、石刻、圭塘、节臣、义仆、吏征、兵议等子目，在《洹词》中收录有《砚评》《兵议》等篇。在收录的10个条目中，确实存在互不关联的情况，但其中确有崔铣的真知灼见，如《兵议篇》就被明人陈子龙收入《皇明经世文编》中。

4. 不足之处

嘉靖《彰德府志》虽然被誉为海内名志，但也存在诸多不足之处。如在府志中对城池、里至、山川、河流等都有详细的描述，但唯独缺乏疆域图、城池图等。据潘晟的考察③，明代方志地图的作者大体上是儒士和艺匠。就儒士而言，潘晟认为明代的官修方志通常会聘请善于绘画技艺的儒士，这

---

① 〔明〕崔铣：嘉靖《彰德府志》卷四《田赋志》，上海古籍书店影印，1982年重印，第6页。
② 〔清〕章学诚著，仓修良编注《文史通义新编新注》，浙江古籍出版社，2005年，第704页。
③ 潘晟：《地图的作者及其阅读——以宋明为核心的知识史考察》，江苏人民出版社，2013年，第116页。

些人应当懂得古代的测量技术。《彰德府志》缺地图确实可惜,按之前笔者分析,崔铣纂修《彰德府志》虽然历时3年,但中途各种变故,致使其真正用于编纂的时间只有不足1年,这期间他既要考核前代史料,又要实地走访,在时间上确实不充裕。在府志序中,他说到了自己意长力短,确实存在实际困难。

《彰德府志》卷六为《人物志》,但是崔铣在详列各朝人物之外,又在《地理志》《祠祀志》《杂志》《选举志》等目下介绍人物,这样显得类目混乱。而且据李金飞、唐百成考证:"嘉靖《彰德府志》中提到的'尚书崔光'并不存在于道武帝时期,也就是说,道武幸邺,访立州名,对之曰'昔亶甲居相,圣皇天命所相,宜曰相州'者,一定另有其人,而绝不是'尚书崔光',此为史籍记载人物之错误。"① 研究者对于南北朝时期人物的考证,验证了崔铣在纂修府志时的错误。到清代乾嘉考据学盛行后,对于方志中的考证才逐渐严格起来。清代的《彰德府志》中均有对明代府志讹错的考证。

(二)万历《彰德府续志》的特色

郭朴所修《彰德府续志》在7部府志中字数最少,虽然只有9万余字,但以严谨著称。郭朴在府志序中就强调义例一循前志之旧,这就体现出续前志的严谨。以《地理志》为例,在其内容上是补前志不足,不重复前志内容说明对崔志的认可。

1. 文献价值突出

郭朴所修续府志在保存地方史料方面有其贡献。以石城为例,在嘉靖中期蒙古俺答汗部侵扰北部边防,由于明军防守不力致使蒙古骑兵闯入山西沁州、榆社等地,明廷大为震惊,于是命令山西、河南在太行山紧要关

---

① 李金飞、唐百成:《有关北魏相州之事二三考——以嘉靖〈彰德府志〉卷一所载为例》,《牡丹江大学学报》2016年第4期。

口修建石城。嘉靖二十一年（1542），河南巡抚魏有本委派涉县知县修建吾儿峪、香炉郊、童儿峪、罗家郊、铁脚峪、甘上岭、毛岭口、魏家湾等处隘口，并修建了"幅员三里许，墙高三丈五尺，顶一丈五尺，内马道一丈，墙外隙地一丈二尺，外池面三丈，底二丈五尺，深一丈五尺，引漳水注其中"的石城。① 郭朴不仅将嘉靖时期彰德府涉县修建长城的前因后果记录下来，还将万历时期林县修建石城的情况记录于府志中，具有重要的文献价值。除此之外，针对嘉靖《彰德府志》没有单设《艺文志》的缺憾，将艺文单独成卷。在《艺文志》中，郭朴精选了自宋代以来的碑铭、记、序、传、诗文等41篇。

2. 官修方志的通病

对于万历《彰德府续志》而言，如果说有不足之处，那也是属于明代官修方志的通病。明代知府虽然不参与《彰德府志》的具体纂修工作，但是在凡例制定和志书内容选取上是有决定作用的。在府志序中，郭朴就曾说明义例的变更增删是授知府常存仁之意。这倒也无可厚非，常存仁作为主持编修者有此权力。但是常知府要将郭朴父亲列入《人物传》，显然不够客观公允，毕竟郭朴父亲只是因儿子受朝廷封赠，列入《人物志》是不合适的。郭朴写道："郡守常公以朴固辞先祖父免列于人物，特令录此，载于《艺文》，非朴敢自擅专也。"② 由于郭朴回绝知府常存仁的好意，于是常知府下令在《艺文》之中将大学士徐阶写的《明封通议大夫吏部左侍郎兼翰林院侍讲学士静菴郭公葬铭》收录。总体而言，郭朴所修续府志虽然存在不足，但瑕不掩瑜，其在编纂中的严谨态度也是清代方志编纂者所敬重的。

（三）顺治《彰德府续志》存在的不足

顺治《彰德府志》的出现是明清鼎革时代背景下的产物，应该从正反

---

① 〔明〕郭朴：万历《彰德府续志》卷之下《艺文》，明万历九年刻本。
② 〔明〕郭朴：万历《彰德府续志》卷之下《艺文》，明万历九年刻本。

两个方面看待。顺治朝纂修《彰德府志》是在河南巡抚贾汉复的修志檄文下开始的，当时清朝建立未久，百废待兴。为了尽快恢复统治秩序，以修志为契机对人口、土地、赋役等进行整理记录是有实际意义的。彰德府由于地处要冲，在战乱中损失惨重，典籍、图册焚毁严重，重新搜集整理前朝资料难度较大，而顺治朝统治时间又太短，因而造成疏漏也在意料之中。但是，河南巡抚贾汉复又督促各府县赶时间完工，为纂修《河南通志》留出足够的时间。这反而使得方志资政的作用大打折扣，仅仅成为贾巡抚的"政绩工程"。如果只是从顺治《彰德府续志》的内容来看，实属是对崔志的重抄，只是少数纲目下增加了内容。这看似荒唐的做法也是清初彰德府面临各种纷繁复杂事务的被迫应对。

（四）康熙《彰德府志》的特点

康熙三十五年（1696）刊行的《彰德府志》准确地说应该是清朝彰德府纂修的第一部府志。相较于顺治时期彰德知府宋可发的仓促续修，知府汤传楷重修府志时投入了极大的精力。时任彰德知府的汤传楷提出了府志编纂的指导思想："志则有纪载而无刺讥，有表扬而无贬责，惟其慎焉。然后以之为鉴，则明惟其公焉。然后以之为劝，则远其修之也。"[①] 汤传楷所确立的有记载无刺讥、有表扬无贬责的思想符合清代方志编纂的主流，但也与明代崔铣初修《彰德府志》的精神相悖。这一思想也被乾隆朝3次重修府志所继承。

汤传楷在纂修府志时对于明代两部府志黜浮崇简的特点，提出便于读者翻卷即得其所需，采用条分缕析的方式，使读者一经翻阅便了然于胸中，符合清代修志主流。这其中《学校》《田赋》和《河渠》三类别为一卷，

---

① 〔清〕汤传楷：康熙《彰德府志·汤序》，《河南历代方志集成》，大象出版社，2017年，第111页。

说明汤传楷的远见。《学校》单一一卷突出彰德府尊师重道之意，这比明代两部府志在体例上更胜一筹。同时，《田赋志》弥补了明代万历以后至清初彰德府田地和赋税资料的匮乏，而《河渠志》则将长久以来为患豫北的漳河等河渠记录详备，并将各时期地方官员应对水患的措施记录其中，真正起到了资政的作用。康熙朝河南巡抚顾汧对汤传楷所修府志评价为："考献多士，搜匿抉隐，饰陋删芜，深得其纂言纪事之宜，以成一郡全书，遂谓与崔郭两公鼎峙，千秋可也。"① 但是，笔者认为虽然康熙《彰德府志》有诸多可以称赞的优点，但也并非顾巡抚所赞誉的那样。

（五）乾隆朝3部《彰德府志》的特点

乾隆朝所修的3部《彰德府志》体现了修志中的国家意志。在府志中将皇帝圣谕置于卷首，并且在卢崧所修的府志中将乾隆皇帝游历彰德府名胜古迹的诗文全部收录，与卢崧任江西吉安知府时修志的方式如出一辙，在乾隆《吉安府志》中，卢崧收录了清代皇帝诗文和圣谕。卢崧在府志中写道："臣崧谨按《江西通志》卷首恭录，圣朝上谕关系国计民生之大，及训饬大小臣工振作，官方维持风化者为一卷。煌煌天语皆本仁政，而宣仁言、行世法。"② 可见，当时纂修方志将皇帝圣谕录于卷首是普遍的做法，其所要达到的效果是体现修志中的国家意志。

乾隆朝府志在内容设计上，一是重视与民生相关的内容补录；二是重视方志的资政作用，特别是在《宦迹》中树立了彰德府官员勤政爱民的形象；三是重视方志的教化功能，如对忠烈、节孝等人物的歌颂；四是《艺文志》的收集保存了地方文献。

综上所述，明清两代彰德府地方官员对府志进行了7次编修，其编纂

---

① 〔清〕汤传楷：康熙《彰德府志·顾序》，《河南历代方志集成》，大象出版社，2017年，第106页。
② 〔清〕卢崧：乾隆《吉安府志》卷首《上谕》，清乾隆四十一年刻本。

形式为官府编修,因而充分体现了官方的意识控制和思想引导,这是明清鼎革之际的重要社会特征。通过 7 部《彰德府志》所描绘的安阳地方政治、经济、文化、社会、天文、自然地理等史实,对安阳地方社会作出了最翔实、最真切的记录。由于明代方志编纂的时代背景,致使清人认为崔铣的《彰德府志》过于简略,但是简雅反而成就了嘉靖《彰德府志》在明代方志中的地位。不可否认,崔志中确实存在诸多不足,在此志刊行 60 年之后明朝退野的大学士郭朴编纂万历《彰德府续志》,但其编纂思想和义例都遵循了崔志,而且崔铣在方志中对于明朝弊政的批评受到后人的尊敬,后继方志编纂者再没有这种为民申诉、劝诫有司的魄力。

  对于一部方志的评价,要将其放入所处的时代背景中。明朝与清朝方志在编纂思想上有很大的不同,明人强调精简,而清人注重体例完备。如何评价一部地方志的优劣,仓修良先生提出了几点参考:"首先要看它的体例是否完善,其次要看它的内容是否丰富,至于训词尔雅、行文生动等虽然也要讲究,但那则是更其次了。如果前两者不符合要求,或者不理想,那训词尔雅、行为生动也自然都落空了。"[①] 对于嘉靖《彰德府志》的评价也应该从体例和内容两个方面审视,路丹的硕士学位论文《嘉靖彰德府志研究》,对崔铣的《彰德府志》从文献学的角度进行了客观的评价,笔者也认同其观点。

第二节　明清《彰德府志·艺文志》的价值

  班固作《汉书》而列《艺文志》于其中,艺文是对西汉时期藏书情况

[①] 仓修良:《方志通论》,方志出版社,2003 年,第 325 页。

的一次汇总。虽然史与志不同，但在体例中地方志也设有艺文一门类。地方志艺文中收录的多为与该地方相关的诏谕、奏疏、诗文、传记、碑铭、墓志铭等文献。

一、《艺文志》收录文献的类型

马春晖指出，方志艺文的收录有其目的性："将关乎地方的大量文献经过筛选编辑，根据特定的目的，从有关地方的众多诗文歌赋中取其精华，精心编排而成。"① 通过艺文内容的选取，可以感受到当时地方文化精英的关注焦点。

（一）《艺文志》收录文献类型

古代安阳旧称文献之邦，至唐宋元明而益盛，因而府志中收录历代艺文数量十分庞大。为了便于分析明清《彰德府志·艺文志》的概括，笔者按照文献体例对各部府志《艺文志》进行统计。

表 2-2-1　7 部《彰德府志·艺文》文献类型统计表

府志	制诰	奏疏	书启	序跋	碑记	论	赞	铭	议	考	说	传	杂著	墓志铭	诗词赋
嘉靖元年	0	0	0	1	10	3	0	0	1	0	0	57	0	0	18
万历九年	0	0	0	1	8	0	0	0	0	0	0	2	0	1	21
顺治十六年	0	0	0	1	10	3	0	0	1	0	0	57	0	0	18

---

① 马春晖：《方志艺文志文学文化价值的地域性表达》，《图书情报工作》2014年第12期。

续表

府志	制诰	奏疏	书启	序跋	碑记	论	赞	铭	议	考	说	传	杂著	墓志铭	诗词赋
康熙三十五年	8	3	0	15	83	0	0	1	0	0	0	1	0	6	200
乾隆五年	10	11	5	15	112	0	0	1	0	0	0	1	0	6	200
乾隆三十五年	10	11	6	43	119	3	4	4	4	5	4	7	6	10	11
乾隆五十二年	13	13	9	45	133	3	5	4	4	5	3	7	7	11	711

万历《彰德府续志》由于存世版本较少，加之清初被进行补增，以至于与原本有所出入。前文已经讲过，清人在郭朴的续志中加入清朝的职官内容，并在页码上用"又"以示区分。不过细看《艺文志》会发现也存在补增但没有注明的情况，例如《侵占传》《重建彰德府题名记》《春游洹水记》三篇。第一，看《侵占传》，郭朴续府志中记为关中似泉曹韩撰，"似泉太守知音，明理托物，兴怀假此毫素……特命入梓，以范后学，因氏其篇曰：《侵占传》云"①。第二，彰德知府刘兆文的《重建彰德府题名记》，可以明确入志的时间晚于郭朴续府志，郭朴于万历九年（1581）完成《彰德府续志》，而刘兆文是万历三十二年（1604）任彰德知府，显然是在续府志成书后加入的。第三，彰德府通判李朴的《春游洹水记》也是续府志成书后加入的，李朴任彰德府通判时间是万历三十一年（1603），可见此篇也为后人加入续府志，但是何时加入尚无法考证。

---

① 〔明〕郭朴：万历《彰德府续志》卷之下，《河南历代方志集成》，大象出版社，2017年，第114页。

以乾隆朝三部《彰德府志》为例，乾隆五年（1740）的刘志、乾隆三十五年（1770）的黄志、乾隆五十二年（1787）的卢志在《艺文志》中收录的各类文章，除篇数差别较大之外，还有明显的差别，表现在"碑记"的收录之中。刘志收录碑记从元代的许有任《彰德府儒学记》开始，黄志从东魏的温子升《韩陵山寺碑记》开始，卢志则延续了黄志的做法，以东魏温子升的《韩陵山寺碑记》开篇。刘志对元代的艺文收录也只有两篇，对明代的艺文收录以崔铣的《赵府视学记》开篇。而黄志与卢志则将明代徐有贞的《创建精忠庙碑记》放在第一篇，这也是受乾隆中期乾隆帝崇祀岳飞的影响，笔者将在"明清岳飞崇祀"一节详细说明。总体来看，从乾隆三十五年（1770）的《彰德府志》中，我们可以清晰地看到国家意志在地方志纂修中的统领地位。

明清两代对于方志中的艺文有不同的见解，明代的两部《彰德府志》中艺文内容很少，嘉靖《彰德府志》并未单设《艺文》一门，而是将其散列于山川、古迹、建置等门类之下。不仅崔铣采用了此法，明代很多方志也是如此，我们可以从明代隆庆时期管大勋的隆庆《临江府志》中看到同样的分类。管大勋认为"夫志，记也，记郡事也，不特征文献，凡以助理也"。艺文在方志中的作用只是辅助作用。

（二）《艺文志》中诗歌收录内容

自清乾隆朝重修《彰德府志》开始，《艺文志》所收录内容占相当大的比例，而其中又以诗歌为最。这些诗歌既有当地文人的墨宝，也有海内名士游历彰德美景、名胜的有感而发。因彰德府作为三国曹魏政权及北朝的邺都，历代文人到邺都怀古者纷至沓来，所以诗歌以邺都、三台尤其是铜雀台、漳水、铜雀妓、铜雀瓦砚为主。

1. 吟诵名胜古迹，怀古抒发志向

铜雀台是三国时期曹操在邺城修建的三台之一。邺城被称为建安文学的发祥地，因而历代文人墨客都对题咏铜雀台乐此不疲。卢崧所修乾隆《彰德府志》中艺文最为详尽，因而笔者对卢志中题咏铜雀台的文献进行统计。

表2-2-2 乾隆五十二年《彰德府志·艺文志》收录铜雀台一览表

篇名	作者	朝代	文体
《铜雀台送陈竹居归临漳》	王士禛	清	歌谣
《铜雀园诗》	魏文帝	三国	五言古
《同谢谘议铜雀台诗》	谢朓	南朝齐	五言古
《三台》	郝经	元	五言古
《铜雀台怀古》	彭始奋	清	五言古
《铜雀台》	张琰	清	七言古
《铜雀台》	程长文	清	七言古
《同李进士观铜雀砚歌》	何景明	明	七言古
《铜雀台》	石瑶	明	七言古
《铜雀台》	蓝昌	明	七言古
《铜雀台吊古歌》	谢榛	明	七言古
《铜雀台》	张泽	明	七言古
《登铜雀台》二首	吕维祺	明	七言古
《望铜雀台》	张镜心	明	七言古
《铜雀台》	景日昣	清	七言古
《铜雀穿砚歌》	李钟盛	清	七言古
《铜雀台》	严遂成	清	七言古
《铜雀砚歌》	汪师韩	清	七言古
《铜雀悲》	谢朓	南朝齐	五言绝
《铜雀台》	汪遵	唐	五言绝
《铜雀台》	李咸用	唐	五言绝
《铜雀台》二首	罗隐	唐	五言绝

续表1

篇名	作者	朝代	文体
《三台怀古》	郝经	元	七言绝
《铜雀台》	刘绘	明	七言绝
《铜雀台》	刘玉	明	七言绝
《铜雀台》	安文奎	明	七言绝
《铜雀和礼亭韵》	张镜心	明	七言绝
《泛漳水望铜雀台故址》	鄂容安	清	七言绝
《铜雀台》	郑愔	唐	五言律
《铜雀台》	贾至	唐	五言律
《铜雀台》	马戴	唐	五言律
《三台》	谢榛	明	五言律
《将登铜雀台过漳河》	张宸	清	五言律
《铜雀台》	郭治	清	五言律
《渡漳河望铜雀台》	张榕端	清	五言律
《过铜雀台》	刘雷恒	清	五言律
《登铜雀台》二首	张豳	清	五言律
《铜雀台》	王堂茂	清	五言律
《三台怀古》	韩琦	宋	七言律
《铜雀台》	赵王义易	明	七言律
《暮春重游铜雀台》	赵王义易	明	七言律
《铜雀台》	赵王恒易	明	七言律
《雀台怀古》	王无逸	清	七言律
《三台怀古》	宋凤来	清	七言律
《三台夕眺》二首	秦镐	清	七言律
《登铜雀台》	张榕端	清	七言律
《铜雀台》	郭扞	清	七言律
《铜雀台》	陈诰	清	七言律

续表2

篇名	作者	朝代	文体
《铜雀台步王问韵》	杨璇	清	七言律
《登铜雀台赋》	曹丕	魏	赋
《登台赋》	曹植	魏	赋
《登台赋》	陆云	晋	赋
《铜雀台赋》	郝经	元	赋
《三台赋》	许有壬	元	赋

资料来源：卢崧：乾隆《彰德府志》卷二十二至卷三十《艺文》

2. 畅游彰德山河，记录名士游历

彰德府林县黄华山因三寺而闻名于林虑之中，金代文学家、书画家王庭筠于承安元年（1196）因上书言事被褫职后，在黄华山中潜心读书，各地名士纷纷前来黄华山拜访，因而描写黄华美景的诗篇逐渐增多。

表2-2-3 乾隆五十二年《彰德府志·艺文志》收录黄华山诗歌一览表

篇名	作者	朝代	文体
《黄华山次鹿庵韵》	许有壬	元	五言古
《游黄华山》	王盘	元	五言古
《黄华水帘》	元好问	金	七言古
《游黄华山》	于若瀛	明	七言古
《同张司理游黄华山》	司之瀚	明	七言古
《再入黄华》二首	张敏修	金	七言绝
《黄华山》五首	王庭筠	金	七言绝
《黄华峪》	元好问	金	七言绝
《雨中游黄华》	李画	明	七言绝
《游黄华山和王庭筠韵》二首	李森先	清	七言绝
《将游黄华会病不果寄题》四绝	汤右曾	清	七言绝

续表

篇名	作者	朝代	文体
《黄华山园绝句》四首	李永寿	清	七言绝
《黄华山》	李画	明	五言律
《再登黄华》	李画	明	七言律
《游黄华山》三首	谢榛	明	五言律
《黄华晚眺》	安文奎	明	五言律
《黄华寺》	安文奎	明	五言律
《游黄华》	王锡命	明	五言律
《游黄华》	陈洪濛	明	五言律
《游黄华》	柯乔	明	五言律
《黄华珍珠帘》	吴定	明	五言律
《暮秋同友登黄华山遇雨》	黄骏	清	五言律
《游黄华》四首	廖凤征	清	五言律
《登黄华山》	刘元臣	清	五言律
《游黄华山》二首	苻验	明	七言律
《游黄华岭观珍珠帘》	李震生	清	七言律
《黄华》	王宏仁	清	七言律
《游黄华山》	徐岱	清	七言律
《黄华寺》	曹运通	清	七言律

资料来源：卢崧：乾隆《彰德府志》卷二十二至卷三十《艺文》

  清代府志中收录的诗文，既有记述山川、河流等风景，也有名胜古迹、庙宇遗址，借以抒情言志。除笔者统计的铜雀台、黄华山之外，诸如漳河、林虑、韩陵山、邺都宫室等均留下了历代文人的笔墨。

登韩陵山

〔明〕谢榛

立马吊高欢，烟芜满陈迹。

可怜当时功，不见韩陵石。①

崔铣赋闲在家时，常同友人游山玩水。于是作游清凉山五言诗一首，主要是赞美山色美景。

清凉山

〔明〕崔铣

束发厌喧嚣，闭户恣探搜。暂尔舍琴瑟，于兹漫追游。

犬吠石门深，钟鸣山寺幽。烟林暖如雾，云树凄于秋。

清泉涤尘襟，丹崖豁俗眸。

水声洞底响，塔影峰尖浮。

振衣千仞冈，濯足万里流。

慨然慕斯人，邈焉寡其俦。②

清朝大兴文字狱，对于方志修纂也采取严格控制，尤其是严禁私家修志。官府修志也要严格审查，尤其是乾隆四十四年（1779）传谕各省巡抚："将各省志及府州县志书，悉加核查，其中如有应毁诗文，而志内容尚复

---

① 〔清〕卢崧：乾隆五十二年《彰德府志》卷二十八《艺文》，九州出版社，2021年，第1005页。
② 〔清〕卢崧：乾隆五十二年《彰德府志》卷二十八《艺文》，九州出版社，2021年，第978页。

采录及人事书目者,均详悉查明,概从芟节,不得草率从事,致有疏漏。"①卢崧所修乾隆《彰德府志·凡例》中就对此有明确记录,凡是存在违碍的书名要一概删除,所以卢崧所修府志的时代背景决定了此版府志审核的严格。

二、《彰德府志·艺文志》的价值

在方志《艺文志》的研究中,研究者对《艺文志》的价值总结涵盖文献、文学、史料三个方面。"史"与"志"不同,但其相辅相成。地方志对正史艺文的补充非常重要。马春晖就指出:"方志艺文志从开始萌芽,到宋代体例形式基本成熟定型,其后历代踵事增华,不断发展,不断完善,直到晚清以前的800多年里,这些历朝、历代编纂的方志不仅在时间上保持了一定的连续性,而且在门类、内容、体例、章法上也有其稳定性。"②清代地方志屡屡重修,且不断引入大量文献,究其缘由在于统治阶层为体现"国家意志",以防止因时代推移而使时下关系地方文化延续的作品断层。所以清代方志艺文的特点表现在连续性和稳定性上。

(一)文献学价值

清代学者章学诚认为方志能"补史之缺""续史之无""参史之错""详史之略",《艺文志》中部分文献的史料价值极高。明清7部《彰德府志·艺文志》在文献学方面的价值主要体现在3个方面。

1. 荟萃一方之文献。《彰德府志·艺文志》中所收录的文献,绝大多数来源于下属州、县志中。各州、县修志时非常注重将地方性显著的传记、诗赋、碑刻、墓志铭等列入其中。以《临漳县志》和《汤阴县志》为例,

---

① 〔清〕陶澍:道光《安徽通志》卷首《诏谕》,道光十年刊本。
② 马春晖:《中国传统方志艺文志研究》,国家图书馆出版社,2015年,第46页。

其中大量收录关于邺都、三台、漳水、岳飞等地方辨识度很高的文献，方便后人查阅，因而《艺文志》有荟萃一方文献之功。崔铣纂修府志时没有单列艺文一目，但保存了大量地方文献资料，如邺都宫室的文献。再如卢崧所修乾隆《彰德府志》其中《艺文志》达到9卷之多，而且对于邺城、三台、岳飞等颇具特色的文献收录数量极大。

2. 存录散佚文献。府志《艺文志》中收录大量的历代文人佳作可以起到补充散佚文人文集的作用。清代府志编纂者注重地方文献资料的收录，他们将三代以下关于安阳地方的文献尽可能地收录保存，这使得一些在战火中散佚的文献在方志中得以重现。而且收录文献时以人物、景物、古迹等类型编排，使得一些文人散佚的作品在府志艺文中保存下来。

3. 佐证校勘文献。《彰德府志》中收录了大量的安阳地方重修学宫碑记等文献。由于年代久远和保存不善，地方留存的部分碑刻已无法完全辨认，《艺文志》中保留的部分原文可以起到校勘的作用。例如《韩陵山寺碑记》《尉迟公庙碑记》《敕建商中宗庙碑记》等碑刻文献，为日后修复文物提供佐证。

（二）文学价值

方志作为记录地方悠久历史文化和独特地方文献的载体。以描绘太行山、漳河水、铜雀台、古邺都为题材的文学作品，既有诗词歌赋、又有碑铭，极大地丰富了地方文学的种类。安阳历来有文献之邦的美誉，邺下文学更是对后世产生重要的影响。以描写邺都的诗歌为例，这类诗的作者既有游历邺地的名士，也有从政于当地的地方官员，还有彰德府地方文人。他们的文学作品对明清彰德府的文化建设非常重要，清代方志编纂者把这些文学作品收录府志，以此作为地方文学发展的时代成就。无论是叙景记胜，还是言志抒情，这些作品具有很高的文学文化价值。诸如《邺下怀古》等文学作品，就是文学文化价值的地域性表达。

（三）史学价值

作为地方史料的载体，《彰德府志》收录了大量地方史料，这其中有诸多是正史中无记载的文献。《彰德府志·艺文志》中收录艺文非常丰富，涉及历史、地理、社会风俗等多方面，为研究明清豫北地区政治、经济、风俗提供了翔实的史料。人物传记中，诸如《岳飞传》《名宦传》《节妇传》等都有重要的史学价值。而其中对于明代嘉靖朝在彰德府涉县、武安等处修建长城的史料更为珍贵。再如历史事件方面，明朝正德时期刘六、刘七起义军攻占安阳、汤阴的史料，以及明末农民起义军在彰德府的史料都有助于史学研究。

三、《艺文志》对地方文化的贡献

7部《彰德府志》中，嘉靖《彰德府志》和顺治《彰德府志》未单独设《艺文志》，但是崔铣在府志的其他纲目之下大量插入艺文。而7部府志中，卢崧所修的乾隆五十二年（1787）《彰德府志》的艺文体量为7部之最，这些《艺文志》描绘了明清安阳的历史古迹、秀美山川，赞颂了古代安阳的英雄人物，对于安阳历史文化传承贡献极大。

（一）崔铣修志对地方文化的贡献

李铁映在谈到地方志时曾这样评价："志书是有独特文化艺术价值的地情书。"地方志与区域地方文化之间的关系是目前方志学领域的一个方兴未艾的课题，两者之间是相互依存的关系，并且地方志是传播区域文化的重要载体，是弘扬传统文化的有效方式。地方志中记载了地方特色文化，这是对地方文化的保护与发扬。孙文飚在论及方志文化的社会功用时，将其概括为"在地方文化继承与创新、融合与特色方面，地方志以博大的胸襟，兼容并蓄，海纳百川，传承历史悠久的文化，充分体现了中华文化的继承性、开放性和多样性"①。以嘉靖《彰德府志》为例，其中对关于安阳地区的历史文化史料进行了详细的记录。

1. 注重文物古迹的保护

关于安阳的历史沿革，最早可以追溯到北蒙，盘庚迁都于此，据载"彰德府，《禹贡》冀州之域"；"今城外西北有开元寺，寺后有亶甲冢，冢在洹水南岸，有故城曰畿城，一曰亶甲城，周回四十步，高一丈五尺，又有地曰商亭城，冢记曰亶甲所居，夫汤始居亳，仲丁迁嚣，亶甲自嚣徙居相，祖乙居耿，盘庚归治亳，九五迁商之诸王"；"殷墟在故安阳邑也。《汉书》注曰洹水在安阳县北，去朝歌殷都一百五十里，此殷墟也，非朝歌也"②。从《彰德府志》中大概可知殷墟的大体位置，以及相关地名，如亶甲城、商亭城等。商亡后此地渐成废墟，而后在战国时期先是属于魏国，后属于赵国，秦并天下后成为邯郸上党地。汉高祖时分置魏郡，三国时期曹操建都于邺城，北周灭北齐后改为相州，金代改为彰德府，元称彰德路，明清复设彰德府。

另如汤阴县的岳飞庙，现存岳飞庙是国家文物局于1989年重新修葺的。从明朝开始几经修葺，正德十二年（1517），崔铣为岳飞作《岳鄂王庙记》云："汤阴，王之故里也，庙久而剥。大明正德丁丑，中丞内江李公士修巡抚河南，稽贤阐隐，表墓新祠，示民所乡，以成教化。"③此外，在《彰德府志》中还记载了府文庙、尧庙、商王庙、尉迟公庙、精忠庙和西门大夫庙，在记录这些古迹的同时还抄录了碑文。府文庙在明伦堂，前元至中雅乐成，有县人郭思恭碑。尧庙在乞伏村，金承安二年（1197）建，有金赵秉文碑。商王庙在府治东南，岁以五月五日有司祭，有乐著记。尉迟公

---

① 孙文飚：《试论方志文化的社会功用》，《黑龙江史志》，2005年第3期。
② 〔明〕崔铣：嘉靖《彰德府志》卷一《地理志》，上海古籍书店影印，1982年重印，第4页。
③ 周国瑞：《崔铣洹词选》之《岳鄂王庙记》，中州古籍出版社，1993年，第154页。

庙在府治东北，有司岁以七月十二日祭，有唐颜鲁公真卿碑。晋太尉嵇公庙在县南门外，岁以十二月十五日祭，有宋魏国公韩琦记。精忠庙在县治西南，有学士徐有贞碑。西门大夫庙在仁寿里去县25里，有元钱唐杨蒙记。高文忠庙在辛安社，元有安阳杜秉彝碑。①以上古迹的碑文限于篇幅不再抄录，时至今日多处古迹已经破败，但崔志为后人保存了珍贵的文献资料。

2. 保存了丰富的明代旅游资源信息

在《彰德府志》的《地理志》中记载了明代安阳地区丰富的文物古迹及山水文化资源。以殷墟为例，崔铣记录："殷墟在故安阳邑也。《汉书·地理志》注曰：洹水在安阳县北，去朝歌殷都一百五十里，此殷墟非朝歌也。"同时，在《地理志》中大量记载明代安阳一州六县的山川、桥梁、古迹、墓葬和水利等信息，如记载"韩陵山在县东北十七里，父老云汉韩信常屯兵焉，故号韩陵"，在此方志中还完整抄录了温子昇写于定国寺的旌功碑记，记录南北朝时期高欢讨伐尔朱世隆、尔朱天光等的战绩，此碑后成为安阳八景中的"韩陵片石"。

根据《魏都赋》中的"鸳鸯交谷，虎涧龙山"的记载，这里的龙山，是嘉靖《彰德府志》载其在县西四十里，周回十里，高五里，即现在水冶之南龙山，安阳八景中有"龙山积雪"一处。再如林虑山，东汉以前称为隆虑山，因避汉帝名而改之，乃天下名山，崔铣赞之为"景物雄秀，著称于代"。在两汉时期，杜乔、郭巨、夏馥等名士在此归隐或安葬于此，而战乱时期则成为名士们的避乱之处，如《彰德府志》中记载的晋庾衮、北魏元文遥、五代荆浩等。

3. 为安阳旅游文化推广提供文献支撑

关于地方志与地方文化建设两者之间的关系，张莹认为："地方志是

---

① 〔明〕崔铣：嘉靖《彰德府志》卷四《祠祀志》，上海古籍书店影印，1982年重印，第7页。

地方文化的一种，地方志与地方文化的建设是相互作用、相互影响、相互促进的。地方志是社会化文化体系构建的根基。地方志在建设地方文化中的标识作用不可忽视。"① 笔者赞同其观点，尤其是在地方文化建设中，地方志的标识作用十分重要。

崔铣在《彰德府志》中明确指出："《地理》稽实而黜附会，《建置》遵制而明则，《田赋》以恤隐，《祠祀》以正典，《官师》均列而信教，《人物》《选举》上行而下秩，《宫室》刺奢，《杂志》辅化。崇正义而黜异端，捐浮冗而简确，然后府事稍可诵览。"② 崔铣在府志开篇就明确了要资政、教化的编纂目的。就《彰德府志》中的历史资料价值而言，如果从文化资源视角来审视，那么它对于地方特色文化的传承无疑具有引领的作用，它很好地体现了方志纂修的时代连续性。宋元明清时期安阳地区方志编修不断，先有《邺中记》《邺都故事》《魏永安记》，再有《相台志》及续志，明清连续7次纂修《彰德府志》，这些方志文献成为构建地方特色文化的载体。这其中嘉靖《彰德府志》因其具有承上启下的纽带作用，因而在构建安阳地方特色文化中发挥着关键作用。

（二）地方特色文化的传承

嘉靖《彰德府志》中记载了关于明代安阳地区山川、河流、名胜古迹、英雄人物以及地方特产等方面的信息。③ 这些文献资料对传承和弘扬地方文化发挥着重要的作用，尤其是以洹河、殷墟和邺城为代表的文化资源，对构建地方特色文化所表现出的引导作用，在明清两代的积淀下成为地方特色文化的一个显著表现。

---

① 张莹：《地方志与地方文化建设》，《中国地方志》2004年第2期。
② 〔明〕崔铣：嘉靖《彰德府志·叙》，上海古籍书店影印，1982年重修，第2页。
③ 郭海东：《嘉靖〈彰德府志〉对地方特色文化传承的贡献》，《安阳工学院学报》2019年第3期。

顾祖禹在《读史方舆纪要》中这样描述彰德府："《禹贡》冀州之域，殷河亶甲居相，即此。春秋为晋东阳地，战国为魏之邺地，后属赵。秦为邯郸郡地，汉为魏都。东汉末冀州徙治焉，曹魏以受封于此，称为邺都。晋仍为魏郡，属冀州。后赵石虎、前燕慕容儁并都邺。"① 顾炎武更是称此地"沃野千里民物蕃阜，淇阳列其前，洹漳绕其后，左挟卫河，兼挹万金之奇，右阻大行，实表天峰之险"②。由此可见，在明清时期彰德府的历史文化与战略地位已经受到关注，尤其是作为商朝后期、曹魏、后赵、前燕都城，其积淀下的历史成为地方特色文化的表现。

洹水是安阳的母亲河，早在商朝已经孕育着华夏子民。崔铣对洹水有着特殊的偏爱，在他的文集中有较多的记录，其文集以《洹词》命名，在洹水附近建有后渠书屋聚徒讲学，且自称后渠先生。明人李梦阳就以后渠书屋为题赋诗《春日寄题崔学士后渠书屋》7首，明人唐顺之也作《咏崔后渠书屋》。崔铣后渠书屋建成后，有感作《示书院诸生》："洹上修书屋，渠南设讲堂。坛花迎日媚，阶竹拂云长。"③ 洹水对于崔铣具有特殊的意义，对于历代生活在其河畔的子民而言，更是具有孕育地方文化的作用。

崔铣在编辑府志时，对于安阳地区的山脉河流记录常与《水经注》相比照，并结合自身实地考察，将最切实的情况记录于府志之中。《水经注》载："洹水出上党泫氏县，东过隆虑县北，又东北出山，过邺县南，又东过内黄县北，东入于白沟。"④ 嘉靖《彰德府志》载："洹水，在县北四里，俗曰安阳河。深者三丈，郦道元《水经注》曰，洹水出上党洹氏县洹山，山在长子县东，过隆虑北黄水注之，又东北出山连径殷墟，东北过邺城南

---

① 〔清〕顾祖禹：《读史方舆纪要》卷四十九，中华书局，2005年，第2314页。
② 〔清〕顾炎武：《天下郡国利病书》，上海古籍出版社，2018年，第1360页。
③ 周国瑞：《崔铣洹词选》，中州古籍出版社，1993年，第348页。
④ 〔北魏〕郦道元著，陈桥驿校：《水经注校证》，中华书局，2007年，第247页。

谓之新河。自邺东径安阳县故城,又东过内黄县北,东入于白沟。"①通过对比以上两条史料,不难发现崔铣在征引《水经注》的基础上,更加详细地对洹水的发源、流向以及汇入情况进行了记录。尤其是说明了洹水与殷墟的位置关系,这对于后世发掘殷墟遗址在文献上提供了支撑。

对于洹水的源头史料记载有不同说法,《水经注》和《彰德府志》认为洹水源头在山西,而明末清初的顾祖禹在《读史方舆纪要》中载:"安阳河,在府北四里。本名洹水,出林县西北林虑山中,东流经府境,又经临漳县西南达北直成安县界,至内黄县界永和镇而入卫水。"②就洹水的源头考证,孙晓奎的《洹河考述》给出结论是在林县,这与顾祖禹观点一致。之所以引用这些史料,笔者不是为了讨论洹水的具体状况,而是要表明因为崔铣给予洹水特别的关注,使得洹水对于安阳人有特殊的意义,对于安阳地方文化更是具有重要意义。

《史记·殷本纪》云:"北冢曰殷墟,南去都四十里,是旧都城西南三十里有洹水,南岸三里有安阳城,西有城名殷墟,所谓北冢者也。"③嘉靖《彰德府志》载:"今府城外西北有开元寺,寺后有亶甲冢,冢在洹水南岸,有故城曰畿城,一曰亶甲所居。夫汤始居亳,仲丁迁嚣,亶甲自嚣徙居相,祖乙居耿。"④据嘉靖《彰德府志》中对于商王庙的记载可知,每年农历五月初五地方有司会举行祭祀仪式,因为在古代,人们认为七世之庙可以观德,长期受到地方祭祀而不受损害的庙堂可以视为地方治理的功绩。

1899年,王懿荣在中药的龙骨中发现了古文字,后经由罗振玉、王国维等考证确认为是商王朝的文字,由此一片甲骨惊天下。20世纪20年代

---

① 〔明〕崔铣:嘉靖《彰德府志》卷一《地理志》,上海古籍书店影印,1982年重印,第14页。
② 〔清〕顾祖禹:《读史方舆纪要》卷四十九,中华书局,2005年,第2319页。
③ 〔汉〕司马迁:《史记》卷三《殷本纪》,中华书局,1959年,第91页。
④ 〔明〕崔铣:嘉靖《彰德府志》卷一《地理志》,上海古籍书店影印,1982年重印,第1页。

开始，李济、董作宾等人开始了对安阳小屯的考古发掘，进而通过对相关史料、地方志的核证，认定了殷墟真实的存在。郭沫若曾赋《殷墟诗》一首："洹水安阳名不虚，三千年前是帝都。中华文化殷创始，观此胜于读古书。"从殷墟发掘开始，甲骨文、青铜器、玉器、战车、墓葬、饕餮纹器物等文物，使得大众逐渐认识了殷商文化在中国文化史上的地位。当我们感叹殷商文明的辉煌时，更应该意识到明代嘉靖年间崔铣在《彰德府志》中对殷墟的情况进行了详细的记录，保存了重要的历史文化信息。

崔铣在《彰德府志》中将"邺都宫室"单列为一目，可见对其重视程度，在邺都《宫室志》中崔铣引用《邺中记》《邺都故事》《邺城新记》等史料结合实地查看，详细介绍了邺都南城和邺都北城及城门的位置名称，宫室的建置情况，以及铜雀台、金凤台和水井台的具体位置。邺城作为都城从曹魏到北齐有百余年的历史，公元580年杨坚攻占邺城后，将邺城的宫殿、城邑付之一炬，并将百姓迁于安阳，至此百年名都成为废墟，在此之后邺城作为古都逐渐淡出世人视线。北宋熙宁年间，邺县被废，其遗址并入临漳县。宋代刘公铉纂《邺城旧事》6卷和《邺城新记》3卷记录邺城的过往辉煌，崔铣在府志中特别予以记述就是为了让世人了解邺都宫室的雄伟壮丽。邺城宫室在中国古代城市建设史甚至是世界都城建筑设计史上都有很重要的影响。牛润珍在总结邺城的城市设计时指出："其设计规划反映出建造者的'天象'意识，力求天地人完美和谐。这一城制初具于东汉后期，经曹魏、后赵、东魏、北齐不断改进，最终在邺南城的制度中得到总结。邺城城制开启了隋唐都城制度，影响及于明清之北京，在中国古都城制发展史上具有承前启后的地位。"①

邺城遗址的文化价值并没有因其成为废墟而被忽视，反而促使更多的

---

① 牛润珍：《邺与中世纪东亚都城城制系统》，《河北学刊》2006年第5期。

学者关注邺都，传承邺文化。1952年国家撤销平原省，将武安、涉县、临漳县划归河北省，于是嘉靖《彰德府志》中的一州六县，磁州、武安县、涉县和临漳县归属河北省。虽然政区发生变化，但是地方文化经过数百年的沉积，在一个地区是不会消失的，尤其是已经深深扎根于地方，形成地方特色的文化。崔铣在府志中记录杜緱山墓时，特意收录了杜緱山所作的《邺南城》《西陵》《古邺城》和《三台怀古二首》等诗篇，在记录西陵时则收录了唐代王勃的《铜雀台诗》，尤其在《杂志》中崔铣专作《砚评》一文讲述邺城的铜雀瓦砚，这点点滴滴的文献积累，汇聚在一起使得地方文化生动形象。文化的积淀不会因行政区划的改变而从此地域消失，文化的积淀是一个地方文化品位和内涵的标尺，自商代以来安阳地区所产生的地域文化诞生出殷商文化、邺文化的文化精神和文化品格，这些具有鲜明地方特色的文化精神和文化品格往往影响着历史上人们的思想文化的形成和精神品格的塑造。

第三章

明清彰德府政区调整与安阳地方治理

中国古代行政区划的调整随着王朝的更迭而进行，安阳由于特殊的地理位置，政区的调整不断变化，《禹贡》中称其为九州中冀州之地，此后变化不断。自汉代以来，安阳所处的漳洹流域便是河北政区的重要组成部分。从金朝明昌三年（1192）设立彰德府以来，金沿宋制将彰德府归属于河北西路。彰德府自设府以来，其政区地位就非常稳固。明朝于公元1368年建国，明太祖朱元璋设十三布政使司："府百有四十，州百九十有三，县千一百三十有八，羁縻之府十有九，州四十有七，县六。"① 清代"通天下十九省，布政所辖知府百八十有四，直隶知州六十有三，知州百四十有八，知县一千三百有五"。② 当时全国设有府级行政区140个，州及政区193个，县级政区1138个。到了清代，随着国家版图扩大和政区整合，府级政区达到了184个，州级政区163个，县级政区1305个。由此可见，明清两

---

① 〔清〕乾隆官修：《续通典》卷一百四十《州郡二十》，浙江古籍出版社，1988年，第1965页。
② 〔清〕卢崧：乾隆五十二年《彰德府志》卷六《职官》，九州出版社，2021年，第174页。

代行政区划调整的程度，政区变化必然对地方社会产生诸多影响。本章着重讨论明清时期彰德府形成区划的调整及对安阳地方社会产生的影响。

第一节　明清彰德府行政区划调整

对于明代以前安阳地区的行政沿革，崔铣在嘉靖《彰德府志·地理志》有如下考述：

> 彰德府，《禹贡》：冀州之域。《书》序曰：河亶甲居相。春秋时属晋［阳］。《左氏传》曰：齐侯伐晋，取朝歌，入孟门，登太行，赵胜帅东阳之师以追之。此地即东阳也。战国时属魏，后属赵。秦并天下，为邯郸、上党地。汉高祖始分置魏郡，治邺。后汉末，冀州理之……晋曰魏郡，理于邺。后赵石虎、魏冉闵、前燕慕容儁皆建都……东魏孝靖帝迁邺，改筑南城。以相州刺史为司州牧，魏郡太守为魏尹。北齐高洋篡立，改魏尹为清都尹。周灭齐，复改相州。大象二年，兼置魏郡，自故邺徙州于安阳，即今治所也。①

崔铣对于安阳历史的沿革只说出其大范围的名称变化，而具体的历代行政辖区归属则没有详细说明。如由元朝入明朝时，彰德路与彰德府的政区范围调整等问题。

---

① 〔明〕崔铣：嘉靖《彰德府志》卷一《地理志》，安阳市地方史志办公室点校本，2010年，第2—3页。

一、明代彰德府行政区划的调整

明朝建立后，明太祖朱元璋于洪武元年（1368）在开封设中书分省，次年改称河南行省，至洪武九年（1376）才改为河南承宣布政使司。郭红指出："洪武十三年后，河南的管辖区域除磁州外，基本与今日之河南省相似。"① 据《明太祖实录》所载"置磁州及武安县，隶广平府"②。此后，明廷对河南部分州县进行的行政区划调整属于省内调整。直至嘉靖二十四年（1545），河南布政司下辖八府一州，即开封府、河南府、汝宁府、南阳府、怀庆府、卫辉府、彰德府、归德府及汝州直隶州。河南地处中原，交通便利，自古战略位置极为重要，而豫北的彰德府又为三省通衢。清人顾祖禹称之为"河北三郡，足以指挥燕赵"③。

> 改南阳府嵩州为嵩县隶河南府，以广平府磁州及武安县隶彰德府，真定府涉县隶磁州，并濮阳县于开州，白马县于滑州，俱隶大名府。并滏阳县于磁州，改大名府之浚州，彰德府之林州，广平府之威州俱为县。④

从此条史料可知，在明朝建国的1368年彰德府辖区还不包括磁州、武安县、涉县。到洪武二年（1369）才将广平府的磁州划入河南布政司下彰德府管辖。并且将真定府的涉县也划入磁州，由此形成了明代一州领二县的行政格局，这一局面直到清朝雍正时期才改变。上述史料中的滑州即

---

① 郭红、靳润成：《中国行政区划通史·明代卷》，复旦大学出版社，2017年，第72页。
② 《明太祖实录》卷三十六，洪武元年十一月甲辰。
③ 〔清〕顾祖禹：《读史方舆纪要》卷四十六《河南》，中华书局，2005年。
④ 《明太祖实录》卷四十一，洪武二年四月甲戌。

今安阳滑县，但在明代属于直隶大名府管辖。

由元入明的彰德府行政区划调整，可以很直观地看出明朝政区调整的政治和军事双重意图。元朝时期的彰德路下辖一州三县，即林州、安阳县、汤阴县、临漳县。以上州县均在漳河以北，依据山川形势划界。明朝调整区划，将漳河以北磁州、武安、涉县划入彰德府。

明代彰德府，居于"畿南豫北"，素有天下"要府"之称。洪武元年（1368）闰七月，明廷废路设府，将元朝的彰德路改为彰德府。原先彰德路下辖三县一州，即安阳县、临漳县、汤阴县和林州。而明廷将磁州及所附属的武安县、涉县并入彰德府。据《明太祖实录》载，洪武二年（1369）四月，"以广平府磁州及武安县隶彰德府，真定府涉县隶磁州"①。随后，林州在洪武三年（1370）由州降为县。由此形成了明代彰德府六县一州的行政格局，即安阳县、汤阴县、林县、临漳县、武安县、涉县、磁州。明代彰德府位于南北交通要道，驿站贯穿于要道之间，故有"十省通衢"之称。

明初的行政区划虽然延续了元朝，但又有所变化，其中对于元代常见的"附郭县"②，在明代府级政区中得到了保留。安阳县作为彰德府的附郭县一直延续到明清两代。磁州虽然在洪武二年（1369）才归入彰德府，但在明代河南布政司行政辖区中占有重要的地位，磁州是南北通衢，又是明代分巡河北道和兵备道的驻地。正因为磁州是省级衙门的办公地，在赋役政策等方面河南布政司会有所优待，这也为日后在万历朝出现临漳县与磁州赋役矛盾埋下伏笔。因明代中后期设置了河北兵备道这样的监察机构，在磁州有兵备一员驻扎，其主要职责是擒捕盗贼、修理城池、安抚民兵、操练军马。其巡察监督范围涵盖了卫辉府所辖的县，并负责马政事务。

---

① 《明太祖实录》卷四十一，洪武二年四月甲戌。
② 元代的行政区划以行省、路、府、州、县中存在着大量的附郭县。

明代行政区划的调整一方面是由于朝代更迭后为适应新的行政体制而为，另一方面也是统治基层施政目的和行政管理达到平衡的必然之举。程森就指出："政区格局的形成本身也是地域之间互动的结果，其间统治阶层的政治、军事意图在起支配作用。"① 可以说，行政区划调整背后是统治者对于不同地域政治、军事管控的高阶规划，当然也有便于地方治理的考量。

二、清代彰德府行政区划的调整

明清鼎革后，清朝宣称延续明制。明代省级政区的划界便成为清代初期行政区划的基础。由明入清后，彰德府依旧在河南布政司中占有重要的位置。清代河南巡抚尹会一就称："河南以河北三郡为要郡，又有宛不如洛、洛不如邺之说，则彰德一郡尤为要郡。"② 可见，在清代河南布政司内彰德府的地位仅次于省会开封府。清代彰德府辖区州县行政区划调整主要有三处：一是雍正三年（1725）内黄县并入彰德府；二是雍正四年（1726）磁州从彰德府划入广平府；三是雍正十一年（1733），浚县的宜沟南镇并入彰德府汤阴县。

（一）内黄因漕运入豫

内黄之名因古黄河变迁而来，西汉始置县，历史上多数时间属于北直隶大名府。雍正三年（1725），内黄县脱离直隶归入河南布政司。河南巡抚田文镜奏请雍正皇帝，希望将直隶的内黄县、浚县、滑州划归河南，以便于疏浚卫河实现统一调度，有利于漕粮运输。乾隆《内黄县志》也记载，

---

① 程森：《明清民国时期直豫晋鲁交界地区地域互动关系研究》，陕西师范大学博士学位论文2011年，第24页。
② 〔清〕陈锡辂：乾隆三年《安阳县志》卷首《序》，《河南历代方志集成》，大象出版社，2017年，第260页。

由于河南漕运所需"以卫河为漕船所经,改隶彰德便于策应"①。在嘉庆《浚县志》中收录了一篇《河南巡抚田文镜恳请改归属县奏疏》,其中对内黄等三县划归河南有详细的记载。

> 直隶大名府属之滑县、浚县、内黄县,为河南漕运所经,地虽接壤而属则隔省。闻多有呼应不灵之处,以致河南粮艘,年年迟误,且大名府所属计一州十县。彰德府所属只一州六县。卫辉府所属只六县。若以滑、浚、内黄三县,分隶彰德、卫辉,则多寡既均,而于运道得专责成,亦有裨益。著九卿速议具奏。寻议,浚、滑为古汲郡地,内黄为唐相州地,本均属河南省。请以浚、滑二县隶卫辉府,内黄县隶彰德府,运道粮艘,咸资裨益。从之。②

雍正皇帝根据河南巡抚田文镜的奏折要求朝中大臣拟定一个可行方案,经过官员查阅方志等史料,认为浚县、滑州古代为汲郡之地,而内黄在唐代就属于相州,三地古代就是河南一部分,现如今划入河南可行。

于是,在得到清廷的批准后,雍正三年(1725),内黄县由直隶大名府改属彰德府,浚县、滑州划拨给卫辉府。雍正时期,直隶与河南之间行政区划进行了调整。其中彰德府的磁州并入直隶广平府,直隶大名府的内黄县并入彰德府。而直隶大名府的浚县、滑县并入卫辉府。雍正《河南通志》中对于黄河以北的行政格局如是描述:"豫当大河之南,自崤、函东渐淮、汝,形势划一。而彰、卫、覃怀斗入燕、晋,河山纷纠,襟带抱负,犬牙错处,称盘石矣。"③清朝雍正年间对于河南北部行政区划进行调整,但是

---

① 〔清〕李湞修:乾隆《内黄县志》卷首《序》,清乾隆四年刻本。
② 《清世宗实录》卷三十三,雍正三年六月丙戌。
③ 〔清〕田文镜:雍正《河南通志》卷六《疆域》,光绪二十八年补刻本。

犬牙交错的豫北区划格局保持不变。《清史稿》中如是记载："清初沿明制，领州一县六。雍正中，割直隶大名之内黄来隶，以磁隶广平。"①《清史稿》将直隶三州县划归河南与磁州划归直隶这两件不同的事情一起叙述，让后人产生一种错觉，认为是河南用磁州换取了内黄县、浚县、滑州，事实并非如此。

（二）磁州由水利入畿

磁州在元代属于河北广平府，明初划归彰德府，经历了300余年后，再次被划归广平府。磁州并入直隶广平府主要是与豫北畿南的滏阳河水资源管理有关。磁州为滏阳河的发源之地，在地方治理中由于北直隶下辖邯郸、永年、鸡泽、曲周等县农业灌溉水利问题，与彰德府磁州多有矛盾。《永年县志》中就记载了"永年各闸，皆傍堤引水入地而不绝其流，旱涝与下游共之。上游磁州、邯郸多拦河横闸，每因水构讼"②。由永年县与邯郸县的水资源争夺，进而扩大引发两省争执，广平知府张廷勷向清廷上奏请求均平水利的奏疏："查广平旧志磁州属广平路，领成安。成安现隶广平，则磁州本非豫属明矣。请将磁州改归广平府，则滏阳一河全由直隶统辖，均水息争，同安乐利"③。当直隶与河南在用水问题上发生争执后，广平府地方官员通过查阅地方志，提出元代磁州属于广平路而非彰德路，且成安县在元代归磁州管辖，现如今还在广平府，应恢复旧制将磁州重新划归广平府。

事实上，在雍正四年（1726）的时候，怡亲王允祥向雍正皇帝奏请将磁州划归广平府。

---

① 赵尔巽：《清史稿》卷六十二《地理志九》，中华书局，1977年，第2079页。
② 〔清〕夏诒钰：光绪《永年县志》卷六《水利》，清光绪三年刻本。
③ 〔清〕潘锡恩编：《畿辅水利四案·初案》，道光三年刻本。

> 怡贤亲王具奏,兴修水利,查得滏阳一河,发源于河南磁州神麕山,历邯郸、永年等县,皆资灌溉。近年磁州壅闭上流,以致下流诸邑不能沾润,请将磁州改归广平府,则滏河由直隶统辖,庶可均水息争等因。①

户部等衙门遵照雍正皇帝圣谕复议《直隶河防水利事宜》时,已经将滏阳河划入直隶水系治理规划,此奏疏在《清实录》中也有明确记载:

> 九卿议覆。怡亲王允祥疏言:滏阳河发源河南磁州。州民拦河筑坝,致直属之邯郸、永年诸县争水讦讼。事关两省,文移动经岁月,请将磁州改属广平府,滏阳一河全归直隶统辖。应如所请。从之。②

磁州从河南彰德府划入直隶广平府一事,仅仅是为了平息位于滏阳河上游的磁州与下游直隶各县在水利资源方面的纠纷而已,在怡亲王允祥的主导下,最终清廷同意将磁州划入广平府。如此,便可按照直隶官员的水利规划设计,滏阳河全流域由直隶管辖,因而水利纷争便自然平息。对于此问题,孟祥书在2020年的《邯郸日报》上撰文有所分析。③

在磁州划归直隶广平府后的一个月,由工部等衙门复议了怡亲王奏请的畿辅西南水利计划。此项水利计划工程浩大,设计直隶西南部的白沟河、沙河、洺河、滏阳河等数十条河流。划磁州入直隶,就是要引滏阳河之水入沙河、洺河,使永年县、鸡泽县和南和县得到滏阳河灌溉之利。而行政区划的调整,也导致了军事防区的变动。在磁州划归北直隶广平府后,雍正五年(1727),磁州营从磁州移驻彰德府。

---

① 〔清〕程光滢:同治《磁州续志》卷一《沿革》,同治十三年刻本。
② 《清世宗实录》卷四十三,雍正四年四月丁亥。
③ 孟祥书:《明清邯郸滏阳河水资源之争》,《邯郸日报》2020年8月2日。

从《彰德府志》《大名府志》《广平府志》《磁州志》等相关史料中，我们可以知晓磁州长久以来就游离在河南、河北之间。

> 磁州《禹贡》冀州之域。春秋属晋，又属魏，战国属赵。秦隶邯郸郡，汉为武安县地属魏，后汉因之。三国魏及晋俱隶广平郡。后魏析武安县地，置为临水县隶相州。东魏尹北齐隶清都郡，后周武帝割临水，置滏阳县亦隶相州。隋属魏郡，开皇十年郡废仍隶相州，以地产磁石始置为磁州，以滏阳县附郭。大业初废县，复隶魏郡。唐武德元年复置为磁州，六年省临水入滏阳。贞观元年废州又隶相州。永泰元年复置为磁州，以临水地改置昭义县。天祐三年以磁兹音相近，改名惠州，后复名为磁州。五代梁属昭德军节度，晋属彰德军节度，历宋改为滏阳郡。金复更为磁州省昭义入滏阳。元初升为滏原军节度属广平路，后复为磁州。国朝洪武元年归附，仍置磁州，改隶彰德府并省滏阳县入焉，编里四十一，领县二。①

从磁州春秋以来的行政区划调整看，其介于广平郡与相州、广平路与彰德路、广平府与彰德府之间，每一次行政区划调整后，随之复旧。

事实上，磁州划入直隶广平府也并未结束地方居民用水问题。乾隆十二年（1747）六月，大学士兼管直隶河道总督高斌等奏报河工事宜时就提到，滏阳河源头出自磁州，下游直通子牙河。每年春季末夏季初灌田之时，水尝断流。磁州百姓在城西槐树村建西闸，灌溉田地400余顷，在城东琉璃镇建东闸，灌溉田地600余顷。满足磁州灌溉用水之后，"余水听其流入下游之邯郸、永年、曲周、鸡泽、平乡、任县浇灌地亩。雍正二年（1724），

---

① 〔明〕周文龙：嘉靖《磁州志》卷一《地理志》，嘉靖三十二年刻本。

阎家浅地方居民又建拦河惠民闸，呈请下板蓄水灌溉。查磁州东西两闸，定例五日闭闸，五日启板。是一月中磁州独得水利十五日，其余十五日始分溉六县。若再准惠民闸下板，于磁州固有益，而下游六县竟不得沾润，况阎家浅地低，若一下板则收束滏水，更难下灌。请立案禁止"。①

说明自雍正四年（1726），磁州划入直隶后，原本出于防范河南彰德府限制滏阳河水被直隶州县民使用的问题并未得到解决。而彰德府剥离出磁州损失是巨大的。可以将内黄县和磁州所有田地的亩数对比分析。

表 3-1-1　清代内黄县与磁州田地对比表

时间	迁出迁入	原额民地	更名卫所地
雍正三年（1725）	内黄县迁入	一千四百三十二顷七十四亩九分九毫四丝五忽五微	九百四十八顷八十三亩六分一厘一毫五丝
雍正四年（1726）	磁州迁出	六千四百零七顷二十四亩一厘九丝九忽	二千一百二十顷八十六亩七分四厘八丝六忽九微

资料来源：卢崧的乾隆五十二年《彰德府志》卷十一，九州出版社，第 444 页

从此表中民田的数量对比可以看出，磁州田地较内黄县更多，且明代彰德卫和磁州守御千户所的屯田归入地方成为纳税之田。所以，此次行政区划调整于彰德府而言并非获利。

（三）内黄归属争议再起

彰德府内黄县的楚旺镇是河南漕运重要兑粮地。直隶与河南围绕内黄县在嘉庆五年（1800）时产生了一次争夺纷争。直隶总督胡季堂请求将内黄县重新划归直隶，而河南巡抚吴熊光据理力争，极力劝阻清廷将内黄县

---

① 《清高宗实录》卷二九二，乾隆十二年六月戊辰。

归入直隶。事情缘由需要从嘉庆四年（1799）说起，巨盗张标在直隶长新店地方抢劫铺户，由于影响极为恶劣，以至于直隶总督胡季堂被革去太子太保官衔及花翎。而张标在案发后逃入河南内黄县，由于抓捕不便，于是胡季堂萌生了将内黄县划归直隶的想法。经过嘉庆皇帝及朝中大臣利弊分析后，认为直隶总督胡季堂所提请求的理由过于牵强。

> 前据胡季堂奏请，将河南省之内黄县改归直隶管辖。所有该县地丁、钱粮归于直省，其漕运事宜仍交河南粮道办理一折，已交部臣核议施行矣。兹据吴熊光奏称，河南全漕皆在内黄楚旺地方受兑，若改归直隶不特恐误兑运，并虑稽察难周等语。胡季堂请将内黄改归直隶之意，原为便于缉捕起见。但前此巨盗张标在内黄窝藏，本系豫省地方官失于查察。该犯于豫省本境内并未闻有劫盗之案，其屡次纠伙行劫，乃多在直隶地界。上年经朕访闻，密谕胡季堂上紧查拿。该督因系河南直隶交界地方，即不免存推诿畏难之见，因循不办以致酿成长新店肆劫巨案。虽经胡季堂派员往拿，究系河南官役在彼帮同，始将积年巨盗张标擒获歼毙。①

直隶总督胡季堂以抓捕巨盗张标不得为由，请求划内黄县入直隶，并将内黄县地丁钱粮一并归属直隶。但是，从上述史料可知，当时抓捕张标也是由河南地方官员配合才得以完成。所以，问题实质不在于盗贼的抓捕，而是直隶总督觊觎内黄县在漕粮运输中的利益。

嘉庆皇帝审时度势，分析了内黄县在河南漕粮运道中重要地位，认为雍正时期制定的方案是真正解决漕粮运输的有效方案，于是否决了直隶总

---

① 《清仁宗实录》卷六十二，嘉庆五年三月辛巳。

督胡季堂的请求。

迄今内黄楚旺水次，遵行已久，受兑挽运均无贻误，俱各相安。吴熊光所奏皆系实在情形，又与前旨相符。著照所请，将内黄一县，照旧归于河南管辖，不必再议更张。其俗名三不管地方，亦仍交内黄管理，以专责成。至该处为三省交界，吴熊光务当饬令该县实力查察，勿令奸宄潜滋。其交界之直隶、山东等处，著胡季堂、蒋兆奎各饬所属严密巡缉，毋得稍存畛域之见。其漕运一切事宜，仍照旧例行。①

此次内黄归畿辅的议案没有得到嘉庆皇帝的批准，并且将直隶、山东与内黄交界的三不管地方一并归入内黄，由河南巡抚督办。我们从地图上看内黄县所处的位置，东邻清丰县、濮阳县，南与滑县、浚县相接，北靠河北魏县，隔卫河与汤阴县相望。从国家漕粮兑运角度看，内黄县在豫北所处的独特区位优势是雍正时期河南巡抚田文镜看重的缘由，这对于中央和地方而言是双向受益。反而将磁州划入直隶广平府后原先河道用水和河流治理的预期没有达到。

三、明清彰德府区位地理优势

清人顾祖禹在《读史方舆纪要》中载："以河南之全势较之，则宛不如洛、洛不如邺也明矣。且乎自古用兵，为邺而制洛也，常易；以洛而制邺也，常难，此亦形格势禁之理矣。"② 顾祖禹将南阳、洛阳、安阳三处地理进行比较，认定安阳是兵家必争之地，其扼要之势为河南他处所无法

---

① 《清仁宗实录》卷六十二，嘉庆五年三月辛巳。
② 〔清〕顾祖禹：《读史方舆纪要》卷首《河南方舆纪要序》，中华书局，2005年。

比拟。明清彰德府被誉为河朔雄郡，为畿辅唇齿之域。清乾隆朝河南巡抚毕沅就称彰德府"其地襟带漳洹，阻宅山阜，辙迹所会，此为要冲。千百年来分争迭据"①。张之先生认为，安阳自古为要害之处，从秦至清"仅县之建制一端，便废而复置者五，分而并者三，并而分者二"②，可见历代王朝都站在国家战略的高度对安阳进行行政区划调整，以适应新王朝的地方治理。

综上所述，就明清以来的彰德府发展情况来看，彰德府所属的殷邺文化在极力向中原文化靠拢。从历史上各个时期的行政区划整合来看，安阳地区州县在河北与河南之间徘徊。例如以中原官话音素为代表的开封府就与彰德府相差巨大。再如河流文化也有差别，中原是以黄河流域为代表，而彰德府漳河洹水则属于海河流域。虽然有诸多差异，但是自明朝彰德府被划入河南布政司管辖后此地域便积极融入中原文化之中。正是由于彰德府所处豫北畿南的交通要道优势，也使其成为区域间连接的纽带。刘志伟先生就曾提出了"彰德府文化圈"的概念。时至今日，我们看到明清行政区划与现今不同，但所流传下的地域文化则深深地扎根下来，成为河南、河北两省共同的财富。

第二节　彰德府辖境内的河渠水利

明清彰德府地方河渠主要有洹水、漳河、万金渠、滏阳河、荡水等河流。在明清500多年历史中，这些河流既灌溉了地方良田，也在河水泛滥

---

① 〔清〕卢崧：乾隆五十二年《彰德府志》卷首《序》，九州出版社，2021年，第1页。
② 张之：《安阳考释——殷、邺、安阳考证集》，新华出版社，1997年，第8页。

时危害地方。明清两代对彰德府辖区内的河流进行了一系列的疏浚与整治。明代彰德府同知中专有一人负责管理河道。清代彰德府知府兼管府属洹河、卫河、淇河三河河道，另管河同知专管此项工作。安阳县知县兼管洹河，汤阴县知县兼管卫河。明代彰德府的水利工程主要在洹水和漳水，对其疏浚是造福地方的重要政绩。崔铣在嘉靖《彰德府志》中对水渠之利有所论述："凡渠皆引名川，石水得泥数斗，且溉且粪，长我黍稷。春夏不雨，汲灌园蔬，足裕乏绝。善守城者，必凭高据水，可以有功。"[①]安阳文史学者张之先生的《邺下古渠考》中，也对历史上安阳重要的河渠进行了考证。笔者主要围绕着洹水、万金渠、漳水和广润陂再加以记述。

一、洹水

洹水又名安阳河，是安阳人的母亲河。洹水源头发于山西上党，"入林县横水地方，无形潜伏，至安阳距城六十里之善应村左近潆渨喷涌，不可遏抑"[②]。安阳民间谚语有"洹水逢横（横水）而入，逢善（善应镇）而出"的说法。《水经注·洹水》记载了洹水出山西后，向东流经殷墟北。《汉书·地理志》有"国水（经考证为洹水）东北至信成入张甲河，过郡三，行千八百四十里"。

崔铣在嘉靖《彰德府志》中记曰：

> 洹水，在县北四里，俗曰安阳河。深者三丈。郦道元《水经注》曰：洹水出上党洹氏县洹山，山在长子县东过隆虑北，黄水注之，又东北出山。连经殷墟东北，过邺城南，谓之新河。自邺东经安阳县故

---

① 〔明〕崔铣：嘉靖《彰德府志》卷一《地理志》，上海古籍书店影印，1982年重印，第29页。
② 〔清〕贵泰：《安阳县志》卷三《地理志》，收录于《中国方志丛书·华北地方》，成文出版社有限公司，1933年，第1169页。

城,又东过内黄县北,东入于白沟。《春秋左氏传》曰:声伯梦涉洹水。杜预注曰:水出汲郡林虑县。李宗谔《图经》曰:洹水源出林虑西北,平地涌出,初甚微小,东流九十里至安阳界,泉脉渐大。又曲屈东北流六十里至州北,入洹水县界。今日洹氏县,在泽州高平,然无洹水。①

洹水从林州流出时,水量不大,崔铣在府志中记载洹水阔两步,深二尺,可见在他所处的正德、嘉靖时代,洹水从林州入安阳前水量确实不足。流入安阳县境时水量才逐渐增加,应该是周边支流渠水汇入洹水所致。

洹水进入安阳先后水量大增,可行船于其中。明代彰德府推官李朴的《春游洹水记》就记录了春季彰德府知府、同知、推官等地方官员泛舟游于洹水的景象:

> 邺城之北不数里,许有水潺潺自西南来,夹岸杨柳垂金,红楼半露,溯流远望,则有太行山色,西陵烟雨,清绝可人。于时献岁发春,万汇俱荣,郡守东海刘公偕诸同寅,暨藩王、藩相共寻芳于洹水之滨。是日也,天敛纤云,澄波如练,远峰苍翠,朝秀可飡,已而解锦缆坐方舟,泛泛然任其所止,中有吹箫伐鼓,击筑弹丝,发声嘹喨,清韵遏云,真若《霓裳曲》《广陵散》也。于是览胜吊古,感慨繁之矣。②

从李朴所描绘的洹水上的美景,可以看到在没有水患之时,官府和民间百姓也会在风和日丽的日子在洹水上休憩。但是,当遇到暴雨、水灾时,

---

① 〔明〕崔铣:嘉靖《彰德府志》卷一《地理志》,上海古籍书店影印,1982年重印,第21—22页。
② 〔明〕郭朴:万历《彰德府续志》卷之下《艺文》,《河南历代方志集成》,大象出版社,2017年,第116—118页。

洹河由于蓄水能力有限，因而泛滥成灾。

据康熙《安阳县志》记载，明朝崇祯时期，洹水决堤于姚家湾附近，距离彰德府城仅20里，"不由故道，屡筑屡决，垂三十年。国朝康熙十一年，知府邱宗文曾议改浚，后格于漕议不果。至二十七年，知县武烈申请疏筑，河归故道。岁久故道复塞，于康熙五十六年疏浚。后复自姚家湾决口，由柴村、宋村等处至辛村接正河路，从伏恩小河入卫，计长八十里，今谓之新洹河"①。在清代，洹水泛滥后改道而流，康熙二十七年（1688）由安阳县知县武烈组织地方官员疏浚和重修河道，然后当河道淤塞后，洹水继续危害地方。康熙五十六年（1717），彰德府官员再次对洹水河道进行治理，使其最终流入卫河才解决了洹水泛溢的问题。康熙时期将洹水流入卫河济运后，河南巡抚"令该县县丞专营疏浚，一并交与彰德府通判管辖。又卫辉府汲县、新乡、获嘉、淇县管河县丞、辉县管河主簿，相应交与该府通判管辖"②。此次彰德府、卫辉府管河官员职责调整目的也是统一调度，方便跨地区疏浚河道。安阳文史学者张之在《邺下古渠考》指出："统观邺下水利，创始维艰，循旧较易，平原易堰，山区难引。邺下东有大河，中有漳水，决溢之害久矣。居民习之以为固然。"③

二、万金渠

万金渠有新旧之分。旧万金渠在彰德府西北20里处，是曹魏时期的水利工程，目的是筑石堰引洹水入邺，因灌溉田地有万金之利故名。新万金渠初创修于唐代，唐代称之为高平渠，由李景自高平修堰引洹水入渠，灌田千顷。据史料记载，唐朝咸亨三年（672），相州刺史李景在高平设

---

① 〔清〕马国桢：康熙《安阳县志》，《河南历代方志集成》，大象出版社，2017年。
② 傅泽洪辑录《行水金鉴》卷一六六，商务印书馆，1937年，第2413页。
③ 张之：《安阳考释·邺下古渠考》，新华出版社，1997年，第128页。

堰将洹河水引入渠，此渠流经曲沟、流寺、盖村、孙平等处，在城西五里草桥与万金渠连接。此次疏浚中，一并将万金渠连入广润陂，由此形成了灌溉渠，造福地方。崔铣在《彰德府志》中记载道："高平渠出县三十里，自高平村堰洹水入渠，东流灌溉二十村，至县西南流官道七里，越道入广润陂。"① 明清时万金渠仍是洹河水系内的引水灌溉工程。据安阳知县陈锡辂所撰的《竣壕碑记》中记载，水自高平村分洹河水入该渠，东流至城分两支，向南流的渠称为南万金渠，向北流的称北万金渠。据民国《续安阳县志》记载，宋代韩琦也曾对万金渠修葺过。万金渠的作用在安阳地区主要以农田灌溉为主。

> 万金渠在县西北二十里，深一丈五尺，阔八尺。《邺都故事》曰：魏都邺后，起石塞堰，自安阳南引洹水入邺，自邺入临漳，东至洹水县。当时溉田有万金利。宋元祐中，安阳自堰口至草桥十五里，水几废不流。自邺县东至临漳西十五里，唯有小水涓涓入毛象陂，今废。②

从崔铣在嘉靖《彰德府志》中的记载可知，万金渠在历史上时流时断，嘉靖时期只有涓涓细流流入毛象陂。虽然其只是安阳境内的防洪灌溉水利工程，但对于安阳地方发展也十分重要。

明清时期，为了疏浚河道，防止水患发生，彰德府地方官员会不定期对万金渠疏浚。明弘治六年（1493），参政朱瑄疏浚万金渠，沿渠安置了10座水磨。安阳县知县刘宇"筑坝障水，开高平、万金渠，复唐宋之旧"。安阳知县刘道亨续修万金渠。万历十三年（1585），彰德知府陈九仞、安

---

① 〔明〕崔铣：嘉靖《彰德府志》卷一《地理志》，上海古籍书店影印，1982年重印，第12页。
② 〔明〕崔铣：嘉靖《彰德府志》卷一《地理志》，安阳市地方史志办公室点校本，2010年，第25—26页。

阳知县刘宇等疏浚高平渠至广润陂，在渠上建水闸、石堰，在主干渠上修了10条支渠和3个泄水闸，以方便在发大水时能够及时泄洪。彰德府官员在万金渠上修建石闸、石堰，"灌田不可胜效，收获视他处为饶"①。万历十四年（1586），知府陈九仞主持重修万金渠，建成石闸、石堰。万历二十四年（1596），彰德府地方官重开万金支渠。

明清两代地方官员多次疏浚万金渠，并被记录下来。如郭朴所作《重修万金渠碑记》、安文璧的《修万金渠桥碑记》、吴定的《重开万金支渠碑记》、王伯勉的《重修万金渠碑记》等。明万历年间，郭朴作《重修万金渠碑记》亦云："万金、高平二渠，同出洹水而流别。始，魏武起石堰，引洹入邺，经临漳，东达洹水县，灌田有万金利，故名。"②所以，疏通万金渠对于安阳地方农业发展是非常重要的水利工程。

万历时期在万金渠修建石闸并修筑了石堰，由此具备了调节水流的作用，方便地方根据水位高低控制水流。清康熙二十九年（1690），因为接济卫河漕运成为当务之急，因而彰德府地方官制定了万金渠放水规则。规定每年三月初一日起至五月十五日止，此75日中，以竹络装石堵塞渠口，渠水主流接济运河水运，少部分水用于灌溉。过了此阶段后，由地方民间自用。如在此期间擅自盗用河水灌溉，当依法惩处。到乾隆三十九年（1774），因春季亢旱，由河道总督杨立德、河南巡抚何煟等上奏清廷，谓"河南之漕，春月尚未出境，民间引水灌田，请从四月初一日封闸，五月十五日开闸，以此四十五日为济运之期"③。此后，清廷规定漕米折色，停止济运，因而封闸济运的规则也就作废。

---

① 〔清〕卢崧：乾隆五十二年《彰德府志》卷二《山川》，九州出版社，2021年，第19页。
② 〔明〕郭朴：《重修万金渠碑记》，收录于乾隆五十二年《彰德府志》，九州出版社，2021年，第849页。
③ 方策、王幼侨修：《续安阳县志》卷三《地理志》，1933年铅印本。

由于万金渠对于安阳农业灌溉十分重要，明清两代地方官员中也涌现出像彰德府河务同知李光型这样的"留心水利，尝亲行田野中访西、史万金渠遗迹，著《天平闸说》……教民兴灌溉之利"[①]的父母官。

三、漳水

漳水（漳河）源有二：清漳河、浊漳河。浊漳河出于山西长子县西50里的发鸠山，经过潞州、襄垣、黎城后，跨省流入河南彰德府涉县。涉县也因民涉漳水而得名。清漳河出自山西乐平西北少山大要谷。两河俱向东，经由彰德府临漳县入真定。在古代安阳地区，漳河迁徙无常、散漫无制，历史上其泛滥成灾的水性，给安阳地区的百姓带来诸多苦难，因而也被民间视为害河。从战国时期西门豹治邺算起，安阳地方百姓遭受漳河水患已有千年。"河伯娶妇"的闹剧折磨着当地的百姓。战国时期西门豹治邺，对漳河进行了分流治理，"发民凿十二渠，引河灌民田"[②]，此水利工程沿用2000多年，今天我们称之为幸福渠。明朝人专为西门豹、史起建了二大夫祠以纪念其治理漳河的贡献。

漳河改徙、决堤在历史上时有发生，从明洪武初期开始，大约10年漳河便会改道一次，民间流传着漳水20年一小变，50年一大变，河道迁徙范围有"南不过卫，北不过滏"的说法。这是说漳河改道无定向，有时候向南泛滥流入洹水甚至卫河，有时向北流入滏阳河。清代临漳知县姚柬之就曾感叹："中州河北之水，漳为大。其变迁也，在临漳为甚。"据《安阳市水利志》所描述，漳河的河道变迁存在三种情况，即北道、南道、中道。

永乐十八年（1420）以来，漳水浸圮，民不堪居，地方官员上报明廷，

---

① 〔清〕卢崧：乾隆五十二年《彰德府志》卷八《宦迹》，九州出版社，2021年，第336—337页。
② 〔汉〕司马迁：《史记》卷一二六《滑稽列传》，中华书局，1959年，第3213页。

经朝廷批准将县治移至原址东北十八里理王村。正统元年（1436），漳、滏并溢，坏临漳杜村西南堤。三年（1438），漳决广平、顺德。四年（1439），又决彰德。皆命修筑。十三年（1448），御史林廷举言："漳河自沁州发源，七十余沟会而为一，至肥乡，堤岸逼隘，水势激湍，故为民患。元时分支流入卫河，以杀其势。永乐间堙塞，旧迹尚存，去广平大留村十八里。宜发丁夫凿通，置闸，遏水转入之，而疏广肥乡水道。则漳河水减，免居民患，而卫河水增，便漕。"①从之。漳水遂通于卫。

正德元年（1506）浚滏阳河。河旧在任县亲店村东北，源出磁州。经永年、曲周、平乡，至穆家口，会百泉等河北流。永乐间，漳河决而与合，二水每并为患。至景泰间，又合漳，冲曲周诸县，沿河之地皆筑堤备之。成化间，旧河淤，冲新店西南为新河，合沙、洺等河入穆家口，亦筑堤备之。英宗时，漳已通卫。弘治初，益徙入御河，遂弃滏堤不理。其后，漳水复入新河，两岸地皆没。任县民高旸等以为言，下巡抚官勘奏，言："穆家口乃众河之委，当从此先，而并浚新旧河，令分流。漳、滏缺堤，以渐而筑。"从之。自此漳、滏汇流，而入卫之道渐堙矣。

万历二十八年（1600），给事中王德完言："漳河决小屯，东经魏县、元城，抵馆陶入卫，为一变，其害小。决高家口，析二流于临漳之南北，俱至成安东吕彪河合流，经广平、肥乡、永年，至曲周入滏水，同流至青县口方入漕河，为再变，其害大。滏水不胜漳，而今纳漳，则狭小不能卷束巨浪，病溢而患在民。卫水昔仰漳，而今舍漳，则细缓不能沙泥，病涸而患在运。"②明代地方官员通过筑堤的方式防范漳水，景芳的景公堤，袁应泰筑长堤四十余里捍御漳水。

---

① 〔清〕张廷玉：《明史》卷八十七《河渠志五》，中华书局，1974年，第2131页。
② 〔清〕张廷玉：《明史》卷八十七《河渠志五》，中华书局，1974年，第2131页。

据乾隆《永年县志》载："永乐九年，河决张固村，北流合于滏阳河，寻修塞之。"由此来看，在永乐时期，漳河向北流入了滏阳河。到明英宗正统十三年（1448），御史林延举奏"疏肥乡水道，漳河遂通于卫"①。明清两代，漳河改道无常，据《安阳市水利志》记载，从明洪武元年（1368）至清康熙四十三年（1704），漳河共改道9次，这9次改道多为南道和北道。直到1704年以后，漳河基本锁定南道，并持续到1942年，此次历时最长。从1368年至1704年这段时间来看，漳河走南道的时间更多，即多数时间是流入卫河的。

漳河在临漳县境内泛滥成灾，明代还出现过漳河泛滥导致临漳县城被淹没而改迁的事件。历史上漳河迁徙不定，开河则旋淤，筑堤则旋塌，给地方治理带来极大困难。而且"漳水二十年一小变，五十年一大改，南徙至洹而止，北徙至滏而止。雍正以前，河在城北；雍正以后，河在城南。乾隆末，漳水入洹"②。以清代雍正时期为节点，雍正以前漳河在临漳县城北，雍正朝以后漳河徙至县城南，而到清道光时期漳河河道又向北徙。

清代陈瑞的《漳河策》，漳河之害，姑当以不治治之也。

数年来，以沿河冲决太多，冰冻后水涨泛滥，故不能麦。若于八九月后河势杀缓，遍示沿河乡民将冲决水口尽行补塞，地主不能阻拦。又令被水乡村助之，责其成功，不作故套如此。则工不劳，而麦可种。庶几，国课可完，衣食可给，以待河势少定，再作区处。公私无扰，

---

① 〔清〕李鹏展修：同治《肥乡县志》卷三十四《艺文志》，清同治六年刻本。
② 黄浩、刘尚峰整理点校：《临漳县志略备考》卷四《治漳议》，中国古邺古籍整理丛书，2010年，第150页。

上下各得，所谓万全无害者也，所谓以不治治之者也。①

清代临漳知县陈大玠，"遇漳水泛涨坏民居，沿村给钱修整。按地亩给麦种，详请发仓储万余石散赈。邑西南地洼水聚，开渠十二注诸河"②。乾隆六十年（1795），清廷为疏浚漳河有过激烈的讨论，而彰德府临漳县百姓也因个人利益对疏浚漳河的态度有明显差别，河北岸居民因贪图河滩肥沃土地不愿筑堤，而南岸百姓因时常受漳河泛溢之苦渴望朝廷能解决满溢水患。漳河两岸特殊的浮松土质导致"每至大泛水势骤涨，数时即长至一丈三四尺，奔腾浩瀚亘数里湍流猛激，绵骤消甚速，水落之后水面不宽，仍属细流"③。明清两代历任临漳知县都面临着治理漳河的窘困，在治理漳河的过程中也逐步地总结了治河经验以供后继者参考。清道光时期临漳知县姚柬之就利用在临漳任知县的 8 年时间，总结了历代漳河变迁改道的史料，编成《漳水图经》。

漳河虽然给临漳县百姓带来洪水肆虐之灾，但也为此增加了一处美景。清代彰德府八景中的"漳河晚渡"，临漳八景中也有"漳水晴波"一景。地方文人也乐于写诗赞颂。

漳水晴波

〔清〕陈大玠

汇浊涵清漾远流，镕金耀紫日光浮。

---

① 黄浩整理点校：雍正《临漳县志》卷六《艺文志》，中国古邺古籍整理丛书，2010 年，第 284 页。
② 〔清〕卢崧：乾隆五十二年《彰德府志》卷八《宦迹》，九州出版社，2021 年，第 340 页。
③ 〔清〕赵希璜：嘉庆《安阳县志》卷八《渠田志》，《河南历代方志集成》，大象出版社，2017 年，第 117 页。

谷文斜练拖青柳，锦浪回澜浴白鸥。

三晋发源来滚滚，二东达海去悠悠。

环渠膏壤阳春里，巫老沉波忆古猷。

漳水晴波

〔清〕李宜芳

奔腾万马任横流，滚滚泥沙日夜浮。

秋水经年忧灶黾，春波时一见晴鸥。

西来高阜源清浊，东去深溟路阻悠。

回首汪洋悲父老，衡漳底绩拟前猷。

两首诗表达了两种意境，也记录了地方百姓对漳河水的爱恨情仇。

乾隆帝南巡途经漳水，并赋诗一首，可见风平浪静时漳河景色的优美。

渡漳河

中土周巡一月强，浮桥回首望安阳。

往还节换秋冬候，迎送疆分清浊漳。

拍岸沙痕依次退，绣塍麦色较前长。

时平到处均繁庶，益切持盈祝岁穰。[①]

虽然漳河泛滥给彰德府地方造成不计其数的损失，但是洪水退去后也给地方带来福祉："每年盛涨，普律漫滩。水退即可归槽，且停淤肥厚。

---

① 〔清〕卢崧：乾隆五十二年《彰德府志》卷首《圣制》，九州出版社，2021年，第16页。

汛涨后就所淤之土,播种二麦,倍获丰收。"① 到了清代,临近漳河的居民,虽然有被漳水淹没农田的痛苦,但他们并不认为是坏事。因为洪水退去后,淤泥肥料充足有利于农田种植,甚至有百姓认为水涨不到,不得种麦,所以地方百姓也称漳水为富漳。

四、其他河渠陂堤

在明清彰德府的河道水系中,还有广遂渠、蜀渠、汤水〔原名荡水,唐贞观元年(627),以水微温改曰汤〕、普济河等河流,还有广润陂、集贤陂、鸬鹚陂、周流陂等人工泄洪蓄水池。卢崧所修乾隆《彰德府志》中共记载了90处河渠陂堤,其中很多人工小渠已经废弃,我们对安阳地方影响较大的水利工程简要记述。

广润陂古名黄泽②,创修于隋朝开皇八年(588),是一处大约25平方公里的洼地,最低处海拔只有55米。据安阳文史学者许作民考证其主要区域在安阳县瓦店、汪流、高城和汤阴县的菜园之间。隋朝时,刺史梁士彦引汤羑二水入陂灌溉农田,其后由于秋涝水满反而给地方带来灾害。广润陂在内黄县西、安阳县和汤阴县交界处,万金渠和汤水注入,由于地势低洼利于蓄水。明清时期漳河水大涨阻塞了洹水故道,原本流入广润陂的万金渠水无法流入洹河,而漳河水又会灌入洹河,洹河溢满则灌入广润陂,反而造成大量农田被淹。明代万历时期彰德知府常存仁曾组织疏浚沿陂河道,主要是在葛家庄处凿渠将汤水导至高城河口,由此入卫河,在汪流桥至杨家庄修补旧堤,在戴家沟疏浚淤塞河道,引导陂水流入洹河。郭朴在

---

① 黄浩、刘尚峰整理点校《临漳县志略备考》之《节录程中丞祖洛公折奏》,中国古邺古籍整理丛书,2010年,第151页。
② 许作民先生认为古黄泽应该是在现今内黄县西、安阳县和汤阴县交界处,也就是现今的广润陂。参见许作民《黄泽与广润陂》,《殷都学刊》1989年第3期。

万历《彰德府续志·地理志》中记录了知府常存仁疏浚后，"二水有归而不为患，陂多退壤可耕给民征赋，遂成永利矣"①。清代河道淤塞，堤坝毁废，陂水漫溢危害乡里。汤阴知县杨世达与安阳知县陈锡辂合力修筑长堤20里，水患稍息。

陂池是利用低洼地势蓄水的方式，陂池满溢会殃及周边百姓，需要挖掘导流渠将水引入大的河流。在彰德府地区除广润陂之外，还有汤阴县周流陂，临漳县毛象陂、鸬鹚陂，内黄县集贤陂。崔铣在《彰德府志》中记载了鸬鹚陂，洹水涨入陂，蓄水作用，其规模为"东西十五里，南北十里"。

普济河，修于清雍正七年（1729），汤阴知县杨世达从东岗头至卫河间开凿。普济河在汤阴县东30里，全长12里，河宽一丈七尺左右。杨世达在汤阴任职9年，"创修普济河、广济渠十余处，又筑涵洞于卫河之滨，水有所归，灌民田二千余顷，邑人多利赖焉"②。知县杨世达在任内为汤阴百姓修渠治水，不仅有著名的普济渠、广济渠、杨树沟、赵王沟、遵贵渠、大青山渠、柳树沟、孔村渠、光村渠、鲁家沟，还有周流陂、万金涵洞、五陵涵洞、杨公堤等。彰德府地区在明清500多年间修筑了大大小小的人工河渠数十处，在一定程度上解决了洪水以及内涝问题。正如明代大儒崔铣所记：

> 旧志所载西门、史公之绩远矣。自魏暨唐李仁纬以来，所开天平、戏阳、新安诸渠，湮废已久。予少时犹见高平之利，今亦不行。夫水徙无恒，暴长则塞。相地因势，彼塞此开，存乎人焉耳。③

---

① 〔明〕郭朴：万历《彰德府续志》卷之上《地理志》，万历九年刻本。
② 〔清〕卢崧：乾隆五十二年《彰德府志》卷八《宦迹》，九州出版社，2021年，第339页。
③ 〔明〕崔铣：嘉靖《彰德府志》卷一《地理志》，安阳市地方史志办公室点校本，2010年，第29页。

自西门豹治邺修渠以来，数千年间百姓修祠纪念其功绩。这样的功绩激励着彰德府地方官员前赴后继地致力于修渠抗洪之中。

第三节　明清安阳地方社会发展

明朝是中国历史王朝中败亡于农民起义类型的王朝之一。明朝建立之初，明太祖朱元璋鉴于元朝统治残暴、官员腐败、百姓饥饿无法自存揭竿而起的教训，洪武时期励精图治、休养生息，严厉惩治腐败，并将自己的治国理念写入《皇明祖训》，以便后世继承者避免亡国悲剧重演。然而，明代中后期以来，弊政丛生，致使民间百姓无法自存。这其中官府要求民间代为孳牧官马，成为彰德府百姓的一大弊政。

一、明代彰德府马政

明代正统朝以来，官府在彰德府养马，军牧成为国家马匹的供源地。在明代以前，安阳地区就已经有官府养马的先例。据《唐六典》载："凡马有左右监，以土地为名，诸路马棚六百八十七，欲改牧龙坊为监，仍铸印给之，于是相州为安阳监。"[①] 北宋时期在相州设有马坊以供军需，因而安阳养官马的历史可以追溯到北宋初期。据《玉海》所记，太平兴国五年（980）改相州马坊为牧龙坊，北宋牧马设七监，其中所在相州的名曰安阳监。金代承袭了辽的官营畜牧，于是划定专区设群牧所为军队提供马匹。明朝沿用此法在安阳设立河南都司彰德卫赵府群牧所。崔铣在嘉靖《彰德府志》

---

① 〔清〕赵希璜：嘉庆四年《安阳县志》卷十《兵防志》，《河南历代方志集成》，大象出版社，2017年，第14页。

中称赵府群牧所即彰德后千户所，因宣德年间千户所改为赵府群牧所之故。明弘治朝大学士邱濬对马政总结道："国初都金陵，设太仆寺于滁州，其后定都于北，又设太仆寺于京师，凡两淮及江南马政，则属于南；其顺天等府暨山东、河南，则属于北。"① 在明朝初期，国家便在河南设立专职养马的机构，明代河南都司下设三个群牧所，分别是赵府群牧所、郑府群牧所、崇府群牧所。

明代马政管理机构为太仆寺，听令于兵部。太仆寺卿掌管牧马之政令，官阶为从三品，少卿为佐官，官阶正四品，初设两员，正德年间又增设一员。太仆寺少卿三人中，一人辅佐太仆寺卿掌管太仆寺内政事，一人负责督理营马，一人负责督理京畿马政。按照明朝太仆寺机构设置，寺丞有4人，为正六品京官，分理京卫、畿内及山东、河南六郡孳牧、寄牧马匹。这六府分别是济南府、兖州府、东昌府、开封府、彰德府、卫辉府。所以，明代河南八府中有三府承担国家养马任务。

明朝规定军马饲养，根据养马地人丁及牧草产量，配发数量不等的种马，"牡十之二，牝十之八，为一群。岁征其驹，曰备用马，齐其力以给将士。将士足，则寄牧于畿内府州县，肥瘠登耗，籍其毛齿而时阅之。三岁偕御史一人印烙，选其健良而汰其羸劣"②。明朝规定，民间孳牧"其民牧皆视丁授田，始曰户马，既曰种马，按岁征驹。种马死，孳生不及数，辄赔补"③。民间养官马主要是为了繁殖马驹，以供军队使用，如果军队用量饱和后，将剩余马匹寄养于民间。但是官府需要对马匹身体状况做详细登记，每三年一次由监察御史巡阅，收良健、汰羸弱马匹，如果民间在代养官马期间发生马匹死亡，则需要百姓赔偿。明人陆容记录，在正统十四年（1449），京师有警，

---

① 〔明〕邱濬：《牧马之政》，收录于《明经世文编》卷七十五，中华书局，1962年。
② 〔清〕张廷玉：《明史》卷七十四《职官志三》，中华书局，1974年，第1800页。
③ 〔清〕张廷玉：《明史》卷九十二《兵志四》，中华书局，1974年，第2270页。

"选取以备军资,养于顺天府近京属县,谓之寄养骑操马。及京师无事,寄养之马不复散去,至今遂成故事"①。寄养官马也成为民间养马的沉重的负担,因为一旦马匹死亡,赔补新马所需经费会致使普通百姓家庭破产。

明代河南布政司下属三府承担国家的养马任务。据《明英宗实录》所记,正统十一年(1446),明廷准许彰德、卫辉、开封三府民间养马以供军需。河南布政司下辖四地种马数为:开封府1285匹,彰德府原额种马1015匹,卫辉府415匹。在三府之中,开封府与彰德府养马任务最重。彰德府下辖的一州三县负责孳牧马匹,官府定额"种儿骒马一千一十五匹,儿马二百三匹,骒马八百一十二匹"②。以此数量作为标准,不得低于此标准。临漳县知县景芳就在《临漳县志》中记录了临漳县养官马情况。临漳县原无牧马之业,正统十一年(1446),"因山东济南府武定州、禹城等县,推来儿骒马□□匹,至今因袭喂养"③。由此,临漳县承担孳牧官马的任务一直延续未变。至正德时期,临漳县已经繁育马匹并驹1146匹,儿骒驹1匹。由于自然环境和耕地等因素制约,彰德府地区养马成本较高,因而民间养官马的政策也给安阳地方社会带来诸多弊政。嘉靖时期,巡按直隶监察御史王吴就上奏朝廷直陈马政四弊,其中讲到河南开封、彰德二府地滨黄河土沙地不宜牧马,反而给地方带来沉重负担,乞求将军马孳牧分散到邻近州县。马政加重了民间百姓的负担,严重的时候官马死亡百姓需要买补,因养马而致家破人亡的现象成为社会痼疾。

明朝在彰德府设立军马孳牧机构是赵府群牧所。在明代卫所军事体制中,所较卫低一级。《明史·兵志》中记曰:"河南都司下设彰德卫赵府

---

① 〔明〕陆容撰,李健莉校点:《菽园杂记》卷四,上海古籍出版社,2012年。
② 〔明〕黄训:《名臣经济录》卷三十五《兵部》,收录于《四库全书》史部《诏令奏议类》。
③ 〔明〕景芳:正德《临漳县志》卷三《食货志·马政》,明正德元年刻本。

群牧所。"崔铣在《彰德府志》中指出,赵府群牧所即彰德后千户所。《明会典》中记载彰德府的养马机构官员设置情况,专管马政官,彰德府通判一员负责,磁州由州判官一员负责,各县则由县丞或主簿一员负责。彰德卫指定卫指挥一员,千户所则由所千户或百户一员负责其事。

二、明代彰德府粮运与盐引

明代河南布政司承担着向北部边防宣府、大同等军事防区运输粮食的任务。按照明朝宣德四年(1429)规定,民间征收粮食就近入仓,节省人力减轻民苦,考虑地理远近和税粮的多少,抽取民船数量不等送至军用。唯独山东、河南、北直隶则需要直接运赴京仓储存。于是,河南布政司规定:"令南阳、怀庆、汝宁粮运临清仓,开封、彰德、卫辉粮运德州仓,其后山东、河南皆运德州仓。"① 然后,再将税粮借道运河北上。按照明代张学颜的《万历会计录》记载,彰德府夏税有55826石多,其中起运麦28139石多。秋粮196129石之多,起运米141748石之多。此外,还有马草数量也很大。

按照明朝盐引换粮的政策,明廷于洪武时期在北平设立河间盐运司负责盐引事务。盐引者,"召商入粟开中,商屯出粮,与军屯相表里"②。长芦盐司之下设立沧州、青州两个分司,以及长芦、小直沽两个批验所负责兑换业务。洪武时,"岁办大引盐六万三千一百余引。弘治时,改办小引盐十八万八百余引。万历时同。盐行北直隶、河南之彰德、卫辉二府。所输边,宣府、大同、蓟州"③。明初长芦盐区对应的北直隶和河南彰德府、卫辉府所辖16个县有盐引兑换。在有明一代,彰德府的税粮是直接支援

---

① 〔清〕张廷玉:《明史》卷七十九《食货三》,中华书局,1974年,第1917页。
② 〔清〕张廷玉:《明史》卷八十三《食货六》,中华书局,1974年,第2005页。
③ 〔清〕张廷玉:《明史》卷八十《食货四》,中华书局,1974年,第1932页。

北部边防军事的。彰德府在明代为北部边防的军事补给一直提供支援。除边操和供应军粮之外，明朝北部边防万全都司所属各卫军士的冬衣布花也由彰德等府供应。

清代盐法与明代又有所不同，将食盐的运销环节做了变更。此外清代盐引制度也比明代更为复杂，盐引的名目增添了很多，除正引之外，还有改引、余引、纲引、悬引等。据卢崧所修府志记载，清代乾隆时期彰德府原额盐引是40657引，又加入悬引6709引，再分认京引3179引，三项合计达到49545引。从明清《彰德府志》中关于盐引的记载来看，要想更深入地了解明清安阳地区食盐销售情况是很困难的。

三、明清易代彰德府下辖州县的矛盾

明代政治前明后暗，尤其是到了万历时期，明神宗长期不上朝理政，只顾搜刮财富，向民间征税。官员空缺长期得不到补充，有些官员贪污腐化不被惩治，有些官员因政务繁重人手不足而长期怠政。因而，地方治理极其困难，彰德府因处于交通要道，承接南来北往的迎送任务，地方治理中也遇到了诸多难处。明代内阁大学士郭朴在万历《彰德府续志》中，就写下了彰德府治理中遇到的"五难二易"：

> 邺有五难有二易，濒漳者、卤山者，硗则租赋之难。孔道出入，骑驰车骛，则谒候之难。藩卫牙错，实繁有徒，则约束之难。岸胁陁摩，游徼支缭，则侦逻之难。役倍旁郡，编不及汉一大县，则供应之难且也。岁不登民易，弃其业流食者众又易。①

---

① 〔明〕郭朴：万历《彰德府续志》卷之下《重建彰德府题名记》，《河南历代方志集成》，大象出版社，2017年，第116页。

这"五难"之中，第一难事是征赋之难。因濒临漳河和太行山区，农业种植受到很大的影响，征收租赋为第一难事。每当漳河泛滥，洪水肆虐，漳河附近良田被淹，当年的税粮就无法按时缴纳，于是百姓欠粮无法自存，而地方官还承担着被朝廷处罚的风险请求朝廷宽限时间，因为除非重大灾情朝廷有免征文告，否则拖欠的粮食始终会追缴。

第二难事是迎送之难。彰德府为十省通衢之地，在明代驿站交通网中处于重要位置，每年迎来送往的任务不胜其烦，地方官员因迎送不周而被处分者有之，因承运皇家贡物不及时被撤职者亦有之。

第三难事是治理之难。彰德府与彰德卫以及赵王等藩府同处一地，地方官员在管理中既要面对卫所军官和士卒在地方的违法乱纪，还要面对赵王府家丁等人员在地方上的胡作非为。虽然明朝有严格的法令，但是毕竟面对军队和藩王治理难度极大，明代彰德府知府等官员中就有多人因此而被革职。

第四难事是侦捕之难。由于彰德府地处三省交界，人员流动频繁，在地方治安治理中抓捕逃犯和地方匪盗时尤为困难。在汤传楷所修府志中对彰德府百姓有一段中肯的评价，他说："安、汤土沃民性平坦，临、磁土浮民性宽缓，林、涉、武安地险民性健武，大约仗气任侠，力勤守俭其概也。"[1]安阳、汤阴两县土地肥沃，百姓乐于耕种，临漳县、磁州两地民性宽缓，而林县、涉县、武安县由于地处山区，民间喜武，地方治理不易，所以明代在武安、涉县设立巡检司稽查。

第五难事是赋役供应繁重之难。彰德府地理面积在河南八府中属于中下等，在全国的府级行政区中耕地数量不足，人口不足，但承担的赋役却非常繁重。万历府志编者郭朴就认为纳粮人口不足汉代一个大县，而承担

---

[1] 〔清〕汤传楷：康熙《彰德府志·汤序》，《河南历代方志集成》，大象出版社，2017年。

的赋役却比周边各府都重，这也是地方百姓的不幸。这种情况一直延续到清代都没有改变。清朝临漳县知县王象天就在任期内不断向朝廷奏请减轻地方负担，当他升任太仆寺寺丞后向清廷奏请革除临漳县地方长久以来的三项社会矛盾：

> 其一则协济宜恤也。夫协济之名，原本地冲、繁，借外县解银帮贴。查临漳协济磁州额派银四千余两，前朝皆解贮磁库，该州支应。我朝经制未定之初，磁州遂指勒临漳往州走递。但临漳距磁州四十里，中有漳河阻隔，冬月冰坚，夏日苦水涨。……其一则经界宜明也……其一则优免宜均也。①

对于明清两代安阳地方官而言，治理地方难度倍于他处。而郭朴所谓的治理地方的两件易事也并非真的是易事。"二易"之中，第一易事岁不登民易，每年地方人口增加缓慢，纳粮人丁不足，显然是讽刺的反语。第二易事是弃其业流食者众，当遇到灾荒时百姓流离失所，投奔他乡比留在原地更易生存。

明代两部府志之所以能被后世称赞，就在于其编纂者敢于毫不避讳地揭露社会矛盾，使府志真正成为资政教化之书。崔铣在嘉靖《彰德府志》中就对正德、嘉靖时期彰德府百姓所遭受的各种苛捐杂税苦累记入其中，并发表了自己的见解：

> 论曰：此特以田赋者尔。有站赋：马头、牛头、驴头、水夫，十

---

① 〔清〕王象天：《邺下苦案跋》，收录于雍正《临漳县志》卷六《艺文志》，古邺古籍整理丛书，2010年，第280页。

年一易。然非亡绝及殊贫,有役三五十年者。有力赋:门子、皂隶、库子、斗子、禁子、铺兵、防夫。有银赋:上户十二两,递减至下中户四钱而止。而大户、快手、修河夫不与焉。故有一人而数役。一日而用千钱者。民如之何?其不亡且贫也。①

　　试想地方百姓除缴纳国家的正赋之外,各级地方官层层设税,各种巧立名目的税种让人眼花缭乱,百姓如何能不贫困?万历时期,张居正进行改革时就对地方各种税务进行简化。彰德府地区的课税司对各种生活必需品都征税,以致民不聊生,事闻于朝廷。明廷下诏:"彰德府税课司税及细民瓜、菜、柿、枣、畜牧、饮食之物。事闻,上曰:'古谓聚敛之臣甚于盗,臣正此等官吏也。命罪之。'"②明神宗痛斥地方官员的贪婪,称其敛财甚于强盗。

---

① 〔明〕崔铣:嘉靖《彰德府志》卷四《田赋志》,安阳市地方史志办公室点校本,2010年,第158—159页。
② 《明太祖实录》卷八十八,洪武七年四月癸亥。

第四章

府县同城视角下的彰德府机构与职能

府是明清两代地方第二级行政机构,县则是最基层的行政机构。明清两代彰德府与安阳县府县同城,彰德知府与安阳知县同处一城办公,在地方治理中府县同城虽然增大了作为附郭县安阳县的压力,但是也奠定了安阳县在彰德府首县的地位。安阳县知县在参与彰德府行政事务中获得升迁的机会较其他县更多。

第一节 明清彰德知府

知府为一地之行政长官,宋朝始置,其官名称"知某府事"。但凡治理地方之行政官员,有牧、宰、守、令、尹、刺史、太守,知府、知州、知县之官名,"品秩崇卑,古今虽异,然皆分土治民,为天子承流而宣化"[①]。

---

① 〔清〕卢崶:乾隆五十二年《彰德府志》卷六《职官》,九州出版社,2021年,第172页。

明朝建立后，设定知府官阶为正四品，"掌一府之政令，总核所属州县之赋役、诉讼等事，汇总于布政司、按察司"①。知府是承上接下之要职，明清两代"知府一官，上承藩臬，下接州县。藩臬之檄行州县者，必由知府转详，是知府为上下枢纽，钱谷刑名皆于此会合。且其所属于州县又常有不必闻诸藩臬之细事，皆凭知府批结"②。所以，知府成为省与县之间沟通的桥梁，在古代严格的官僚行事秩序中越级奏报和越级行事是不被允许的。知府职掌极为广阔，不仅有行政管理、司法审判权力，而且有考察下级官员的考察权，一府之内各类事务皆要汇报于知府。

一、明清彰德府官僚群体概述

明代府级官员配备情况，据《明史·职官志》记载，知府设一人，官阶为正四品。知府之下是同知，官阶为正五品。同知之下设有通判，明代没有对通判人员数量做具体限定，其官阶为正六品。一府之内设推官一人，官阶为正七品，此外还有"经历司经历一人，正八品。知事一人，正九品。照磨所照磨一人，从九品。检校一人。司狱司，司狱一人"③。以上是明代国家体制内地方府一级官员配备情况。

清承明制又有所损益，设置知府一人，但官阶清初定为正四品，乾隆十八年（1753）将其调整为从四品。同知为正五品官，通判为正六品，无定员限制。其属"经历司经历，正八品。知事，正九品。照磨所照磨，从九品。司狱司司狱，从九品，各一人"④。除知府在乾隆时期由正四品降为从四品之外，其他官员官阶并无变化。此外，一府之中还有其他机构，为

---

① 张政烺：《中国古代职官大辞典》，河南人民出版社，1990年，第652页。
② 故宫博物院编：《宫中档雍正朝奏折》第十七辑，故宫博物院，1977年，第163—164页。
③〔清〕张廷玉：《明史》卷七十五《职官志》，中华书局，1974年，第1849页。
④ 赵尔巽：《清史稿》卷一一六《职官志三》，中华书局，1977年，第3356页。

了方便对明清两代进行比较,我们通过两代官员配置表进行分析。

表 4-1-1 明清彰德府官员配置表

府县名	明代职官	清代职官	变化比较
彰德府	知府1人,同知1人,通判1人,推官1人,经历司经历1人,照磨所照磨1人,司狱司司狱,儒学教授1人,训导1人,邺城马驿驿丞1人,崇盈仓大使1人,阴阳学正术1人,医学正科1人,僧纲司都纲1人,道纪司都纪1人	知府1人,同知1人,粮捕通判1人,经历司经历1人,照磨所照磨1人,儒学教授1人,训导1人	同知裁于雍正时期、推官裁于康熙时期,司狱司裁革,照磨康熙三十四年(1695)后裁,儒学训导裁革后复设,邺城马驿裁革,崇盈仓裁革;新增彰德府管河同知[乾隆九年(1744)裁]
安阳县	知县1人,县丞1人,主簿1人,典史1人,儒学教谕1人,训导1人,回隆水驿驿丞1人,安阳递运所大使1人	知县1人,管河县丞1人,教谕1人,训导(复设)1人,典史1人	主簿裁于顺治三年(1646),儒学训导乾隆时裁,回隆水驿驿丞裁,安阳递运所大使裁
汤阴县	知县1人,典史1人,儒学教谕1人,训导1人,宜沟马驿驿丞1人,宜沟递运所大使1人,阴阳学训术1人,医学训科1人,僧会司僧会1人,道会司道会1人	知县1人,管河县丞1人,教谕(复设)1人,训导1人,典史1人,驿丞1人	主簿裁于顺治三年(1646)
临漳县	知县1人,典史1人,儒学教谕裁,训导1人,阴阳学训术1人,医学训科1人,僧会司僧会1人,道会司道会1人	知县1人,教谕(复设)1人,训导1人,典史1人	主簿裁于顺治三年(1646),县丞裁于明末
林县	知县1人,典史1人,儒学教谕裁训导1人,阴阳学训术1人,医学训科1人,僧会司僧会1人,道会司道会1人	知县1人,教谕1人,训导1人,典史1人	主簿裁于顺治三年(1646),县丞裁于明末

续表

府县名	明代职官	清代职官	变化比较
磁州	知州1人，州同知1人，判官1人，吏目1人，儒学学正1人，训导裁，滏阳马驿驿丞裁，磁州递运所大使裁，车骑巡检司巡检裁，阴阳学典术1人，医学典科1人，僧正司僧正1人，道正司道正1人	知州1人，判官1人，吏目1人，学正1人，训导1人	主簿裁于顺治三年（1646）
武安县	知县1人典史1人，儒学教谕裁训导1人，固镇巡检司巡检裁，阴阳学训术1人，医学训科1人，僧会司僧会1人，道会司道会1人	知县1人，教谕（复设）1人，训导1人，典史1人	主簿裁于顺治三年（1646），县丞裁于明末
涉县	知县1人，典史1人，儒学教谕裁训导1人，偏店巡检司巡检1人，阴阳学训术1人，医学训科1人，僧会司僧会1人，道会司道会1人	知县1人，教谕（复设）1人，训导1人，典史1人	主簿裁于顺治三年（1646），县丞裁于明末，训导裁于乾隆十六年（1751）
内黄县	知县1人，县丞1人，典史1人，儒学教谕1人训导1人，阴阳学训术1人，医学训科1人，僧会司僧会1人，道会司道会1人	知县1人，管河县丞1人，教谕（复设）1人，训导1人，典史1人	

资料来源：《明史·职官志》、乾隆五十二年《彰德府志》

上表中将明清两代彰德府的行政和军事机构情况进行了统计，由于行政区划调整，明朝为一州六县，清朝为七县。府州县官员的配置情况十分清晰，其中部分官职的变化在备注中加以说明。明清两代府级行政机构中的变化主要是两朝对地方机构调整导致的，清康熙时期将府同知和推官裁革，司狱司、照磨也裁革。明朝末年崇祯皇帝裁革全国的驿递，到清朝建立后彰德府原有的郏城马驿也并未恢复，此外明代与清代仓廪制度不同，因而明代彰德府崇盈仓在清代则裁革。在行政官员中，清朝新增了彰德府管河同知一职，但在乾隆九年（1744）时又被裁革。

二、明清彰德知府群体结构分析

据《明史·职官志》所载，明代省级行政体制下是府、州、县。在府一级行政机构中，知府掌管一府之政，每府一人。知府之下为同知、通判，在彰德府中同知、通判各有专职，"明时酌为繁简随才器使，各尽其用，著吏部参酌时宜"①。知府是一府首官，掌握着一府的最高行政权，因而任用时吏部极为重视。

（一）明清彰德知府选派标准

明代知府的任用，通常由朝中大臣会推或者由吏部推举，根据所在府的重要性而定。知府通常具有较高的文化素养，明代彰德府知府多为进士出身，从其迁转情况来看，通常3年左右通过考核即可升任。而且彰德知府多为京官下派。知府一职在明代为正四品官员，因而主要从京六部郎中中选拔，也有从府同知等地方官升迁而来的情况。其中明代彰德府知府的主要来源还是从在京六部郎中或员外郎中推选。我们从明崇祯五年（1632）吏部的一则推选户部员外郎李缙徵为彰德府知府的史料来看：

> 贵州清吏司案呈，奉本部送户科抄出，吏科外抄吏部文选清吏司署员外郎事牟道行等奏前事，称崇祯五年八月二十八日该臣司为缺官事，河南彰德府缺知府奉有速推。明旨。查得户部咨称员外郎李缙徵差满考核，奉旨复职，且本官俸已及期即将，本官拟升彰德知府。②

---

① 〔清〕王庆云：《石渠余纪》，北京古籍出版社，1985年，第66页。
② 〔明〕毕自严：《度支奏议》卷二《贵州司二》，《续修四库全书》史部四八六册，第44页。

从李缙徵的推荐公文来看，当彰德府知府出现空缺后吏部文选清吏司按程序推荐知府人选时，首先考虑六部中符合条件的京官。六部京官被提拔通常是有特殊政绩，如天顺时期的户部郎中王瑶，"督运淮扬，漕运赖之。都御史韩雍征大藤峡徭僮纷起，瑶馈饷有功，擢河南彰德府知府"①。王瑶负责户部漕运事务，由于在明廷征伐大藤峡之役中保证军粮供应有功，于是被推升彰德府知府。

当然，也有从翰林院编修升任的情况。清代雍正朝知府屠沇是由翰林编修升任彰德知府，他勤俭自勉，刚到任就率民众引漳河水灌溉农田，及时清理之前积压的冤狱，但由于与当政者不和被罢官。清代对知府的选任也有严格的标准，并且根据所在府的重要程度，确定官员的选派，通常知府是由"京察一等记名之翰林侍读、侍讲等，内阁侍读、给事中、御史及各部、理藩院郎中、员外郎，顺天府治中、盐运使司运同、府同知、直隶州知州升任"②。知府在完成三年一次的考核后，通常按例应升各省盐运使及各省道员。

清朝对全国的府县按照冲、繁、疲、难四个标准分类，以此来确定其重要性。其中"冲"表明其地理位置的重要性，"繁"是在人口、赋役以及经济事务中较为繁重，"疲"是指"民情疲玩"难于治理，"难"是指当地民风强悍。如果符合上述四个标准中的三项即被视为天下要府、要县。清顺治十二年（1655），顺治帝谕群臣曰："知府乃吏民之本，其最重要者，如直隶之真、保、河间……河南之开封、彰德；陕西之西安、延安；江西之南昌、吉安；湖广之武昌、荆、襄；福建之福州、泉州，共三十府。或政事殷繁，或地方扼要，著京外大臣，各举才行兼优者，以备三十处知府之用。"③

---

① 〔明〕廖道南：《楚纪》卷四十一《考履内纪后篇》，明嘉靖二十五年刻本。
② 刘子扬：《清代地方官制考》，故宫出版社，2014年，第102页。
③ 〔清〕王庆云：《石渠余纪》，北京古籍出版社，1985年，第66页。

顺治朝将彰德府定为全国 30 处要府之一,对于彰德府知府的任用也格外重视,因而制定了详细的考察标准。

> 知府乃吏治之本,若尽得其人,天下何患不治。今各处知府、百有余员,其最要者,如直隶之真、保、河间,江南之江宁、淮阳、苏松、常镇,浙江之杭、嘉、湖、绍,山东之济南、青、兖,山西之太原、平阳,河南之开封、彰德,陕西之西安、延安,江西之南昌、吉安,湖广之武昌、荆、襄,福建之福州、泉州,共三十府。或政事殷繁,或地方扼要,知府之任、尤宜得人。如不得其人,致被参劾,迎送劳扰,公务废弛。交代之际,吏胥作奸,为害甚大。与其参之于后,莫若慎之于先。著在京各衙门满汉堂官三品以上及在外督抚,各举才行兼优,堪任知府者一人。详开履历事迹具奏。吏部再加察议,奏请定夺,以备前三十处知府之用。如遇缺出,仍开列正陪,候上□日点用。①

顺治皇帝要求全国各省三品以上官员将本省政治卓著、官声口碑良好的官员向朝廷推荐,对于符合条件的官员按照"身、言、书、判"进行等级划分,上等者授予以上三十府的官职。

(二)彰德府知府的籍贯分布

明清彰德知府籍贯统计。由于中国古代官员任职的回避制度在明清两代认真执行,官员本人必须回避出生籍贯地为官。明清两代彰德府知府南方北方人皆有,并无规律可循。笔者列出明清两代初期的彰德府知府的籍贯,可以看出符合明清官员回避制度。

---

① 《清世祖实录》卷八十八,顺治十二年正月壬子。

表 4-1-2　明清两朝初期彰德府知府籍贯统计表

明朝			清朝		
任期	姓名	籍贯	任期	姓名	籍贯
洪武六年（1373）	管子英	未详	顺治二年（1645）	陈联璧	襄阳人
洪武十三年（1380）	巨济	邠州人	顺治三年（1646）	宋子玉	辽东人
洪武二十年（1387）	吴成	舒城人	顺治五年（1648）	武光祖	辽东人
洪武	张元亨	吉水人	顺治八年（1651）	翟文凤	北直隶人
洪武末	陈文通	武昌人	顺治十二年（1655）	宋可发	胶州人
永乐十二年（1414）	应琚	萧山人	顺治十六年（1659）	王弘仁	辽东人
永乐十二年（1414）	杨缙	归安人	康熙九年（1670）	陈兆鸾	莱州人

资料来源：乾隆五十二年《彰德府志》

从以上分析可以看出，明清两代彰德知府群体中，在地域上，来自南方和北方皆有。从出身情况看，大部分为正途出身，且多具有举贡、进士等中高级功名。明清两代官员异地为官是为了避免与地方亲属产生裙带关系。但是异地为官由此会出现语言沟通问题，尤其是南方与北方互调。通常知府到任后想了解地方情况，最直接的手段就是通过府志、县志，在掌握地方基本情况后知府便可根据个人政治志向开展施政。

（三）知府职责及为官守则

作为本府第一行政长官，知府负责本府的民政、财政及司法，"诸如考察属吏、推行科举、提调学校、修明祀典以及宣风化、平狱讼、均赋役等事项，均由知府掌管"①。此外，知府还要考察下属的"察吏之责"。《明史·职官志》载："知府掌一府之政，宣风化，平狱讼，均赋役，以教养百姓。每三岁，察属吏之贤否，上下其考，以达于省，上吏部。凡朝贺、

---

① 〔明〕王圻：《续文献通考》卷六十一《职官十一》，上海古籍出版社，1988年。

吊祭，视布政使司，直隶府得专达。凡诏赦、例令、勘札至，谨受之，下所属奉行。所属之政，皆受约束于府，剂量轻重而令之，大者白于抚、按，布、按，议允乃行。凡宾兴科贡，提调学校，修明祀典之事，咸掌之。若籍帐、军匠、驿递、马牧、盗贼、仓库、河渠、沟防、道路之事，虽有专官，皆总领而稽核之。"① 因而，一府之中有州县土地之不均、差徭之不明、贤良之不举、豪强之不除、审狱之不平、灾荒之不救、盗贼之不弥，"务期物各得宜，民各得所，洵可称为循良太守矣"②。可见，知府所处之事皆与州县有关，所以州县之政即知府之政。作为知府，只有做到刚直不屈、公正无私才可以服众。

与明代相比，清代知府的职责："总领属县，宣布条教，兴利除害，决讼检奸。三岁察属吏贤否，职事修废，刺举上达，地方要政白督、抚，允乃行。同知、通判，分掌粮盐督捕，江海防务，河工水利，清军理事，抚绥民夷诸要职。"③ 由此可以将知府职责概括为7个主要方面：一是将朝廷政令宣达给辖区州、县官员。二是督办、征集、盘查税粮的职责。三是考核下级官员。四是在地方发生灾情、疫情时覆勘上报，并组织开展赈灾等。五是负责辖区社会治安。六是司法审判权。七是兴文化、办教育。

明清两代对于官员的行为规范通过官箴书的方式告诫地方官员。明代教谕汪天赐受巡按御史所托编纂的《官箴集要》中对于知府等地方牧民之官有读律要求。

> 凡居官为政者，公事之余，常须看读《唐律》《刑统赋》，以知立法之意，将颁降《大明律》熟读玩味，务要讲明通晓律意，遇有公

---

① 〔清〕张廷玉：《明史》卷七十五《职官志》，中华书局，1974年，第1849页。
② 〔清〕黄图珌：《看山阁闲笔》，上海古籍出版社，2013年，第72页。
③ 赵尔巽：《清史稿》卷一一六《职官志三》，中华书局，1977年，第3356页。

事依律施行。吏典亦合熟读，不特案引条款。更须看《牧民忠告》《吏学指南》《为政模范》《疑狱说宪纲》《洗冤录》等书，求其意，则见识必明矣。不特此也，凡国家典章文物，皆当备考详观。①

清代延昌编纂的4卷《知府须知》，向官员们详细介绍知府在接到吏部通知后到赴任的具体事宜，包括在京事宜、启程事宜、到省事宜、到任事宜等。如规定知府到任3个月后，应将地方风土人情据实上报。作为知府者必须将一府之事了然于胸，卢崧所修的乾隆《彰德府志》中就明确记载："疆域之广狭，地理之险易，财赋之赢缩，田土之美瘠，物产之盈虚，户口之丰耗，民生之苦乐，僚属之贤否，利弊之兴革，学校之修废，选举之众寡，文章气节之显晦，士习之淳浇，民风之奢俭，武备之张弛，兵校之勤惰，城郭沟池之颓坏缮治，循名责实，而养教捍卫之事备矣。"②这些都是知府治理地方时所必须详知的，而在彰德府这样有着悠久历史文化的地方，知府更需要对当地历史文化了然于胸。

三、知府在宦迹内的突出贡献

府管县是明清两代的政体，知府作为统领知州、知县的首官，在推行其施政理念时必须由辖区各县实施，因而"事无巨细，皆责备于县。其间县官有贤良而能事者，则优礼以激劝之。有阘茸而不才者，则耻辱以惩戒之"③。知府要在任期内有所作为，必须依靠知县来落实其施政理念。明清两代彰德府知府从政的主要贡献有以下三个方面。

---

① 〔明〕汪天赐撰，赫坚译：《官箴集要》，中国商业出版社，2010年，第217页。
② 〔清〕卢崧：乾隆五十二年《彰德府志》卷首《序》，九州出版社，2021年，第3页。
③ 〔明〕汪天赐：《官箴集要》卷五《职守篇》，中国商业出版社，2010年，第157页。

（一）以民为本，重农治水

彰德府辖境内河流时常泛滥，给地方百姓带来灾难，因而治理河渠、发展农业生产是解决百姓生计的重要事务。万历朝知府常存仁在位期间，"疏治广润陂渠道，田资水利，彰民赖之"①。清代彰德知府王宏仁，"力请免征安阳荒田，为地方除累"②。康熙十三年（1674）邱宗文任知府时，协同安阳知县高启元重新疏浚万金渠，造福地方。康熙二十七年（1688）吴肇新任彰德知府，"时洹水决姚家湾，不由故道，故舟楫不通。肇新捐俸筑堰，以复民利"③。此外，他还重修鲸背桥，调度万金渠，造福彰德地方百姓。彰德府万金渠虽在前期屡次疏浚，但因循如故，每当山洪暴发则淤塞不通，为害地方，清代知府李渭"躬亲勘视，定深阔丈尺，于是渠流所灌田数十万顷"④。这些地方官员以农为本，在治理河渠与发展农业方面为安阳地方做出了贡献。

（二）注重教育，创建书院

安阳有着悠久的历史文化，被称为文献之邦，这与历代地方官员的倡导密不可分。彭辨之任彰德知府期间兴学重教，有一廉如山水之称。宣德时期的知府傅禄重视教育，崔铣在嘉靖《彰德府志》中记其有兴学之功。明朝嘉靖年间彰德知府陈洪濛"修正文庙乐器音律，俾士习以供祀。郡学隙地构号舍四十楹，处生徒于内，给饩而课试焉。一时士类乐育，科第视昔为盛"⑤。再如聘请崔铣纂修《彰德府志》的知府陈策，"尤加意学校，县学建尊经阁，撤东西庑而新之。又修刊郡志，郡中文教骎骎兴起"⑥。陈应麟"俗正教举，

---

① 〔清〕卢崧：乾隆五十二年《彰德府志》卷八《宦迹》，九州出版社，2021年，第314页。
② 〔清〕卢崧：乾隆五十二年《彰德府志》卷八《宦迹》，九州出版社，2021年，第336页。
③ 〔清〕卢崧：乾隆五十二年《彰德府志》卷八《宦迹》，九州出版社，2021年，第336页。
④ 〔清〕卢崧：乾隆五十二年《彰德府志》卷八《宦迹》，九州出版社，2021年，第336页。
⑤ 〔清〕卢崧：乾隆五十二年《彰德府志》卷八《宦迹》，九州出版社，2021年，第313页。
⑥ 〔清〕卢崧：乾隆五十二年《彰德府志》卷八《宦迹》，九州出版社，2021年，第313页。

作新士类，明示正业。重修学官，役不及民，而庙貌聿新"①。清代乾隆五年（1740）知府李渭，"甫下车即创建书院。治旧有韩魏公昼锦堂，荒芜已久，遂捐俸为七属。倡丰其廪饩，以造多士。是科解元彭应麟即所拔士也。后二十年凡登科者多出其门"②。彰德府为文教兴盛之地，在此为官者也极为重视教化，因而出现了很多诸如李渭、陈策这样的热心于地方文教的官员。

（三）维护治安，稳定秩序

王锐在明正统年间任彰德知府，他任职期间崇尚严治，"县吏以贿闻者案之，即令去他事。不中程者笞，督令改。案邪利深究事情。吏民畏之如神"③。知府严经是在正德时期由刑部郎中升任彰德知府，"郡有疑狱，前守刘、后守罗皆不能决，君至立断，两造心服而去"④。在河南民间有"罗一斛，严一升"的民谣，意为前任知府罗璋治理彰德府时羁留疑案很多，而严经善于治理，很少有积案。但是，严经为人正直不善于攀附权贵，彰德府为南北通衢要路，迎来送往非常频繁，这也为许多地方官提供了结交权贵的机会，但是严经则因不善于此道，最终挂印而归。曹隆有揭露藩王不法行为之功，升江西右布政使。

四、《彰德府志》入传知府形象

（一）对正面形象的颂扬

1. 从政以严厉著称的代表知府王锐

王锐，迁安人，进士。出知崇明县，后晋知府，治彰德。王公长

---

① 〔清〕卢崧：乾隆五十二年《彰德府志》卷八《宦迹》，九州出版社，2021年，第314页。
② 〔清〕卢崧：乾隆五十二年《彰德府志》卷八《宦迹》，九州出版社，2021年，第336页。
③ 〔清〕卢崧：乾隆五十二年《彰德府志》卷八《宦迹》，九州出版社，2021年，第311页。
④ 杨维忠编：《王鏊诗文选》之《河南彰德知府严君经墓志铭》，苏州大学出版社，2015年，第358页。

身修髯，顾盼有威，有权术，治尚严。察郡中吏民贤、不肖及邪罪及赋则狱讼皆籍，识目听其政，吏亡得为奸。出必钥关泥之，民终岁不得与吏交一言。县吏以贿闻者案之，即令去他事，不中程者笞，督令改。案邪利深究事情。吏民畏之如神。每行郡城中，民皆闭户，亡敢立道傍。藏远鸡犬，恐有声。王公策马过，视马耳不左右顾。令民临道屋俱作修廊，檐外浚沟，雨潦得泄，中道隆立，令水赴沟中行。委巷口树栅门，有钥甲，夜即阖门，钉板仰卧栅门外。拆竟夜鸣，奸人莫得入郡城也。①

王锐虽然为人严肃，但治理有方，后升为副都御史。《涌幢小品》中将王锐的为政事迹作为范本向明朝士大夫群体宣传。景泰年间，王锐任彰德知府时以严苛闻名于朝野。为了在府内振兴教育，作为知府的他亲力亲为，在府儒学为学子答疑解惑。

> 凡朔望，谒先师庙已，坐明伦堂，听诸生说经，发疑无异。诸生皆居学官，筹识姓名，政少暇，令隶持数筹，造明伦堂，诸生持筹来，自临试。或背诵书，或作义，其他出。及不衣冠居者，受笞。当是时，庠序间读书声洋洋盈耳。丁祭，陈钟鼓，鸣弦管，升降揖逊甚都。参政姚龙行部至府，往见之，出而叹曰："此虽国学亦无以加也。"②

2. 为人正直、救民济荒的代表知府焦显

焦显，字文明，德州人，进士。为御史，以事左迁知县，晋知府。

---

① 〔明〕崔铣：嘉靖《彰德府志》卷五《官师》，上海古籍书店影印，1982年重印，第14页。
② 〔明〕朱国祯：《涌幢小品》卷十三《王公政教》，上海古籍出版社，2012年。

焦公刚毅有大节，直道行志，虽贵势不挠。尝遇岁荒，佥事某籍富民名令出粟，富民许诺，然实未入粟也。佥事即报御史曰："彰德粟若干矣！"时他县荒甚于彰德，御史来移粟，焦公曰："此粟但在嚣上耳，且吾民日死，何移为？"佥事自知欺，愤而死。又有佥事监兑小滩盗余钱，令焦公为勾销，且覆其迹。焦公不从，竟究所盗入帑。其人愤又死。是时，上官皆畏焦公，非有急事不至郡。安阳知县崔鉴贪，善纳结贵人，无能何。偶以税不时纳，下府治，焦公遂尽发其奸利。时当路者先奉使过彰德，受鉴狐裘暨金。及是，欲贷鉴巽辞为解。焦公不听，竟罢鉴。其人无以酬鉴，乃案鉴所告焦公他事，罢焦公。①

3.刚正不阿、不惧权贵的代表知府刘聪、赵廉

刘聪，字达夫，中部人，进士。弘治十五年，以太仆寺丞升任。冯公以无嗣故，倦于政，府事大废。刘公至一切以刚果行。廉知郡中豪猾，杖杀人凡十余人，至今民不敢讼长吏。作鼓楼于废台上，又作台为钟楼，作漳河石桥。当营造时，值刘瑾始用事，日遣官校，逮省府官缧绁过彰德。或劝刘公少罢役，刘公曰："业已为之，虽被罪不怨。"然刘公竟为瑾用至佥都御史，瑾戮，削籍为民。②

由于受到刘瑾事件的影响，而被朝廷罢免。刘聪之前的彰德知府冯忠堕于政务，从弘治八年（1495）在彰德府任职，到弘治十五年（1502），时间长达8年，无太大政绩。崔铣在府志中记其以无嗣倦于政务，清代乾

---

① 〔明〕崔铣：嘉靖《彰德府志》卷五《官师》，上海古籍书店影印，1982年重印，第17页。
② 〔明〕崔铣：嘉靖《彰德府志》卷五《官师》，上海古籍书店影印，1982年重印，第18页。

隆《彰德府志》中对地方官有所回护，只记曰："前守倦于政，府事大废。"①

> 赵廉，字一清，大兴人，进士，以刑部郎中升。赵公俭靖，亡嗜欲，不附丽贵幸。赵公在府，当宦寺得志时，岁取进贡钱，赵公多不予。为政任法，绝请托。久之，人不敢以私干。然避怨远嫌过甚，事多持两端。每春夏，询民农业勤惰。小旱，必斋沐祷，不一二日即雨。燕会稀少，民当甲者不费钱。后升河东盐运使卒。②

4. 因维护百姓与赵王府产生争执被免职的代表冯忠、傅汝砺

明代彰德知府冯忠在任期间秉公办事，爱民如子，深受百姓爱戴，当其离任时"彰之父老数千人，又诣汴泣诉请留，遂不果，继而述职京师得致其事"③。冯忠在任彰德府知府期间，赵靖王欲改易世子人选，冯忠经过苦谏，赵王最终打消了更易世子的想法。可见，在明代彰德府地方官员与赵王府之间在事务往来上是有联系的。但明廷有藩王不得结交地方官员的规定。有明一代的彰德府地方官，时常与赵王府有矛盾发生。明廷对于地方与王府的争执通常是大事化小的处理。成化时期官至都察院右副都御史的邢表在任彰德知府时，就因与赵王府产生间隙，"与王府竞直，调卫辉"④，虽然此后邢表继续升迁，但地方官敢于直接顶撞赵王府是需要勇气的。

明嘉靖三十九年（1560），彰德府通判田时雨在审理洛川王翊镪的奴仆与彰德府百姓民争利，田时雨挞罚洛川王奴仆。洛川王将此事诉于赵王，赵王向彰德府知府傅汝砺讲情被拒绝，加之藩王们向彰德府讨要宗室禄米

---

① 〔清〕卢崧：乾隆五十二年《彰德府志》卷八《宦迹》，九州出版社，2021年，第312页。
② 〔明〕崔铣：嘉靖《彰德府志》卷五《官师》，上海古籍书店影印，1982年重印，第19页。
③ 〔明〕刘春：《刘文简集》卷十六《彰德府知府冯公墓志铭》，嘉靖三十三年刘起宗刻本。
④ 〔清〕卢崧：乾隆五十二年《彰德府志》卷八《宦迹》，九州出版社，2021年，第312页。

不果。明代宗室禄米是由地方供给的，在此事之前就发生过宗人找傅汝砺索禄米的事情，"汤阴诸将军向郡守傅汝砺，索禄粮不与，又击其仆夫。诸将军复走诉于王"①。赵康王是明代赵王中为人和善，好文学，有贤名的人。不知是何原因，赵王羞愤自缢于王府，"厚煜子成皋王载垸，疏闻于朝，下法司按问。时雨斩河南市，汝砺戍极边"②。嘉靖皇帝以此事迁罪于彰德知府傅汝砺和通判田时雨，显然不公。乾隆《彰德府志》中称彰德府通判田时雨"刚果有为，直道行志，势力莫挠，摧抑豪强，惟恐弗及。后罹祸，人多惜之"③。

傅汝砺、田时雨被明廷处罚后，地方官员无敢与宗室争执，人人自危。继任知府李玭通过个人能力谨慎应对，"任时值亲藩多故，人怀危虑。玭至，雅量镇静，应机适变。外若不见其更张，而弊厘政举，郡赖以宁"④。李玭以清廉著称，去任后彰德府民间立肖像祠祀，把他与知府张天驭并称"双清"。

嘉靖时期宗室与地方官的矛盾中，无论事情曲直地方官员多被惩治，知府王天民"以宗人不法事连及逮系，夺职归，民多惜之"⑤。当然也有特殊情况，陈洪濛就曾在任彰德知府时，依法惩治赵王府不法宗室，被提拔为江西按察副使。知府张惠在治理彰德府时也遇到宗室骄横地方的事件："时宗人有殴杀人夜置郊外者，巡捕畏，莫敢发。惠奋然曰：吾守土而民毙于冤，焉用守为！"⑥于是派衙役抓捕主犯。此事被宗室借题发挥上奏嘉靖帝，张惠最终被下诏狱，但因此而名声大震。

---

① 〔明〕朱谋㙔：《藩献记》卷三《赵藩》，书目文献出版社，1995年。
② 〔清〕张廷玉：《明史》卷一一八《赵王高燧》，中华书局，1974年，第3622页。
③ 〔清〕卢崧：乾隆五十二年《彰德府志》卷八《宦迹》，九州出版社，2021年，第315页。
④ 〔清〕卢崧：乾隆五十二年《彰德府志》卷八《宦迹》，九州出版社，2021年，第313页。
⑤ 〔清〕卢崧：乾隆五十二年《彰德府志》卷八《宦迹》，九州出版社，2021年，第313页。
⑥ 〔清〕卢崧：乾隆五十二年《彰德府志》卷八《宦迹》，九州出版社，2021年，第313页。

（二）府志中劣迹知府的回避书写

府志中入传的通常是具有教化示范作用的名宦。而现实中彰德府也存在着很多贪腐的官员，府志中采用回避的方式不予记录。事实上，记录反面知府事例，可以对后任知府等官员有所警示。林鸣盛于万历十七年（1589）任彰德府知府，"府堂经年不上，百事俱废，独收银受状不废。常坐后堂衙门彻夜不关，胥役无禁，即闾巷小民亦无禁，有如夜市。旬为一准状不下百余，张张为批县无不取供者"①。

清乾隆二十四年（1759）任彰德知府的蒋希宗，受河南巡抚周琬之托篡改呈词，当周琬犯罪事发后，将其一并牵扯而出。乾隆二十八年（1763），乾隆帝谕军机大臣："据辅德奏查，周琬札稿内有寄前任彰德府知府蒋希宗，嘱令代改呈词，又托安阳县知县戴清断赎卖出地亩各情节。业将蒋希宗、戴清押送来京与周琬质对，俟其到时，一并交军机大臣鞫漏。"②清廷由周琬案件顺藤摸瓜将彰德府知府蒋希宗和安阳县知县戴清一并缉拿处分。

第二节　府县同城中的明清安阳知县

附郭县，即指在古代没有独立县城的县，其县治依附于府城内，通常情况在明清两代一府中有一个附郭县。在府城既有府衙，又有县衙，也可称为府县同城。郭声波指出："附郭县指治所与上级机构如郡、州、府等同驻一城的县。实际情况是，郡、州、府等治所附驻在下属县城中，应称此县为某郡（州、府）驻在县。"③从秦朝实行郡县制以来，郡的治所所在

---

① 〔明〕周孔教：《周中丞疏稿》卷二《中州》，明万历刻本。
② 《清高宗实录》卷六八九，乾隆二十八年六月乙巳。
③ 郭声波：《历史政治地理常用概念标准化举要》，《中国历史地理论丛》2017年第1期。

之县即视为附郭县。韩大成先生在《明代城市研究》一书中就曾指出,明代的城市管理机构是由附郭县进行管辖。复旦大学段伟先生针对明清临淮县的附郭县设置与裁并问题,提出"附郭是中国行政区划用语,指县级治所与州、府、省等上级政府机构治所设置于同一城内的特殊形态"[①]。中国古代行政区划中还存在着双附郭,甚至三附郭的现象。

一、明清安阳县附郭彰德府

安阳为彰德附郭邑,安阳县历史沿革,崔铣考述如下:

> 本殷墟及邶、鄘、卫之地,亶甲、祖乙、纣之王畿也。战国时为魏宁新中邑。秦昭王使白起破赵兵于长平,分其军为三,命王龁将而伐赵邯郸。是岁冬,秦别将张唐攻魏拔郑。王龁攻邯郸不拔,引兵从唐拔宁新中,改名安阳……汉初废入荡阴,属河内郡。晋始于今县西南置安阳县。后魏孝静帝迁都邺城,废以隶邺。周大象二年,破尉迟迥,焚彻邺宫室,乃徙邺县于安阳,更安阳曰邺,邺曰灵芝县。隋开皇十年,邺与安阳各复名,复徙县于洹水南。[②]

由于安阳县没有独立的县城,于是安阳县与彰德府行政机构同处于彰德府城之中。安阳古城始建于北魏天兴元年(398),北宋景德三年(1006)增筑。元明鼎革,彰德府府城于洪武初改筑,周长九里一百一十三步,外砖内土,裁得旧城之半。古城有四门,东为永和门,西为大定门,南为镇

---

① 段伟:《挣脱不了的附郭命运:明清时期凤阳府临淮县的设置与裁并》,《复旦学报》(社会科学版)2020年第4期。
② 〔明〕崔铣:嘉靖《彰德府志》卷一《地理志》,安阳市地方史志办公室点校本,2010年,第6—7页。

远门,北为拱辰门。清朝康熙十六年(1677),彰德知府丘宗文重修护城河,宽十丈,深二尺。

从图4-2-1中看,彰德府七县山川地势位置,安阳县围绕在彰德府城周边。汤阴县、林县、临漳县、内黄县、武安县、涉县均有独立的县城,唯独安阳县无独立县城。明代安阳县未修县志,我们无从查知当时的府城图,而嘉靖《彰德府志》和万历《彰德府续志》中均无舆图,故而只能使用清代彰德府舆图。

据卢崧所修乾隆《彰德府志》记载,彰德府城内的街巷格局明清沿用,尤其是城市主干道兴隆街,经500余年贯通城市南北两门。再结合清嘉庆

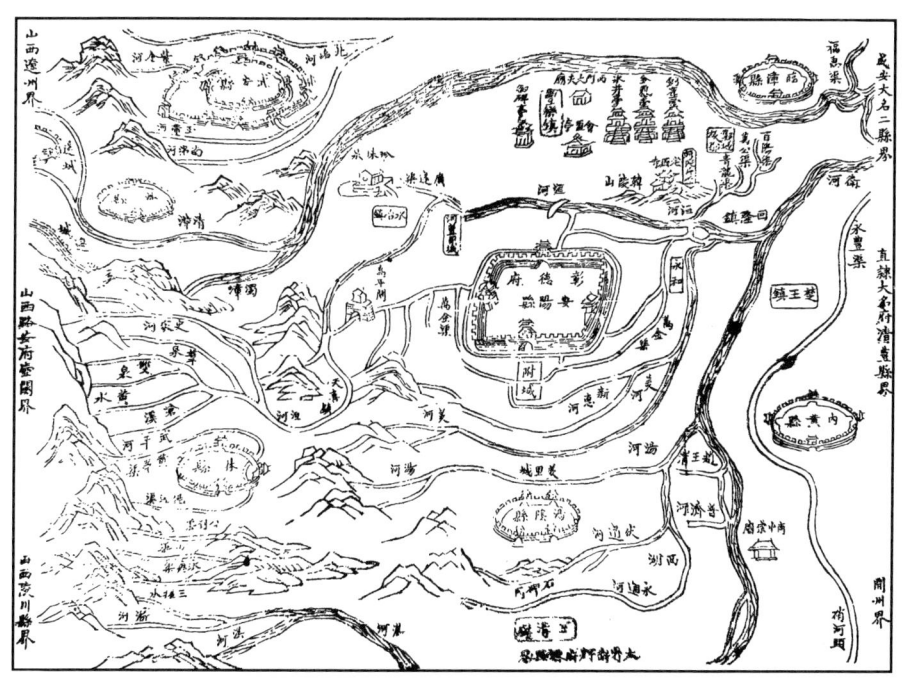

图4-2-1 彰德府城池形势图

资料来源:乾隆五十二年《彰德府志》

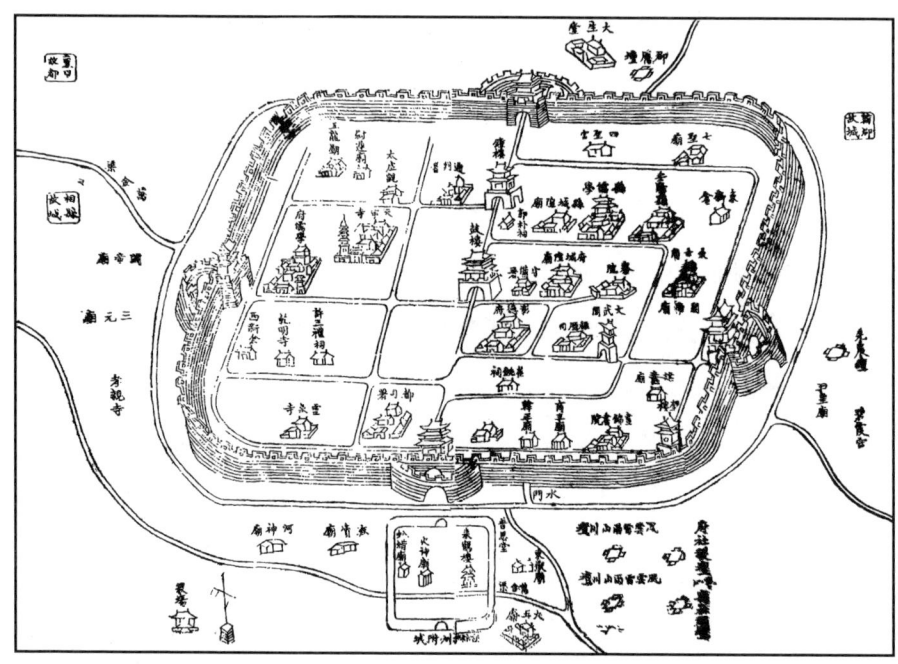

图 4-2-2 乾隆五十二年绘制彰德府府城街市图

资料来源：乾隆五十二年《彰德府志》

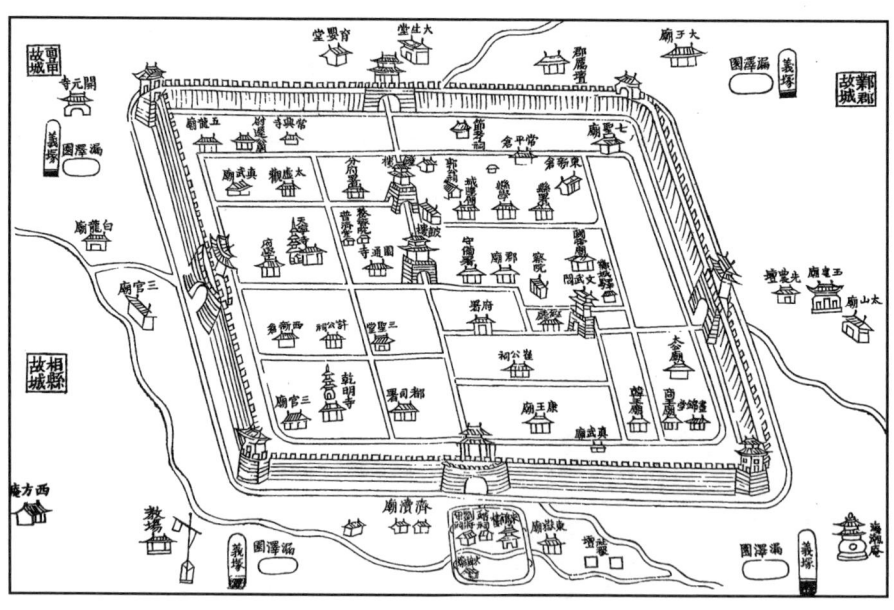

图 4-2-3 嘉庆四年《安阳县志》所录邺郡故城图、相县故城图

资料来源：嘉庆四年《安阳县志》

四年（1799）《安阳县志》的邺郡故城图与相县故城图，显然是统一城池。

安阳县与彰德府同城，明清两代在古城内有彰德府厅署、安阳县署、县丞署、主簿署、典史署、儒学教谕署、训导署、彰德营都司署、中军守备署、学院校士馆、布政分司行署、按察分司行署、太仆寺行署、彰德卫（明代）、邺城驿、递运所、税课司、阴阳学、医学、僧会司、道会司、乡约所、演武场、养济院、育婴堂、新建普济堂、新建普恩堂、漏泽园、崇宁仓、常平仓、东新仓、西新仓、社仓、义仓等。

二、府县同城中安阳知县之境遇

守土之任，知县为专，"古称千室之邑，爰设之宰，即今之县令是也"[①]。县令的职责"抚字催科，交责于一人之身，任綦重矣。而地当要冲，复益之以往来之酬应，藉非长才鲜克胜任"[②]。《明史·职官志》中还记载知县职责："凡养老、祀神、贡士、读法、表善良、恤穷乏、稽保甲、严缉捕、听狱讼，皆躬亲厥职而勤慎焉。"[③] 由于县是基层的统治机构，因而一县之内事无巨细皆掌之于知县。在所有的地方县中，附郭县内的事务更为繁杂。安阳县作为彰德府附郭县，乃是天下紧要之县，往来应酬非有才干者无法任其职。明代内阁大学士郭朴在《安阳县学题名记》中写道："明有天下，设官制治于邑，独加意焉，以其最近于民也。夫六事之振堕，关百里之盛衰。一时之利病系万室之荣瘁，矧事值盘错，郡受其成，而邑则当其劳务多冗剧，佐分其任，而长则总其责。兹非其重且难者乎？"[④] 明代各省都有附郭府，

[①] 〔清〕马国桢：康熙《安阳县志》卷四《职官》，清康熙三十二年刻本。
[②] 〔清〕马国桢：康熙《安阳县志》卷四《职官》，清康熙三十二年刻本。
[③] 〔清〕张廷玉：《明史》卷七十五《职官志四》，中华书局，1974年，第1850页。
[④] 〔清〕马国桢：康熙《安阳县志》卷八《艺文上》，《河南历代方志集成》，大象出版社，2017年，第169页。

各府均有附郭县，附郭县官员承担的事务远比其他县重。

《明史·职官志》记载了作为一县父母官的知县职责："凡赋役岁会实征，十年造黄册，以丁产为差赋有金谷、布帛及诸货物之赋，役有力役、雇役、借债不时之役，皆视天时休咎，地利丰耗，人力贫富，调剂而均节之。岁歉则请于府若省蠲减之。凡养老、祀神、贡士、读法、表善良、恤穷乏、稽保甲、严缉捕、听狱讼，皆躬亲厥职而勤慎焉。若山海泽薮之产，足以资国用者，则按籍而致贡。"① 由此可见，一县之内各项事务都由知县负责，知县实属位卑职重。

明人谢肇淛的《五杂俎》中说尽了知县任职的八项难处："勤瘁尽职，上不及知，而礼节一疏，动取罪戾，一也。百姓见德，上未必闻，而当道一怒，势难挽回，二也。醇醇闷闷，见为无奇，而奸胥萤语，据以为实，三也。凋剧之地，以政拙招尤，荒僻之乡，以疏逖见弃，四也。上多所喜，多见忌于朋侪，小民所天，每见仇于蠹役，五也。茧丝不前，则责成捆至，苞苴不入，则萎菲谤来，六也。宦成易怠，百里半于九十，课最易盈，衔蹶伏于康庄，七也。剔奸厘弊，难调龃龉之口，杜门绝竭，不厌巨室之心，八也。"② 知县一职在明代官僚体制中属于下层位置，在地方治理中会受到多方因素制约。谢肇淛提出的知县八难更多地体现在处理复杂利益关系方面。作为明代彰德府附郭县的安阳县，其知县面临迎来送往的种种事务，稍有不慎便会得罪权贵。彰德府地处南北交通要道，朝廷要员、六部事务外差、升迁过境官员等等，都会与知县等地方官有所交往。

明代知县的派遣通常依据县事的繁简被划分为两类，"田粮，县以三万石以上，或亲临王府都、布政、按察三司，并有军马守御，路当蜂道，

---

① 〔清〕张廷玉：《明史》卷七十五《职官志四》，中华书局，1974年，第1850页。
② 〔明〕谢肇淛：《五杂俎》卷十四《事部二》，中华书局，1959年。

边方冲要供给去处,俱为事繁"。"县不及三万石,及僻静处,俱为事简"①。明廷在选派知县时,通常将才能优异者调入繁县,而才能次之者派往简县。

在附郭县中,知县由于承担的责任较其他县繁重,因而在民间也流传着成为附郭知县不幸的谚语。清人宋荦就总结道:"前生不善,今生知县;前生作恶,知县附郭;恶贯满盈,附郭省城。"②可见,当时作为附郭知县在地方官员心目中是何等的不幸。清人梁章钜在《归田琐记》中也有类似对附郭知县的评价:"三年不幸,知县附郭";"三生作恶,附郭省城";"恶贯满盈,附郭京城"③。可见,在明清两代作为附郭知县被地方官员称之为噩梦。

雍正九年(1731),清朝中央在地方治理制度中确立将"冲、繁、疲、难"作为地方官缺分级制度,各地方须依据此四字标准奏报本地官缺等级。张振国认为"冲、繁、疲、难"四要素与"最要缺、要缺、中缺、简缺"四等级制度是两种不同的划分官缺等级的方法,"在订定的时间、等级的划分、目的和适用范围上各不相同"④。在"冲、繁、疲、难"四字要诀中,四字齐备视为最要缺,依次递减,只占一字则为简缺。通常情况下由简缺调入要缺,虽然官品未变,但仍被视为升用。

清朝县级行政机构,通常按照"冲、繁、疲、难"四个标准,来确定其管理难度。"冲"是指地处孔道,有着重要的地域交通优势。"繁"是指辖区管理面积大,政务纷繁。"疲"是指地方经常拖欠赋税。"难"是指治理困难,民风悍、盗窃多。安阳县冲、繁、疲、倚,临漳县繁,汤阴

---

① 〔清〕张廷玉:《明史》卷七十一《选举志三》,中华书局,1974年,第1722页。
② 〔清〕宋荦、刘廷玑:《筠廊二笔》卷上,收录于《筠廊偶笔》,上海古籍出版社,2012年,第42页。
③ 〔清〕梁章钜:《归田琐记》卷七《首县》,中华书局,1997年。
④ 张振国:《清代道、府、厅、州、县等级制度的确定》,《明清论丛》(第十一辑),紫禁城出版社,2011年,第382—400页。

县冲、繁，林县繁，武安县繁，涉县简，内黄繁、难。由此可知安阳县在彰德府下辖的七县之中管理难度最大，也还未达到四字齐全。

三、附郭知县的任期及迁转

知县作为地方父母官，是国家意志在地方的代表，由于事无巨细皆经其手，可以说"是国家力量支配社会，并得以在基层有效贯彻的制度机理与内在逻辑"[①]。明代知县的选任"进士十三，举贡十七"[②]，以举人和贡生为多。清代安阳知县赵希璜作《循政记》，对清代以前安阳知县的事迹有所记录，其中如救荒爱民的梅奇、治称公廉的张楫、详雅不猛的史俊等。此部分笔者着重对清代彰德府附郭知县进行分析。我们试图通过附郭县知县的任职时长和迁转情况，分析是否附郭知县较其他知县更容易升迁。

表 4-2-1 清代安阳知县任职时间及迁转统计表

安阳知县	籍贯	任职时间	任职时长	功名	迁转
李肖孔	束鹿人	顺治元年（1644）	1年	贡生	升苏州府同知
姚洪烈	山西人	顺治二年（1645）	3年	贡生	升登州府同知
金朝聘	辽东人	顺治五年（1648）	5年	贡生	升济宁州知州
傅龙腾	江阴人	顺治十年（1653）	2年	贡生	转任孟县知县
程一璧	景陵人	顺治十二年（1655）	1年	进士	长芦盐运司知事
韩文锋	长安人	顺治十三年（1656）	2年	进士	转任石门知县
侯尔东	汾西人	顺治十五年（1658）	3年	拔贡	升睢州知州
白毓秀	泽州人	康熙元年（1662）	1年	举人	因盐政罢免

---

① 王子腾：《明中后期"国权下县"与基层社会治理——以海瑞〈淳安政事〉为例》，《河南科技大学学报》（社会科学版）2023年第1期。

② 〔清〕张廷玉：《明史》卷七十一《选举志三》，中华书局，1974年，第1712页。

续表1

安阳知县	籍贯	任职时间	任职时长	功名	迁转
刘光美	金华人	康熙二年（1663）	3年	吏员	卒于任内
单若默	高密人	康熙五年（1666）	不足1年	拔贡	因病卸任
陈大钧	海宁人	康熙五年（1666）	2年	拔贡	因丁忧去任
张凤翥	曲阳人	康熙七年（1668）	5年	举人	因年老致仕
高启元	莱阳人	康熙十二年（1673）	8年	举人	升刑部主事
武烈	奉天人	康熙二十年（1681）	9年	监生	升忠州知州
马国桢	辽阳人	康熙二十九年（1690）	11年	监生	升浔州府同知
戴玉佑	长安人	康熙四十年（1701）	3年	不详	不详
丁如玑	徐州人	康熙四十三年（1704）	4年	监生	不详
宋绍业	长州人	康熙四十七年（1708）	3年	贡生	转任汤溪知县
徐树敏	昆山人	康熙五十年（1711）	8年	进士	升训学使
蒋日梁	吴县人	康熙五十八年（1719）	3年	监生	不详
孙宗绪	兴化人	康熙六十一年（1722）	1年	进士	卒于任内
刘而位	汾阳人	雍正元年（1723）	5年	举人	升兴泉永道分守
李闻梽	安邑人	雍正五年（1727）	7年	举人	升归德知府
王屏	仁怀人	雍正十二年（1734）	3年	举人	官至知县
陈锡辂	嵊县人	乾隆二年（1737）	4年	贡生	升陕州知州
左修品	衡阳人	乾隆六年（1741）	3年	监生	官至知县
伊应鼎	新城人	乾隆九年（1744）	3年	进士	官至知县
李时宪	闽县人	乾隆十二年（1747）	5年	进士	官至知县
赵预	宁国人	乾隆十七年（1752）	7年	进士	官至知县
戴清	中江人	乾隆二十四年（1759）	5年	生员	卒于任内
王世浚	晋江人	乾隆二十九年（1764）	3年	进士	得罪解职
吴壆	东平州人	乾隆三十二年（1767）	4年	贡生	升庆远同知
王希曾	天津人	乾隆三十六年（1771）	5年	举人	转任鲁山县知县
饶炯	绍武人	乾隆四十一年（1776）	3年	举人	官至知县

续表2

安阳知县	籍贯	任职时间	任职时长	功名	迁转
彭元一	龙川人	乾隆四十四年（1779）	6年	举人	升惠州府同知
阴海	乐亭人	乾隆五十年（1785）	3年	举人	官至知县
王镇	山东掖县人	乾隆五十三年（1788）	1年	举人	不详
王玉麟	宛平人	乾隆五十四年（1789）	1年	未详	不详
华燦	无锡人	乾隆五十五年（1790）	1年	监生	转任淮宁知县
周书升	仁和县人	乾隆五十六年（1791）	1年	监生	转任浚县知县
赵希璜	广东长宁人	乾隆五十七年（1792）	9年	举人	官至知县

从上表统计来看，安阳知县的人选以举人和贡生为主，进士非常少。进士任知县相较于举人和监生而言仕途应该较为顺利，但是安阳县作为彰德府附郭县在这里任职的进士知县并未获得更快的升迁机会，反而会因为诸多原因被降罪。如乾隆朝安阳知县王世浚，进士出身本应该仕途光明，但因任职安阳知县期间，清廷调兵过境彰德府安阳县，由于王世浚不愿扰民导致军需供应不足，违背上官命令而被解职。这也是明清两代附郭县知县面临的任职困境。再看任期，安阳知县的任期普遍较短，多数是3年一届的任期便会调动。如李孔肖任职1年便被提升苏州府同知，姚洪烈任职3年提升为登州府同知。当然也有任职三届9年，甚至9年以上者。安阳县实为要冲之地，但"长吏送迎贵官，或竟日不得视事"①。崔铣对于安阳县知县的评价可谓中肯，善于钻营者，凭借迎送达官贵人便可得到升迁，而不善于逢迎者，反而容易招惹不必要的是非。从上表统计可知41位知县中有12人升任府同知或知州算是升迁，还有14人是任期届满后转任他处知县算是平级调动，其中有2人是因为在繁重的事务中违背朝廷旨意而

---

① 〔明〕崔铣：嘉靖《彰德府志》卷二《地理志》，上海古籍书店影印，1982年重印，第117页。

降职的。事务繁忙导致安阳知县疲于应对上级分配的各项事务，本职工作难以有所成绩，并且繁忙的工作导致3位知县死于任期内。通过分析清代截至乾隆五十七年（1792）以前的安阳知县任期迁转情况，我们看到在彰德府下辖的7个县中，安阳知县并未因是附郭县知县而得到快速的升迁，反而是在繁重的公务中疲于应对。

第三节　彰德卫与彰德营

彰德之名始于五代，后晋天福三年（938），"升相州为彰德军，置节度观察使"①。彰德之名由此而来。"安阳居北要冲，地势平衍，东南北三面无险可据。惟西山遥接太行，与林、涉交界，人烟辐辏，村镇易自为守。北界漳河而野马冈一道，自西迤北而东皆古战垒也。南连汤阴而愁思冈一道，自西迤南而东皆古战垒也。"②王迎熹先生在《安阳通史》中也认为安阳西塞太行，南阻豫陕，东临澶鲁，是历来兵家必争之地。③明朝建立后，军事辖区实行卫所制，在全国设有内外卫329个，守御千户所65个。在河南设立河南都指挥使司，下辖"河南卫、弘农卫、陈州卫、睢阳卫、宣武卫、信阳卫、彰德卫、南阳卫、怀庆卫、颍川卫、南阳中护卫、汝州卫等"④。明洪武六年（1373），明太祖朱元璋派遣邓愈、汤和等将领在彰德府等地屯田，设屯兵。按照明初寓兵于农的方针，屯兵三分守城七分屯种，

---

① 〔宋〕薛居正：《旧五代史》卷七十七《晋书三·高祖本纪》，中华书局，2003年。
② 〔清〕赵希璜：嘉庆四年《安阳县志》卷十《兵防志》，《河南历代方志集成》，大象出版社，2017年。
③ 王迎喜：《安阳通史》，中州古籍出版社，2003年，第302页。
④ 〔清〕张廷玉：《明史》卷九十《兵志二》，中华书局，1974年，第2214页。

每卫定制5600人，每千户所定制1120人。明洪武八年（1375）九月，"丁未，改河南彰德千户所为彰德卫指挥使司，隶河南都卫"①。

一、明代彰德卫

明朝初年彰德卫设在彰德府城内的东门永和门内，到明仁宗洪熙元年（1425）时，因在彰德府城内建赵王府，于是彰德卫都指挥佥事王友将卫治迁于府城东南隅的昼锦坊。《大明一统志》卷二十八"彰德府公署"条记彰德卫"在府城内东南隅"。彰德卫下辖前、后、左、右4个千户所，及守御林县中千户所，在全国329个卫中，彰德卫的军事贡献并不突出，更多地体现在镇守城池、抚安军民、地方平盗等方面。

（一）彰德卫军官

崔铣在嘉靖《彰德府志》中记，彰德卫有军官"彰德卫官九十六员，指挥使九员，同知二员，佥事七员，镇抚二员，千户正六员，副二十二员，副镇抚四员，百户四十四员"②。都指挥使是最高军事长官，在明代曾发生过都指挥使与赵王府的矛盾。此事件也导致赵王府护卫兵被裁减。

宣德三年（1428）二月，彰德卫都指挥王友得到密报赵王府阴谋密事，在没有向河南都司奏请的情况下，便派兵夜围赵王府，不让护卫军官等出入，人人惊恐，而此时恰有赵王府养马小厮偷偷潜逃被军士抓获，王友遂将此人送至京师审问。当夜，王友"发官军火器攻具围王府，纵骑士驰骤城中，及于城北门放炮，人民惊骇"③。赵王非常恐惧，于是上书明宣宗指责王友对宗室亲王无礼。明宣宗为安抚赵王朱高燧，回复道："王友悖慢，已降敕切责之，令其改过，如复不悛，必处之重法。所云养马小厮得受等

---

① 《明太祖实录》卷一〇一，洪武八年九月丁未。
② 〔明〕崔铣：嘉靖《彰德府志》卷之三《建置志》，上海古籍书店影印，1982年重印，第5页。
③ 《明宣宗实录》卷四十二，宣德三年闰四月乙未。

来京，恐妄言生事。惟叔国家至亲，小人之言决不能间。"①

事情原委是，宣德三年（1428），彰德卫都指挥使王友在彰德府城外得到一支飞箭，箭上系着密信。信中内容大致是邀请赵王一起参与密谋造反。书信落款是祥符王朱有爋。王友不敢怠慢，因之前汉王朱高煦谋反，明宣宗派大军镇压之后，就有大臣怀疑赵王也有反心。于是，王友上奏折给朝廷，并将密信一并附上。明宣宗得到奏报后认为是有奸诈之人欲诬陷赵王，这封信应该是伪造的，"盖友前为赵王奏其暴慢无礼故。上疑之即追友及捕其左右"②。但是，"命法司穷治之，友被考掠不服"③，经过多轮审问，王友和其下属等官并无伪造的迹象。

于是，明宣宗密旨周王朱有燉，要其协助查办此事。同时，宣宗下旨诏祥符王进京对质，祥符王到京看到密信后认为是仇家所为。他猜测诬陷者"此非外人，臣愚不能事弟，新安王彼素恶臣，或其下人为此，然不敢必"④。周王此时也查到了一些线索，新安王府的下人在投书案发前曾到过彰德府，并且是没有停留即刻返回。那么事情大致已经清楚，应该是新安王朱有熺派人投书，诬陷祥符王和赵王。只待新安王到京审问便知事情原委。待到新安王到京后，将事情原委悉数道出，此事的幕后主谋是汝南王朱有勋。最终，明宣宗念骨肉之情，只是将汝南王、新安王降为庶人。赵王被诬陷虽然得到了澄清，但是也心有余悸，终日惴惴不安。

此事件过程中，彰德卫指挥王友被河南布政司、按察司及都指挥使司弹劾，奏其在地方狠戾贪虐，所为多不法。御史根据明代律法定罪应当罢职戍边。但是，宣宗认为王友忠心朝廷，但是不能不给赵王一定的安慰，

---

① 《明宣宗实录》卷三十六，宣德三年二月戊辰。
② 《明宣宗实录》卷四十三，宣德三年五月甲戌。
③ 《明宣宗实录》卷四十，宣德三年三月戊午。
④ 《明宣宗实录》卷四十三，宣德三年五月甲戌。

于是下旨"左迁指挥同知令往宣府备御"①。

(二)彰德卫军卒

1.卫兵

明朝彰德卫官兵有守兵、马步、弓兵,民间设有民壮。关于军兵人数"旗军舍余四千九百四十七名,总旗一百七十九名,小旗三百六十名,军三千九百三十名,舍一百四十九名,余三百二十名"。卫兵分番戍京师及北塞,留者守城禽盗。

崔铣所作的《邺兵议》中就记载,彰德有卫兵,有民兵。彰德卫的官军,"兵分番戍京师及北塞,留者守城禽盗。彼皆生长行伍,习戈矢犹未耗焉"②。明代内地卫所军士都有定期分番戍守的任务,彰德卫军卒主要是支援明代九边中的宣府镇和大同镇。

2.民兵

民兵在明朝成立之前已经存在,元至正十八年(1358),朱元璋在统辖区内仿行元制,设立管领民兵万户府。雍正《河南通志》中就记载:"诸府州县又设巡司、民壮、弓兵,而振饬督察则总于兵宪。"③民兵者快手骑也,民壮步也。彰德府民兵的主要来源是市井游民,但是他们整体军事素质要比卫所军士差很多,但是用来在地方防御盗贼还是能起到一定作用,"夫盗犹潦水也,突至则襄亩啮防,去之则涸,非有期约可凭也。论者曰:今无盗矣,而素养游手空役并差,彼豢养之久,怠于农业,一旦罢去皆盗

---

① 《明宣宗实录》卷四十二,宣德三年闰四月乙未。
② 〔明〕崔铣:嘉靖《彰德府志》卷八《杂志》,安阳市地方史志办公室点校本,2010年,第509页。
③ 〔清〕贾汉复:顺治《河南通志》卷八《兵御》,收录于《中国地方志集成》,2011年,第14页。

也，革之便然"①。崔铣对地方民兵的认识还是非常有见识的，毕竟游手好闲之人如不纳入管辖，在地方反而成为扰乱治安之徒，将他们编入民兵"亡事，民出粟以养军，寇至则御之，使民亡扰"②。府志编纂者崔铣认为在正德时期河北刘六、刘七农民起义波及安阳，如果没有地方民兵抵御，百姓将更为遭殃。因此，在民间因部分民兵为患乡里时，他就质问："今虑其为游民为盗，欲直罢之，一旦之变谁仗乎？"③地方训练民兵的目的在于以防万一，"治军是故重放免之法，则官廉严参验则兵集，纵寇及避者必戮，而令有司得治之，庶乎其可省也"④。正德六年（1511），刘七余党入河北驻安阳西山中，西山屯落焚掠几尽。五月，安阳民李进福纠乡兵战于乏牛坡，李进福战死。民壮、乡兵在战乱时期维护地方安全中发挥的作用，在崔铣所处的正德时代是得到百姓认可的。

二、明清易代中彰德卫的命运

明清鼎革过程中，彰德卫命运多舛。由于明代卫所军事体制的崩溃，河南都司下属卫所全部裁革。清初中央开始裁汰卫所，于是将先前卫所旗军、军余多数转为农民，将彰德卫所占的屯田转化为民田，明代所特有的军事屯田也随之瓦解。

（一）明代卫所被裁革

明嘉靖二十一年（1542），"河南凡隘塞之处，咸设戍守，而吾儿峪

---

① 〔明〕崔铣：嘉靖《彰德府志》卷八《杂志》，安阳市地方史志办公室点校本，2010年，第509—513页。
② 〔明〕崔铣：嘉靖《彰德府志》卷八《杂志》，安阳市地方史志办公室点校本，2010年，第510页。
③ 〔明〕崔铣：嘉靖《彰德府志》卷八《杂志》，安阳市地方史志办公室点校本，2010年，第510页。
④ 〔明〕崔铣：嘉靖《彰德府志》卷八《杂志》，安阳市地方史志办公室点校本，2010年，第512—513页。

尤当要险。都御史李宗枢建城高二丈余，一十七里，设守备一人以守之，辖卫一曰彰德，守御千户所一曰林县，今裁"①。涉县守备以都指挥体统行事，指挥领之，驻扎在涉县，随着明朝灭亡，涉县守备也被裁革。

明崇祯时期天下大乱，明廷设立磁州营驻扎磁州听候征剿调遣，配备游击一员总其事。清顺治四年（1647）裁去游击一职，改设都目一员。康熙元年（1662），设中军守备官一员，左哨千总官一员，左哨头目把总官一员，右哨头目把总官一员。康熙四年（1665），因河南都标奉命裁革，拨发马兵60名，步兵140名，其将官有右哨千总一员，左哨二目把总官一员。康熙七年（1668），裁马兵70名，步战改为守兵，陆续裁汰不再募补。说明自康熙七年（1668）以后，磁州营的征战任务已经丧失，仅仅能够维持地方治安。

（二）彰德卫所辖屯田重新分配

清代卫所裁革后，各卫所丁地俱归并各州县管理。彰德卫丁地事务"归并彰德府属安阳县及直隶东明、内黄、浚县各县管理"②。林县守御千户所丁地事务全归并彰德府属林县管理。磁州守御千户所，旧属山西潞州，其地丁事务"全归彰德府属磁州管理"③。

1. 屯田并收情况

据《万历会计录》所记："彰德卫屯田二千六百四顷十三亩，粮一万五千六百二十九石五斗八升。"④林县守御千户所"屯田六百七十顷一十二亩，粮肆千二十石七斗二升"⑤。磁州守御千户所"屯田地八百一顷

---

① 〔清〕贾汉复：顺治《河南通志》卷八《兵御》，《中国地方志集成》，2011年，第15页。
② 〔清〕贾汉复：顺治《河南通志》卷八《兵御》，《中国地方志集成》，2011年，第18页。
③ 〔清〕贾汉复：顺治《河南通志》卷八《兵御》，《中国地方志集成》，2011年，第23页。
④ 〔明〕张学颜：《万历会计录》卷三十八《屯田》，书目文献出版社，1989年。
⑤ 〔明〕张学颜：《万历会计录》卷三十八《屯田》，书目文献出版社，1989年。

三十一亩四分六厘,粮二百六十五石六斗七升八勺"[①]。

明代卫所屯田进入清朝后,分别划分给安阳县、临漳县、林县、磁州,收并卫所地四千九百二十九顷九十五亩二分八毫零。安阳县收并彰德卫地一千九百顷三十七亩七分一毫零,收并潞州卫地一百三十七顷九十八亩四分。临漳县收并潞州卫地五百六十五顷五十九亩二厘二毫零。林县收并林县守御千户所地三百二十八顷五十九亩二分六厘二毫。磁州收并磁州守御千户所地八百四顷六十五亩二厘。潞州卫地一千一百九十二顷七十五亩八分二毫,潞州卫额外荒地六顷四十五亩三分四厘六毫零。

2.彰德卫、潞州卫丁并入情况

彰德卫原额卫所丁四千三百六十一丁,加逾额一千七百三十九丁,现在共六千一百丁。安阳县收并彰德卫原额人丁一千一百一十三丁,加逾额四百七十丁,收并潞州卫人丁二十二丁,加逾额五丁。临漳县收并潞州卫原额人丁三百三十二丁,加逾额五十丁,现在三百八十二丁。林县收并林县守御千户所原额人丁二百六十六丁,加逾额九十七丁,现在三百六十三丁。

磁州收并磁州守御千户所原额人丁一千一百二十丁,加逾额四百八十三丁,现在一千六百三丁,收并潞州卫原额人丁一千五百八丁,加逾额六百三十四丁,现在二千一百四十二丁。

三、清代彰德营

清代的兵制分八旗和绿营。绿营兵制沿袭明代分省建制,各省绿营兵的统帅为提督,提督之下有总兵、副将、参将、游击、都司、守备、千总、把总、外委等武官。都司、守备所领军队被称为"营"。千总、把总、外

---

① 〔明〕张学颜:《万历会计录》卷三十八《屯田》,书目文献出版社,1989年。

委所领军队称为"汛"。河南是南北孔道所在，又是历代统治腹地，清廷入主中原后非常重视在河南驻扎军队，其军队的驻防、设置及随后的数次调整，目的都是防治民变，稳固统治。河南驻军的八旗属于驻防八旗，始设于康熙五十九年（1720），驻扎于省城开封府。《河南通史》中就指出随着清朝统治的稳定，八旗兵的败落，康熙末年已经开始丧失其安定地方的作用。①河南绿营由巡抚兼提督，分三镇即河北镇、南阳镇、归德镇。《河南通志》中记载，"河北为豫省肩背，南阳为天下腰膂"。河北镇总兵官统辖镇标左右二营，兼辖河南城守等营。河北镇总兵驻扎怀庆府，兼辖河南城守营、卫辉营、彰德营、陕州营、内黄营、嵩县营、王禄店营。

彰德营武官配备情况，管辖彰德营都司佥书一员，驻扎彰德府。此外守备一员、千总一员分防临漳，把总四员分防武安、林县、汤阴和内黄。符合清朝都司一员，守备一员，千总二员，把总四员的规定。安阳知县赵希璜在嘉庆《安阳县志·兵防志》中对彰德营官兵情况有所记载，按照清朝经制，兵丁共有467名，官马18匹，兵马99匹。每年需支俸饷米等折银八千七百八十三两七钱三分七厘八毫三丝。彰德营额定马兵99名，墩台守军54名，防汛兵37名，守兵343名，东西南北路守军194名，各县防汛兵154名，合计877名，但较明代彰德卫驻军已经是大幅减少，就是与同时期其他各省兵力相比，彰德营兵力也属于偏弱。雍正时期，河南巡抚田文镜就针对彰德府特殊的咽喉要路位置，以防汛为名奏请中央将加强彰德营兵力。

据茅海建主编《清代兵事典籍档册汇览》中关于彰德营的《分防彰德营官弁衔名数目清册》。这类原始绿营兵制的史料因其具有权威性和原始性，所以在府志、州志、县志中被采用。卢崧所修乾隆五十二年（1787）

---

① 程有为、王天奖主编：《河南通史》（第三册），河南人民出版社，2005年，第530页。

府志中，将武备列为一门，较以往府志更具眼光，"国朝崇文右武，营制详明，守斯土者更当加意。乃旧志不载，殊为缺略。兹集现设之将弁、兵丁、粮饷详著丁篇……举其颠末，寓得失，以为后世师"①。在清代彰德营的军事配备由于行政区划的调整也有所变化。

雍正四年（1726），磁州脱离彰德府归北直隶广平府管辖，同时改都司为守备，中军守备也改为千总，磁州营也划归北直隶。但在雍正五年（1727）由河南巡抚田文镜奏请，磁州营又移驻彰德，"额设都司一员，守备一员，千总一员，分防临漳县汛"②。雍正十年（1732），又将守备改为都司，领千总三员，把总一员，外委一员，马步战守兵共463名。清代河南巡抚田文镜《奏为豫省车法已经教演娴熟仰祈睿鉴》中对于彰德营部署提出看法，"移河南磁州都司一员、守备一员驻彰德府。彰德府千总一员驻磁州。从河南巡抚田文镜请也"③。清代在地方驻军的目的是防止百姓发生叛乱，而巡抚田文镜奏请的目的不仅是出于军事上防范，更重要的是确保营汛。清廷最终"复设河南河北守道一员驻札武陟，统辖彰德、卫辉、怀庆三府，兼管河务。以胙城县、并入延津县。裁知县、典史、教谕、训导各一员。从河南巡抚田文镜请也"④。最终，雍正皇帝采纳了田文镜的方案，彰德营除承担军事任务之外，担负彰德府境内的河防任务。

综上所述，明清彰德府所处地理位置东南北三面平坦，唯西面有太行山可守。从战略地位上来看，在彰德府下辖的武安县、涉县、林县由于太行山地势可以据守，安阳、汤阴、磁州、临漳是一马平川的平原无险可守。所以，无论是明代设彰德卫还是清代设彰德营，军兵驻扎的目的主要是防

---

① 〔清〕卢崧：乾隆五十二年《彰德府志》卷十《武备志》，九州出版社，2021年，第417页。
② 〔清〕卢崧：乾隆五十二年《彰德府志》卷十《武备志》，九州出版社，2021年，第417页。
③ 《清圣祖实录》卷四十七，雍正四年八月癸亥。
④ 《清世宗实录》卷五十五，雍正五年闰三月癸酉。

范地方叛乱发生。明代正德时期的刘六、刘七农民起义军在河南、河北之间掳掠,过境彰德府给地方造成极大的损失。崇祯时期的李自成农民起义军由摩天岭抵达武安县大败左良玉的官军,于是彰德府惨遭焚掠。虽然明朝灭亡后卫所军事体制也随之废弃,但是在安阳地方地名中还有很多名称与卫所有关。这也非常值得研究者在今后的研究中继续深入挖掘。

第四节 明清彰德府驿递网络与巡检司

中国古代的邮驿铺舍的主要功能是递送官府衙门的公文,将之通传于全国各地,而馆驿则主要针对军情密报,但凡关系国家重事机密和紧切事项皆走馆驿。元朝统治时期,设有站赤所,据《元史·兵志》载:"站赤者,驿传之译名也。盖以通达边情,布宣号令。"明代建立了发达的交通驿传系统,其作用极大,"宣上德,达下情,防奸宄,诛暴乱,驭边疆等项机宜,不过旬日之间遍及天下,可以立待无或后期者,实于驿传是赖"①。明朝京师达于四方之径,必设驿传,以便公差人员往来。彰德府地处要地,驿道便利为南北通途。水马驿传是明代驿递系统的基干。苏同炳《明代驿递制度研究》中对明代驿站、递运所、急递铺制度进行了梳理,其基本运作模式已经清晰。

一、明清河南驿传系统概况

明朝在全国重要交通要路设驿站、递运所,在全国形成了一张巨大的

---

① 〔明〕黄训:《名臣经济录》卷三十四《兵部》,收录于《四库全书》史部《诏令奏议类》。

驿传网。驿传系统由专职官员负责。《明史·职官志》记曰:"驿丞典邮传迎送之事。凡舟车、夫马、廪糗、庖馔、裯帐,视使客之品秩,仆夫之多寡,而谨供应之。支直于府若州县,而籍其出入。"① 驿丞设立于明代,清从明制而沿用,在州、县级行政区内设立驿丞。驿丞负责管理驿站内邮传及迎送官员等具体事务。在职官体系内,驿丞属于不入流的杂职,所以地位较低。如明代中期儒学大师王阳明任职期间被贬于贵州龙场驿。从王阳明的诗文中,我们可以知道偏远地区驿站设施的简陋和驿丞生活的艰难。然后,明代驿站还需要供应给过往官员吃、住、车马和驿夫等,所以驿站支付是地方的一项重大开支。

永乐十六年(1418)时,明廷在直隶和河南递运所设置了21处邮驿大使。

> 设北京、河南各处递运所,顺天府之良乡、涿州,保定府之定兴、安肃、清苑、庆都,真定府之定州、真定、新乐、赵州、柏乡、栾城,顺德府之内丘、邢台,广平府之临洺、邯郸,彰德府之内磁州、安阳、宜沟,卫辉府之河平、淇县,凡二十一所各置大使一员。②

这21处递运所中彰德府的磁州、安阳县、汤阴县宜沟镇正是明代南北通途上重要的驿传网点。明彰德府急铺递,总铺在南关,抵临漳曰漳豹,抵汤阴曰七里店、曰郭村、曰田村,抵林县曰盖村、曰盖平、曰夏铺,抵磁州曰高村、曰华村、曰丰乐。除了陆地运输之外,彰德府境内洹河、卫河、荡水的漕运也十分重要,沿线水驿方便客旅。万历十五年(1587)时,全国已设置水陆驿站共1036处。

---

① 〔清〕张廷玉:《明史》卷七十五,《职官志》,中华书局,1974年,第1852页。
② 《明太宗实录》卷一九九,永乐十六年四月壬午。

彰德府由于所处交通要道，驿递非常繁忙导致本府驿马不足。宣德时期，巡按御史严烜向明廷奏报："彰德、卫辉、怀庆三府，西北冲要之路，驿使频繁，马力不足，其偃师县首阳驿以东至永城县太丘驿一十七站，新开道路俱设驿马，今无使客往来，乞拨于彰德等府接应。"① 明宣宗命兵部和户部商议可行性，于是从拟定纳新开驿路马匹拨彰德府驿站使用。但是，有明一代驿站系统仍然耗费巨大，成为彰德府百姓的重要负担。

清朝十分重视驿递制度，顺治时期当河南局势稍微平稳后，清廷就开始恢复驿站。清朝的驿递系统主要是在康熙、雍正、乾隆三朝发展并达到制度完善。清朝的很多制度都沿袭明朝，顺治时期设驿丞管理驿站，但是明朝驿传制度的腐败时时告诫清朝统治者，驿传系统必须有所改革。于是，康熙时期"裁驿丞，归州县"，将原先单一的管理模式，改为兼管、专管、代管。清廷根据驿站离城的远近进行划分。对于离城较近的驿站裁驿丞，由地方州县兼管。对于边防重镇的驿站由武将代管。对于要冲孔道的驿站或离城较远的驿站，则仍旧由驿丞专管。由于彰德府处繁冲之地，下辖驿站自明代以来就任务艰巨，经费时常捉襟见肘，给地方带来沉重的负担。

二、明清彰德府驿递网络

彰德府是出京师、入河南的首站。彰德各驿递为南北冲会必经支出，南来北往的公差出省入省必经于此。置邮传命也是明清两代国家重要的信息网络布局，我们从彰德府驿站分布情况来分析，由直隶进入河南的首站便是磁州的滏阳驿。

---

① 《明宣宗实录》卷六十六，宣德五年五月癸亥。

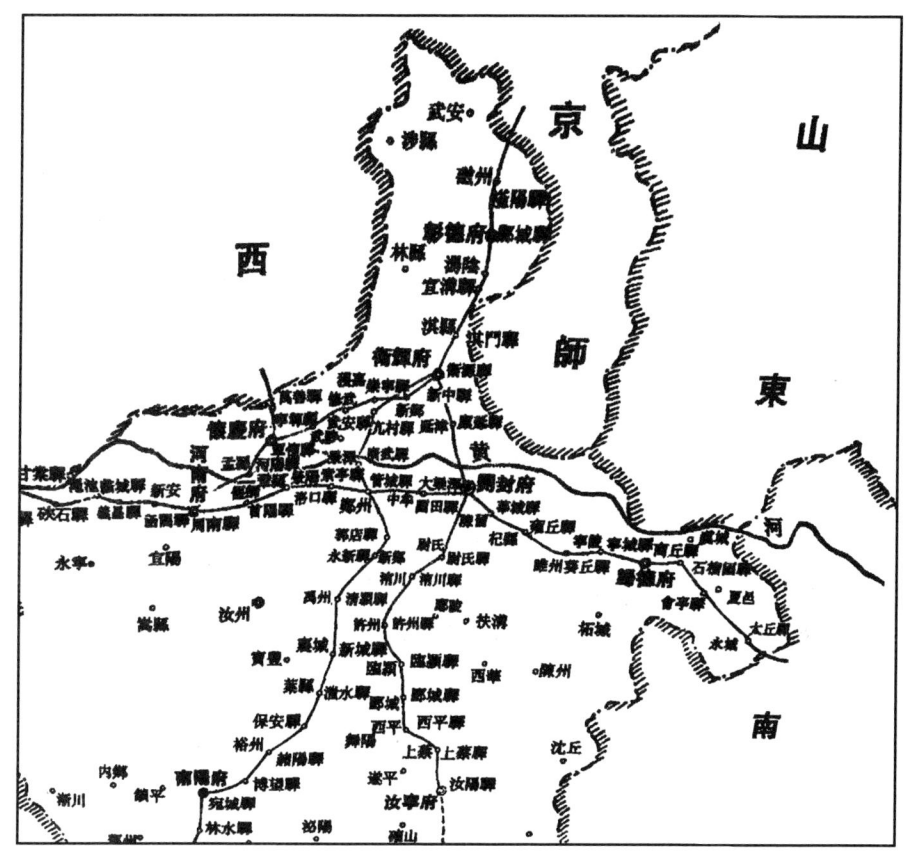

图 4-4-1 彰德府驿站分布图[①]

(一) 彰德府境内驿递分布

1. 磁州滏阳马驿

明清两代彰德府磁州地势非常重要,自殷商王朝以来就是天下冲要之处。

  殷纣之国左孟门,而右漳滏。陶冶之利,甲于天下。又云:烟岚翠碧,而衔鼓山之明。泉源清湛,而泄滏水之秀。旁极齐秦,跨蹑燕赵,郊原平远山。周纡山明水温,林木丛茂阴,太行跨漳滏,北接燕都,

---

① 此图引用杨正泰:《明代驿站考》,上海古籍出版社,1994年。

南通楚蜀,为天下要冲之地。①

从磁州所处的地理位置来看,明代居于三省交界处是设置驿站的最佳选择地。于是,明洪武二年(1369)设立滏阳马驿于磁州,属彰德府管辖。

滏阳驿,在磁州城东北,距州衙门一里,由彰德府同知李名修建。永乐十三年(1415),磁州知州章士浮对其修缮。成化十八年(1482),磁州知州张梦辅再次整修。滏阳驿站最终形成正厅二间、两来室、后堂、退居的建筑规模。磁州儒学学正刘湜在《重修滏阳驿记》中记录了重修的过程。

> 是役也,经始于成化壬寅冬,而落成于明年春,定宿方中,得其时矣。文质适宜,得其制矣。讨费巨而财不分取,用工多而民不告劳,则所以为之者,得其道矣。其于尊使命隆客礼,不惟合周官之法度,亦以广朝廷之至仁张侯之,丰功伟绩,着人耳目凿凿可纪,而高隆一驿宰耳,能人之所不能,是又乌可少耶故并录之。②

此外,由磁州驿驿丞高隆建小厅三间,用于招待宾客,清点夫马。为了工作方便,磁州驿丞住在驿站内。明代前期磁州驿有马39匹,驴83头,馆夫40名。但是,繁忙的接待任务导致磁州驿马和驿夫严重不足。磁州儒学学正刘湜在重修滏阳驿时写道:"磁驿为南北要会,路接数藩镇,皇华驲使无虚日,四方权要多假途。况大明一统,际天蟠地,舟车所至无不贡献,朝贺走毂,奔蹄相望于道者,盖不可以一二计,饥则望食,夕则望庇,使非崇大整饰,其何以称鹿鸣之赐,慰四牡这勤哉。"③

---

① 〔明〕周文龙:嘉靖《磁州志》卷一《地理志》,嘉靖三十二年刻本。
② 〔明〕周文龙:嘉靖《磁州志》卷三《艺文志》,嘉靖三十二年刻本。
③ 〔明〕周文龙:嘉靖《磁州志》卷三《艺文志》,嘉靖三十二年刻本。

磁州递运所在磁州县城南关外。递运所官员配置有大使一人，副使一人，掌管运递粮物等物资。明朝洪武九年（1376）创设最初目的是："以卫所戍守军士传送军囚，太祖以其有妨练习守御，乃命兵部增置各处递运所，以便递送。设大使、副使各一人，验夫多寡，设百夫长以领之。"① 自创设以来，在全国运输网络中位置重要，且任务繁重，成化十年（1474），由大使叶崇文启重修。磁州递运所有黄牛200只，牛夫200名，防夫60名。由于运输压力大，牛车运输不便，成化十五年（1479），大使何祯"申请改置骡车如数"。②

明清彰德府是交通要道，"安阳、磁州、汤阴客过者涌沸，马不足用，又顾他马。每中官至，有打干钱。多者至百金。马日驰骤易耗，或阅月即死，则醵金买补，站官吏重取赂"。此问题一直困扰地方，以至于到清朝时期才得以解决。由于人力、畜力不足，因而自明朝万历年间起，磁州从邻近的武安县、涉县借用驿马。起初还为两县协济银两，随后则成为陋例，摊派两县驿马轮流赴磁州驿站，由此给两县百姓带来巨大的经济压力，以至于"值其差者无不倾家荡产"。

由明入清后，武安、涉县地方官员在诉求河南布政司无果的情况下，选择派百姓到北京诉求。顺治十五年（1658），武安县知县王国琏"遴举秀蕙赴京，遍诉于科道两衙门，有台臣顾某条奏议免，两县俱蒙其福"。③ 由知县王国琏策划，由武安县民李秀蕙赴命，最终解决了自万历朝以来给两县人民带来的沉重力役枷锁。

2. 安阳回隆水驿

回隆水驿，设置于永乐十六年（1418），属彰德府安阳县管辖，明代

---

① 〔清〕张廷玉：《明史》卷七十五《职官志》，中华书局，1974年，第1853页。
② 〔明〕周文龙：嘉靖《磁州志》卷一《地理志》，嘉靖三十二年刻本。
③ 〔清〕卢崧：乾隆五十二年《彰德府志》卷十八《人物志》，九州出版社，2021年，第635页。

兵部并于此处设立回隆漕运分司。《读史方舆纪要》中记载其位置在安阳县东90里。明成祖时，兵部官员奏报因为河南新开河道淤塞，致使运输受阻，"请设河南卫辉府之卫源，彰德府安阳县之回隆，山东馆陶县之陶山，临清县之清泉，大名府之大名县之艾家口，浚县之新镇、平川，内黄县之黄池，凡八驿"。① 回隆水驿的设置是因为回隆镇是明代河南粮储总兑运分司之所，因漕粮水运而设，但《彰德府志》等志书中对于回隆水驿的记录极少。嘉靖九年（1530），明廷在回隆镇设立兑粮之所，后由于水涉不利，将兑运司移至小滩镇。《崔文敏公新建回隆兑运分司说》一文中记述了河南布政司田参议重定回隆水驿的事情，但是在嘉靖四十五年（1566）时，回隆水驿还是被裁革。由于回隆地处漳河、卫河水路要道，明正统时期在内黄县设立回隆庙巡检司。据史料记载，从明朝时起回隆镇已经是两省四县（安阳县、临漳县、内黄县、魏县）分割之地。由于在明末清初，漳河泛滥冲击卫河河道，致使卫河河道南移，河水不过回隆使其漕运优势丧失。

3. 安阳邺城马驿

邺城马驿设置于永乐十三年（1415），属彰德府管辖。《寰宇通志》中记录邺城驿位于彰德府府署西南隅。嘉庆四年（1799）《安阳县志》记载其位置在县衙东南，指的是清代嘉庆时期的位置。明隆庆三年（1569），邺城马驿移于汤阴县内。《古今图书集成》对于邺城马驿的收录信息也不够全面，在其《经济汇编·驿递部》中只是记其大概沿革情况。由于明代彰德府处于全国四大驿路的必经地，四大驿路中北京至广西一线、北京至西北一线、北京至四川一线、北京至云南一线都必经彰德府。

清代顺治朝邺城驿有马66匹，额银八千五百一十四两。康熙朝邺城驿"岁征驿站银一万四千八百七十一两二钱三分五厘二毫，驿塘马二百七匹，

---

① 《明太宗实录》卷二五八，永乐二十一年四月己卯。

夫役三百六十一名"。乾隆朝邺城驿"岁征驿站银一万三千三百一十九两三钱八分二厘。驿马一百八十匹，夫役三百三十七名，并修号等项岁共支用银九千四百三十两四钱五分"①。据嘉庆《安阳县志·兵防志》所记清朝邺城驿规例，在乾隆二十四年（1759）清廷裁邺城驿马36匹，每年约裁银六百四十八两，遇闰年加银五十两。同时，先后两次裁驿夫合计113人，其中第一次17人，每年约裁银二百七十五两四钱，遇闰年加银二十二两九钱五分。第二次裁驿夫96人，每年裁银一千五百五十两二钱，遇闰年加银一百二十九两六钱。由此而知，虽然驿马、驿夫裁撤，但是向民间征收的税银并未减少。

4. 汤阴宜沟马驿

宜沟驿于明隆庆三年（1569）移汤阴县内，万历三年（1575）复改宜沟镇。清代宜沟驿在县南25里。彰德府旧有汤阴县塌河递运所，隆庆元年（1567）革。清顺治初年，宜沟驿由汤阴县管理。雍正七年（1729）由工部侍郎马尔泰奏请将离县远的驿站交由驿丞管理。清代彰德府辖境内的驿站和明朝时一样繁忙："自明季迄今无虚日，汤马碚毙者不可以数计，申牍累累可案也。汤驿累，而安、磁且并累，立淇驿以拯汤困，更亟望于上之司邮政者。"②

关于清代宜沟驿站如何使用，我们从光绪帝和慈禧太后由西安回北京的路线来分析。

> 辛丑十一月初九日，自淇县行宫起銮。申刻抵宜沟驿驻跸。按宜沟驿属淇县境。

---

① 〔清〕卢崧：乾隆五十二年《彰德府志》卷十一《田赋》，九州出版社，2021年，第469页。
② 殷学时校注：乾隆《汤阴县志》，汤阴县志总编室，第138页。

初十日，由宜沟驿启銮，申正抵彰德府驻跸。傍晚传旨：十一日驻一日，定于十二日并站前进，至丰乐镇午尖，磁州驻跸。召见陈夔龙。是日奉谕：着陈夔龙补授漕运总督。

十一日，驻跸彰德府。

十二日，自彰德启銮，驻跸磁州。

十三日，由磁州启銮。至邯郸县驻跸。①

从慈禧太后路经彰德府回京行程来看，车队从卫辉府淇县进入彰德府的首站便是宜沟驿，由此往北进入彰德府，离开彰德府后下一站是磁州。而在雍正四年（1726）以前磁州也属于彰德府。所以彰德府驿站对于京城官员南下北上的接待任务非常繁重。

（二）明代驿站运行中的问题

明初律法严明，驿传规章执行到位，驿递系统运行平稳。明代中期以降，制度腐败凸显，贪官污吏对于驿站的剥削加重，而过往达官显贵对于驿站吏员的盘剥更是被转嫁到贫苦百姓身上。此后，驿递制度中的弊病长久存在，给地方百姓带了沉重的经济负担。明朝规定驿站中差役和驿馆中的夫役属于徭役范围，官府可以无偿向地方百姓征取。

崔铣在论及明代彰德府内的各项徭役时就提到了马头、牛头、驴头、水夫，十年一易。"然非亡绝及殊贫，有役三五十年者"。

> 诸赋中马头尤甚，秣马月费数千钱。安阳、磁州、汤阴客过者涌沸，马不足用，又顾他马。每中官至，有打干钱，多者至百金。马日驰骤易耗，或阅月即死，则醵金买补，站官吏重取赂。今直隶马站通计田出钱，

---

① 〔清〕许啸天：《清宫秘史》，中国文史出版社，2003年，第3626页。

令驿官自市马秣之，其法善。安阳张士隆为御史，尝欲请于朝行之河南。未几，以劾廖鹏谪官。然定户低昂，老书得私易之。因税派差，富家田多者有认粮田，贫民贪得田，而不虞后患。谚曰：富人家谷，贫汉官粟。安阳校尉军舍占民田，有税无役，故民转瘠。夫其安和休养独赖长吏。古云：兴利不若除害，其信然哉！①

明代全国各地驿站中官员对驿夫的勒索种类繁多，"有折夫钱，有马钱，又有赶纤钱，又有折吹手钱，种种指索，不一而足"②。沈定平对明代编充马驴夫役人员的开销做过一个估算，其中涉及置办驴马、鞍辔，维持饲养马匹的草料、药物，以及牲畜死后的补买等费用，每年需要40万—50万两白银，这对于驿传夫役是极为沉重的负担。③高寿仙对于明前期驿夫的选派研究，认为主要是从民户中佥派，其原则是"随田粮佥派夫役，杂以特殊人、户充当驿役"④，被佥充者，虽不像军、匠、灶户那样世代承袭，但也是很难脱籍的。

从正德以后，全国各地逐渐开始征银代役。嘉靖时期，御史张士隆曾向明廷奏报以银代役之法，但是因张士隆被贬，故改革驿马之事未成。万历时期，彰德知府常存仁再提以银代役。郭朴在万历《彰德府续志》中记道："先年驿传马驴牛头审编上户应役，五年一更非至倾产不已也。"⑤自从实行了征银募役后，百姓称便。"盖驿传之厉害，恒苦于冒滥之骚扰，行使

---

① 〔明〕崔铣：嘉靖《彰德府志》卷四《田赋志》，安阳市地方史志办公室点校本，2010年，第158—159页。
② 〔明〕张萱：《西园闻见录》卷七十二《驿传》，明文书局印行，2002年，第167页。
③ 沈定平：《明代驿递的设置、管辖和作用》，《文史知识》1984年第3期。
④ 高寿仙：《明前期驿递夫役佥派方式初探》，《东岳论丛》1999年第1期。
⑤ 〔明〕郭朴：万历《彰德府续志》卷之上《田赋志》，《河南历代方志集成》，大象出版社，2017年，第13页。

之需索，省差遣严查核，此最驿传兴除之要领也。"① 万历六年（1578），知府常存仁提出了整顿驿传用度的方案，根据繁简情况将银例分为三等，公共费用必须支出项目称之为额支，是主要支出项。带征备用银称之为待支，其他杂项支出则称之为杂支。以银代役的方式，解放了劳动力，使百姓可以有更充足的时间从事农业生产。

明代中后期，驿递夫役的佥派经历了随粮佥派向纳银代役的转变，"银有定额，用有常度，下之各属通行，宿弊顿革，岁省数万金，民赖以苏，此法之最良，可行永久者也"②。百姓纳银，官府雇人募役，可以说在一定程度上减轻了百姓的负担。然而，万历朝张居正之后的政治腐败，导致明朝的驿传改革不能有效执行，腐败也成为压垮明朝的原因。

崇祯二年（1629），崇祯帝接受兵科给事中刘懋的建议革除驿递弊政，裁减了驿卒。那些依靠苦力为生的驿卒因无法生活而揭竿而起。《明季北略》的作者写道："祖宗设立驿站，所以笼络强有力之人，使之肩挑背负，耗其精力，销其岁月，糊其口腹，使不敢为非，原有妙用，只须汰其冒滥足矣，何至刻意裁削，驱贫民为盗贼乎！"③

三、强化彰德府治理的巡检司

巡检司制度是明朝对元朝制度的延续。巡检司是明代府州县中最主要的治安机构。明代巡检司始置于洪武二年（1369），明太祖朱元璋令在交通要道之地设有巡检司以便于盘查，以警奸盗。据《明史·职官志》载，

---

① 〔明〕郭朴：万历《彰德府续志》卷之上《田赋志》，《河南历代方志集成》，大象出版社，2017年，第13页。
② 〔明〕郭朴：万历《彰德府续志》卷之上《田赋志》，《河南历代方志集成》，大象出版社，2017年，第13页。
③ 〔清〕计六奇：《明季北略》，中华书局，1984年，第99页。

巡检司设有"巡检、副巡检,俱从九品,主缉捕盗贼,盘诘奸伪。凡在外各府州县关津要害处俱设,俾率徭役弓兵警备不虞"①。巡检司的主要任务是在关津和要害处盘查,是加强地方治安治理的重要机构。洪武十三年(1380),朱元璋敕谕各地巡检时称:"朕设巡检,扼要道,验关津,必士兵之乐业,致商旅之无艰。然虽法古之良能,未经点督。今特差人诣所在,谕以巡防有道,讥察多方,有能坚守是职,镇靖所司,役满来朝,朕必嘉焉。"②对于那些倚仗权势的巡检司官员,在地方胡作非为令明太祖朱元璋非常气愤,"巡检之设,本为察奸顽而捕私邪。使境内民安,是其责任也。其所任巡检皆不得其人,人皆不度其所掌其重事也,往往将越关逃军逃囚,虽髡发墨面文身,受财而纵行之。呜呼!止知目前之利,不知向后之害"③。

施剑认为明代的巡检司作为地方军事机构,是由兵部和吏部共同负责管理,而巡检司长官的考核则被纳入吏部文官序列。④洪武二十六年(1393),定巡检司的职责"专一盘诘往来奸细及贩卖私盐犯人、逃军、逃囚、无引、面生可疑之人"⑤。可见,巡检司扮演着国家权力在地方得以实践的执行者的角色。巡检司在基层乡村管控、缉捕盗贼的同时,承担了国家权力向县以下乡村渗透的作用。而王伟凯则认为明朝通过设置巡检司来控制地方虽是手段创新,但难以实现对地方的真正控制。⑥明代彰德府境内设有三处巡检司,即车骑关巡检司、固镇巡检司和偏店巡检司,其位置都依附于太行山。

1. 车骑关巡检司

车骑关巡检司在彰德府磁州境内,明清两代磁州作为南北孔道,盗贼

---

① 〔清〕张廷玉:《明史》卷七十五《职官志》,中华书局,1974年,第1852页。
② 〔明〕朱元璋:《明太祖集》卷五《谕各处巡检》,黄山书社,1991年,第140页。
③ 〔明〕朱元璋:《大诰续编》之《纵囚越关》,黄山书社,1995年。
④ 施剑:《试论明代巡检司之性质》,《理论界》2013年第11期。
⑤ 〔明〕申时行:《明会典》卷一三九《关津》,中华书局,1989年,第722页。
⑥ 王伟凯:《从巡检司分布看明代基层社会控制》,《第十一届明史国际学术研讨会论文集》,2005年。

出没频繁，加强地方治安管理是设置巡检司的初衷。永乐时期，王珹充任磁州车骑关巡检司，因勤于稽查，使境内盗贼绝迹，最终因忙于事务卒于任内。明弘治十二年（1499），"增置河南磁州车骑铺巡检司，更行山西，选指挥一人，至磁州屯营，兼管催粮捕盗"①。车骑巡检司在州城北30里，弘治十四年（1501）知州章启奏闻创立。城一座两门城楼，设巡检一员，吏一员，弓手50名。磁州兵备一员，驻扎磁州，擒捕盗贼，修理城池，抚安民兵，操练军马，其卫辉所辖县分辉县旧驻扎地方，仍往来巡历，兼马政。《明会典·防守》载，嘉靖三十二年（1553）提准"八府原编民兵五千名，临时分属各兵备操练，每年六月终旬调集磁州，令清军副使同定委将领统率，听候调遣"。

2. 固镇巡检司

明代设置固镇巡检司于武安县，位于县西50里。洪武三年（1370），"巡检成以清建，地据太行，险隘特甚，道出上党、辽沁诸州，泊关陕，宦游商贩日绎如也"②。明代武安知县唐交于嘉靖二十六年（1547）改建，万历九年（1581）被明廷裁革。

3. 偏店巡检司

偏店巡检司位于涉县中部偏北，嘉靖《涉县志》中记其位置在县治北30里，由县丞吴得诚建于洪武三年（1370），后迁置于县西南20里吾儿峪（峪即壶关口）与山西黎城县接界。涉县地僻民疲有盗贼，明洪武时期设巡检司目的也在于此。建文元年（1399）四月九日，明廷"革彰德府涉县偏店巡检司"③。嘉靖十九年（1540），在吾儿峪设守备驻扎。

---

① 《明孝宗实录》卷一五五，弘治十二年十月丙辰。
② 〔明〕崔铣：嘉靖《彰德府志》卷三《建置志》，上海古籍书店影印，1982年重印，第13页。
③ 〔明〕姜清：《姜氏秘史》卷二，收录于《金陵全书》，南京出版社，2013年，第19页。

第五章

明清彰德府灾害疫病与地方应对举措

明清两代彰德府地区自然灾害和疫病的发生率与河南其他府治相比频次稍低。灾疫发生的时间等信息在《明实录》《清实录》《明史·五行志》《清史稿·灾异志》中有较为明确的记录,但也并未达到详尽。所以,地方志中的记载可以弥补此类史料不足的缺憾。从各类方志对于彰德府地区灾疫的记载中,我们可以感受到自然灾害和疫病给彰德府百姓带来巨大的生活困扰和心理创伤。而地方官员在应对自然灾害时面临的困难,更让我们认识到彰德府位于南北通道,当其他地方发生饥荒或自然灾害时,附近州县逃难的百姓往往途经本府。因而,应对灾疫的过程更多的是在考验地方官员的治理能力。

第一节 明代彰德府的灾害疫情与官员应对

在明代277年的历史中自然灾害频率超过以往各朝。有学者将明清时期的气候称为"小冰川期""明清宇宙期"等。① 据邓云特的《中国救荒史》中统计，有明一代自然灾害达到1010多次。② 此后，竺可桢、陈高傭、陈关龙、高帆、鞠明库等专家也对明代的水灾、旱灾、地震、蝗灾、冰雹等进行了数据统计和分析。在鞠明库先生的统计中，明代各时期仅水灾就有1875次之多。③ 特殊的气候环境带给明清500多年不定期的自然灾害和疫病，其中席卷河南的大头瘟疫和万历时期河南全境灾荒更是给中原各地带来沉重的打击。明代7部《彰德府志》中也有关于自然灾害和瘟疫的记录，但由于7部府志编纂者有针对性地记录，所以需要结合彰德府下属各州县方志进行考察。以方志中灾疫情况统计为基础，以此分析地方官员应对灾疫的措施和效果。

一、彰德府自然灾害情况

明清时期，彰德府及所属州县自然灾害时有发生，水、旱、地震、飓风、蝗灾接连不断，其中水旱灾害发生频次最高，而漳河、洹水、卫河、汤河漫溢造成的危害最大。晚明著名的农学家徐光启就曾总结凶饥的三种诱因，曰水、曰旱、曰蝗。对于以农业种植为主的中原地区，水灾、旱灾、蝗灾对农民生产收入有直接的影响。

1. 水灾

彰德府所属州县中的磁州、临漳县、安阳县属于汛地，故而夏秋季节暴雨、山洪、河水泛滥就可能引发洪灾。据卢崧所修乾隆《彰德府志》及各州县志初步统计，明代彰德府辖区内共发生水灾23次，其中特大水灾5次，分别发生在成化十八年（1482）、弘治六年（1493）、嘉靖十六年（1537）、

---

① 宋正海：《中国古代自然灾异群发期》，安徽教育出版社，2002年，第88—115页。
② 邓云特：《中国救荒史》，商务印书馆，1998年，第30页。
③ 鞠明库：《灾害与明代政治》，中国社会科学出版社，2011年，第32页。

嘉靖三十二年（1553）、崇祯五年（1632）。彰德府下辖州县中，临漳县遭受洪水的危害尤为严重。洪武十七年（1384），临漳河决。永乐十年（1412）六月，漳河水坏堤岸，致使临漳县沿河禾田被淹。正统十年（1445），彰德府临漳等六县均被河水淹，致使农田受损无数。诸如此类记载反映了农业社会地方应对自然灾害的无力。嘉靖四十三年（1564），漳河水淹没涉县南关，百姓多被溺死。可见，修渠导水不仅仅是防旱灌溉之用，更是确保百姓生命安全的必要措施。

明代历史上，除了自然原因造成的水灾外，也有人为原因导致的。彰德府旧有万金渠、高平渠，"弘治末高平渠口淤塞，惟蜀村一水细流经张登至西关入高平旧渠，每值夏旱，豪势上流壅防专利，抵秋水口则行潦，横溢反伤民田矣"①。这种人为因素导致的涝灾事实上完全可以避免。例如郭朴在万历《彰德府续志》中对于安阳周边溢漫河道疏导的记载，"惟漳、滏、洹、汤诸水，岁有池溢。而漳水迁徙无定，旧经临漳显王尖冢并落村诸处，今自显王迁三宗庙、张村集、秤钩湾、呼村营流入卫河"②。通过兴修水利工程，引导河水改道卫河，从而化解灾害。

2. 旱灾

从中国古代旱灾发生频率来看，明代旱灾发生年份较以往朝代更多。气象专家竺可桢先生就曾指出，16世纪的明代"旱灾之数为各世纪之冠"③。从洪武五年（1372）发生首次大旱以来，有明一代共发生27次大旱，其中特大旱灾3次，分别发生在洪武五年（1372）、成化二十年（1484）、嘉靖七

---

① 〔明〕郭朴：万历《彰德府续志》卷之上《地理志》，《河南历代方志集成》，大象出版社，2017年，第117页。
② 〔明〕郭朴：万历《彰德府续志》卷之上《地理志》，《河南历代方志集成》，大象出版社，2017年，第117页。
③ 竺可桢：《中国历史上的气候变迁》，上海科技教育出版社，2004年，第468—469页。

年(1528)。需要说明的是明代的彰德府下属州县与清代雍正以后和现代安阳市区划不同,所以将磁州数据统计其中,但内黄县和滑县数据并未统计,现有此类研究成果是将内黄县、滑县均记入其中,显然不符合时代行政区划。

洪武二十二年(1389),彰德府春夏旱旸,"麦苗疏薄,农民所收无几"[1]。成化二十年(1484),磁州大饥,次年临漳县大旱人相食。嘉靖七年(1528)的旱灾延续到了第二年,彰德府磁州、临漳县、涉县甚至出现了人吃人的惨痛情况。由旱灾引发饥荒是最常见,也是延续时间最长的灾害。在方志记载中,武安县出现大旱的频次最高,而且旱灾与蝗灾经常相伴随。

3. 蝗灾

河南是粮食生产大省,同样也是遭受蝗虫侵害的大省。晚明时期的农学家对蝗虫引发的灾害已经有了细致的研究,徐光启在《农政全书》中就记载:"蝗初生如粟米,数日旋大如蝇,能跳跃群行,是名为蝻。又数日即群飞,是名为蝗。所止之处,喙不停啮,故易林名为饥虫也。又数日孕子于地矣,地下之子,十八日复为蝻,蝻复为蝗。如是传生,害之所以广也。"[2] 吕国强、刘金良主编的《河南蝗虫灾害史》一书中对古代各朝遭受蝗灾情况进行了统计。在现有研究成果基础上,我们对明代彰德府蝗灾情况做简略分析。明代彰德府最早的一次蝗灾记录是洪武八年(1375),《明实录》和《明史·五行志》均记载彰德府属县安阳县、汤阴县发生蝗灾。面对蝗灾,地方官员和民间百姓通常采取两种做法:民间部分,百姓会在八蜡庙祭拜,地方官员则会组织百姓捕捉蝗虫。宣德元年(1426),河南布政司向朝廷奏报,安阳、临漳二县蝗灾,明廷命使者驿捕。再以蝗灾最严重的万历时

---

[1] 《明太祖实录》卷一九六,洪武二十二年六月戊午。
[2] 〔明〕徐光启:《农政全书》卷四十四《荒政》,中华书局,1956年,第917—918页。

期为例，河南蝗虫灾害严重之时，河南巡抚发檄文给各县官员鼓励民间灭蝗："巡抚示令所在贫民扑打，每打蝗蝻一斗，即给仓粟一斗。数日间，诸县蝗蝻尽歼无遗。"① 地方官府以粟米作为激励灭蝗手段，显然是可以起到预防蝗虫由害成灾的。

4. 地震

地震的发生与地壳板块有关，彰德府处于华北地震区，历史上地震发生频率较高。按照中国科学院地质研究所的分析，明代正处于历史上四个地震活跃期的第三活跃期，所以明代彰德府下属的武安县、林县、涉县和临漳县是地震多发区。

以上四类是明代彰德府地区发生的主要自然灾害类型，其中以水灾和旱灾最为严重。水灾之中因漳河漫溢而引发的灾害一直困扰着明代的安阳。除自然灾害之外，瘟疫的发生也是困扰安阳的重大灾难。

二、彰德府地区疫情概况

在中国古代王朝，明代人畜疫病出现的频次高于前期各朝。在《彰德府志》中《祥》一目记录了各种自然灾害及异象，同时也零散地记录着各时期的疫情。在府志、州志和县志的《职官传》《名宦传》《人物传》中，也记录了一些人物的抗疫事迹。

七部府志之中，明代两部《彰德府志》没有单独列目记录疫病情况，清代的五部府志中康熙《彰德府志》和乾隆五十二年（1787）《彰德府志》中对于各州县疫病的记载较为详细。当然如果要详细准确地统计，还需要将《明实录》《明史》和各州县方志互相比对。目前对疫病统计最为全面

---

① 〔明〕何淳之：《荒政汇编》，《中国荒政全书》（第一辑），北京古籍出版社，2002年，第245页。

的是龚胜生先生主编的《中国三千年疫灾史料汇编》，其数据来源也主要以地方志为主。事实上，通过对地方志中疫病的记录，不仅能了解当时的疫情，同时也能看到当时社会对疫病的认识程度。我们从《彰德府志》的记载中可以看到如下记录：

嘉靖三十三年（1554），磁州大疫。

隆庆三年（1569），林县三杨村民患疾，身出"天下太平"等字。

万历九年（1581），林县人皆肿项。十年（1582），林县，肿项，人间病及哭者即死。十二年（1584），涉县大疫。十五年（1587），临漳县大疫。十六年（1588），汤阴县大饥、大疫。林县大有年，人病疫。内黄大疫。

崇祯十三年（1640），临漳县、磁州大疫。十四年（1641），郡属俱大饥大疫。十五年（1642），民复瘟疫，耕牛病死，几无遗种。

由于明代所修两部府志中并未专项记录疫情，而清代所修《彰德府志》对明代疫病的记录不详，致使部分信息缺漏，需要从《明实录》及各州县方志中补充。

永乐九年（1411），磁州、武安县六月报告，二县疫死3050余户，荒芜田土1038顷有奇。①

嘉靖三十三年（1554），磁州大疫。此次疫情突发，地方志中并未记录详细诱发原因，从当年京师、河北、河南、山东的大规模疫情来看，彰德府仅有磁州一地发生疫情。

万历十年（1582），林县蝗，人民肿项，人见病及，哭者即死。② 此疫病症状应为大头瘟，从万历九年（1581）起山西、河北大规模暴发大头瘟疫，从当时传播情况来看，彰德府其他州县并未波及。

---

① 《明太宗实录》卷一一六，永乐九年六月庚戌。
② 〔清〕卢崧：乾隆五十二年《彰德府志》卷三十一《饥祥》，九州出版社，2021年，第1126页。

万历十五年（1587），临漳县大旱，瘟疫，死徙无数。①乾隆《彰德府志》和雍正《临漳县志》中记录有冯崇儒善医，在瘟疫肆虐之际，施药全活甚众。

万历十六年（1588），北方的京师、河北、山西、河南、陕西、山东大疫，疫情波及面广，殃及人数众多。其中彰德府林县、汤阴县疫情严重，先年春地震，夏大旱，秋无禾，冬饥馑，人相食。本年夏，麦有秋，大有年，人大疫。

天启二年（1622），林县，岁饥且疫，民有弃其子者，县令李兆捐俸赎之，病则施药调治，全活甚众。

崇祯十三年（1640），磁州，大饥，大疫。临漳县，"岁终无雨雪，郡属俱大饥，临漳更大疫"②。由于饥荒加之疫病致使临漳县百姓大量死亡，生存者占十之一二。当时，彰德府所属州县均出现饥荒，由饥荒引发疫病的是磁州和临漳两地。

崇祯十四年（1641），河南大疫，彰德府所属安阳县、临漳县、武安县、林县、涉县、磁州、汤阴县均发生饥荒和疫病，此次疫情是继万历时期后又一次大规模的饥荒和疫病，瘟疫盛行，兼之县西有啖人贼，死者十之八九，田尽荒芜无人耕。

崇祯十五年（1642），彰德府除安阳县外，其余州县疫情得到控制。安阳县疫情复发，"民复瘟疫，耕牛病死者无数，几无遗种"③。

从以上搜集得到的疫病记载来看，《彰德府志》中记录存在很大缺失。所以，从文本分析的角度来看《彰德府志》对于疫病的记录并不具备样本

---

① 〔清〕周秉彝：光绪《临漳县志》卷一《纪事》，清光绪三十年刻本。
② 〔清〕卢崧：乾隆五十二年《彰德府志》卷三十一《饥祥》，九州出版社，2021年，第1127页。
③ 〔清〕马国桢：康熙《安阳县志》卷十《灾祥》，《河南历代方志集成》，大象出版社，2017年。

意义,来分析彰德府一州六县在明代277年里的疫病情况。从《明太宗实录》永乐六年(1408)的磁州、武安县疫情死亡人数来看,当时彰德府地区显然无法应对大规模的疫病侵袭。

三、灾情中地方官员的应对措施

面对灾情和疫病,地方官员须按照明朝中央规定的程序将灾疫情况上报,以便于中央针对受灾情况开展赈济和救治工作。明洪武十八年(1385),明太祖诏谕百官:"今后凡有水旱灾伤去处,有司若不来闻,本处耆宿连名赴京申诉灾歉,以凭优恤。朕则罪有司极刑。"① 所以,按照明朝中央规定,当灾害发生后地方官员需要查验灾情,然后向上级报告。通常情况下,对于一些常发性自然灾害,彰德府地方官员能够采取相对应的措施,尽量做到防患于未然。牛建强先生就曾指出,自然灾害并非单纯的自然现象,"它是和政府行政以及人事应对密切相关的"②。明代地方官员在应对自然灾害的过程中,既总结前人经验,又根据现实情况有所创设,总结了一系列救灾举措。如万历时期河南开封府官员何淳之编辑了《荒政汇编》,主要围绕停蠲、赈济、储蓄、抚恤、发仓、平粜、倡义、煮粥、给粟、择令、治盗、治蝗、权宜、感应、水利、阴报十六个方面分析如何应对灾荒。对于彰德府地区的各级官员而言,救灾举措主要围绕以下四个方面。

（一）兴修水利

明代彰德府由于漳河过境,所属州县中多为汛地,水患频繁是地方灾害最显著特征。无论是应对地方旱灾还是暴雨引发的水灾,疏浚河道、修筑堤坝等兴修水利工程都是积极备灾的重要举措。明朝洪武二十六年

---

① 〔明〕陈仁锡:《荒政考》,《中国荒政全书》(第一册),北京古籍出版社,2002年,第540页。

② 牛建强:《明万历二十年代初河南的自然灾伤与政府救济》,《史学月刊》2006年第1期。

（1393）漳河水泛滥淹没临漳县城的惨痛教训，时刻警示着彰德府地方官员，必须兴修水利、疏浚河道防患于未然。所以，洪武时期河南布政司就要求彰德府，凡堤、塘、堰、坝等可以防御水患的水利工程都要预修。以临漳县筑堤为例，漳河过境临漳县，历代临漳县沿河百姓都遭受漳河溢漫之苦。洪武时期，临漳知县杨辛在任时漳河水灌县城，杨辛制巨筏救活民众数千人，水灾过后重建县城时，将县城徙建于理王屯。临漳知县景芳面对漳河水无常泛滥，组织人力修筑堤坝，被民间称为景公堤。在景芳所作的《临漳大堤记》中，我们可以看到地方官员应对千年难治漳河时的努力。

> 漳邑地形夷旷，四无山阜。绕西南者，又清浊二流之汇。偶值大雨骤降，则行岳诸峰之水涌出，而会趋奔激，澎湃巨浪吞天，卒然不可防御。人畜物产，飘荡而沦没者，焉能胜数？邑民患之。旧有缕水小堤一道，寻筑寻决，竟弗克济。予来治阅岁，民隐切身，乃筹度深计，相地之宜，申请上司，明文募民，合作高一丈二尺，广倍之顶，损高之二。自漳丘村迤东，直距羊羔村，延亘四十五里，坚厚积实，两傍植以杨柳，使其盘根罕固竭。吾心力而经营之，务图为久远之基。比年以来，纵有洪涛巨浸，不能为害。邑之人咸赖不忘故目，其堤曰景公堤。①

诸如景芳这样以治河作为应对灾害的官员，明清两代不绝于方志，如明代安阳县知县刘宇、刘道亨、李应策、朱冠等在任期内疏浚洹水、万金渠等河渠造福地方，林县知县谢思聪代民修渠引水，便民汲饮，解决林县百姓的饮水困难。宣德八年（1433），彰德府地方官员"修安阳广惠等渠，

---

① 〔明〕景芳：正德《临漳县志》卷十，明正德元年刻本。

磁州滏阳河、五爪济民渠"①。安阳知县刘宇，在任期间筑坝障水，开高平渠、万金渠，使二渠造福百姓。安阳知县刘道亨在任时续修万金渠，灌溉农田。安阳知县李应策重视水利，修安阳县盖村、流寺二水闸，灌溉数十村。知县朱冠开凿万金支渠。武安知县奈永昂组织开凿通利渠，涉县知县任澄清在县西北开渠溉田，人称任公渠。临漳知县袁应泰为防漳河水筑长堤40余里，造福临漳百姓。

> 公思为永赖计，筑堤四十余里，而被患之地十七居内。往岁亢阳播虐，遍地为墟，无论有秋，即播种弗获矣。公思济一时计，开渠十余道，而被灌之地几千顷。②

在明代地方治理中，明前期中央已经将备荒情况作为对官员的考核。明大学士杨士奇就提议："今后府州县官考满赴吏部者，并须开报预备官仓所储实数，及修筑陂塘堤岸等项，吏部行该部查考虚实，以凭黜陟。"③正统二年（1437），明英宗诏令地方官，秋成时"修筑圩岸，疏浚陂塘，以便农作。仍具数缴报，俟考满以凭黜陟"④，将此作为官员考核的一项指标。对于经常发生水旱灾害的省，明朝中央还进行专项督促。嘉靖七年（1528），明世宗令陕西、河南、山东等省巡抚、巡按等官员，严格督促守令，疏浚河水，设法堤防，以备旱涝。

万历十三年至十四年（1585—1586），彰德府连续两年缺少雨水，庄稼歉收。知府陈九仞提出重修万金渠的计划，并上报河南巡抚审批，"经

---

① 〔清〕张廷玉：《明史》卷八十八《河渠志六》，中华书局，1974年，第2154页。
② 黄浩整理点校：雍正《临漳县志》卷六《艺文》，古邺古籍整理丛书，2010年，第190页。
③ 《明英宗实录》卷六十九，正统五年七月辛丑。
④ 〔明〕申时行：《明会典》卷一九九，《河渠四·水利》，中华书局，1989年，第1000页。

始丙戌夏六月，至丁亥讫工。最佣夫匠十三万有余，费谷八千石，溉田顷亩不可胜计，收获视他处独饶"①。万历时期，河南全省大旱，河南巡抚告谕各府州县兴水利，彰德府官员率先行动，"磁、安等五州县报开万金等渠，引滏洹等水"②。由于明王朝时常发布政令警示地方官员要防患于未然，所以在彰德府及下辖各州县官员，对主要河渠会进行定期治理。但是，明代彰德府历史上的水灾记录也说明，既要防范自然灾害，更要防范人为破坏水利设施。

（二）助赈粜粮

在灾荒年份官府的救助是百姓所期盼的，但是由于受灾程度不同，所以不是每次发生灾害都会得到官府的资助。明初各地官员受严格的吏治管理，多能在灾荒救助中尽职尽责。洪武末年，彰德府岁大饥，知府陈文通捐出自己俸禄用于赈济饥民，于是富户受感召"负粟至者日踵相接"③。但是，当官府赈灾储备不足时，救灾钱粮也需要地方官员自行临时筹措，这在明代粮食产量低的地区较为普遍。面对灾疫，除了地方官员的施救措施外，官府也会劝谕地方乡绅、富户参与救灾。正如刘世教的《荒著略》中总结的，赈之所出有三，即朝廷、有司、富家。明洪武末年涉县知县沙玉的做法便值得称道。

> 值岁不登，惧民亡走，乃设具尽召邑中富民至县，谓曰："贫者富之垣，今诸郡民将殍，即吾邑民亡，尔等存者几人？万一饥民惧死肆掠，

---

① 〔明〕郭朴：《重修万金渠碑记》，收录于乾隆五十二年《彰德府志》卷二十五《艺文》，九州出版社，2021年，第849页。
② 〔明〕何淳之：《荒政汇编》，《中国荒政全书》（第一辑），北京古籍出版社，2002年，第257页。
③ 〔清〕卢崧：乾隆五十二年《彰德府志》卷八《宦迹》，九州出版社，2021年，第311页。

尔辈独能守富哉？盍若留吾同邑民共守之为愈也。"富民叩头曰："唯公悯我等，令得生。"玉乃均富人财予贫者，契识本息，约丰岁偿。①

知县沙玉的做法更为合乎情理，既考虑富户的实际情况，又为贫困百姓争取到了救命粮，通过贫富双方约定实现共渡难关。对于富民的义举，通常在救灾过后，地方官府会给予一定的旌表或赏格。明正德时期，漳河水漫溢致使沿河居民田产受损，知县景芳在向上级官员申请动用仓储谷粟接济百姓的同时，又倡导地方士绅筹措银两借贷给百姓恢复生产。为了确保预备仓有足够应对荒年的储备粮，临漳知县袁应泰多方募集资金购粮："邑有预备常平二仓，谷至数万，不为不多矣。公犹思不给，捐应得奖银并己资，籴谷数千石以备赈。"② 这是积极备荒地方官员中的典型事例，当然也并非所有的地方官员都如袁知县那样让预备仓有足够的储备粮，事实上明代后期预备仓的亏空已经是很严重的问题了。

预备仓储备丰富，其目的在于荒年能够稳定粮食价格。中国古代的灾荒之年通常会伴随着粮价飞涨，受灾地区官员出于稳定地方的需要采取一系列平抑物价的举措。万历二十二年（1594），河南大荒，彰德府也同样受灾。地方官员为平抑米价导致外地商人不愿来灾区售卖粮食，饥民无以自存，抢劫时有发生，地方官员只得派兵平盗。河南巡按御史钟化民作《赈豫纪略》，记载了他带领地方官员平抑物价的救灾举措：首先，不再派兵剿匪，将士兵派驻黄河各口岸，运米船到后由士兵护送入境，确保物资充足入豫。其次，外地粮食入豫后，官府不干预粮价，"是时，米石值五两，远商慕重价，无攘夺患，外省亦慑。公得便宜行事，莫敢闭籴。浃辰米舟并集，

---

① 〔清〕卢崧：乾隆五十二年《彰德府志》卷八《宦迹》，九州出版社，2021年，第330页。
② 黄浩整理点校：雍正《临漳县志》卷六《艺文》，古邺古籍整理丛书，2010年，第190页。

延袤五十里，价顿减，石止八钱矣"①。由于巡按御史带领河南官员引米救市，运筹得当，所以当外地粮食进入河南后，达到了促使粮价下降的目的，并且米价暴跌百姓也从中得利。

（三）为民请命

俗话说小饥取足于民，中饥取于官，大饥取于朝。如果只是一般性的区域饥荒，地方官员通过启动应急储备是可以应对的。我们从彰德知府王天民开仓放粮的事例中就可以看到知府在救荒中的权限："岁凶，庾有储粟数万，上官欲移赈他郡，拒弗从。遂尽发以赈，郡民全活者甚众。"②为了顾全彰德府百姓，知府王天民冒着得罪上级官员的风险，顶住压力，以救本府百姓为先。但是，当遇到连续大饥荒、特大饥荒时，地方粮食储备不足，百姓因饥饿致死，地方官员也只能为民请命向中央乞求蠲免赋税。明隆庆年间，安阳知县胡汝钦看到县内霖雨毁坏庄稼，百姓颗粒无收，"遂请蠲租豁役，民免流亡"③，后来他因政绩卓著升为兵科给事中。崇祯末年武安奇荒，知县窦维辂向朝廷上奏《乞免钱粮疏》，为民请命：

> 为四载旱荒、民死财尽，恳乞圣明亟赐蠲缓，以图生聚，以巩封疆事：窃照武安县距顺、广二府百里而遥，虽豫北小邑，实畿南要地。自崇祯七年，寇氛外患、冰雹旱蝗无岁不侵民间积聚钱粮尚能勉输。迨十一、二、三等年，兵荒惨酷，颗粒无收。今年春夏不雨，饥病死无噍类。屡荷圣恩赈恤，又蒙准与安阳、磁州一例宽缓。本县僻处山中，穷苦倍于安、磁，未若孔道，耳目易悉。臣谨逐里挨甲细察：本县原编户口一万三十五户，今死绝者八千二十八户；原编人丁

---

① 〔明〕钟化民：《赈豫纪略》，《中国荒政全书》（第一辑），第269页。
② 〔清〕卢崧：乾隆五十二年《彰德府志》卷八《宦迹》，九州出版社，2021年，第313页。
③ 〔清〕卢崧：乾隆五十二年《彰德府志》卷八《宦迹》，九州出版社，2021年，第319页。

二万三百二十五丁,今逃亡者一万八千四百五十丁。通计本县正派条银新旧练三饷共银四万四千七百九十五两,漕米二千三百四石,辽米豆共一万二千五十三石,临清仓米六百八十八石,禄米八百四十二石。加以三年压欠,应征不下十余万。传云:有人此有土,有土此有财。以如许紧急钱粮,即有心计能臣,安能起沟中枯骨,呼纸上鬼名,责令完纳也?岂不知京都有急需,万难蠲缓,然时当极穷,策宜通变。臣昼夜忧思,窃谓蠲而后征,名损实益。征而不蠲,名益实损。何也?四载奇荒,三农绝望,死者死矣,亦有携妇子货财寄居他乡者,只惧粮差重累,不敢承种田亩。①

知县窦维辂向中央详细说明了武安县的实际情况,原编户口 10035 户,死亡 8028 户,死亡率达到 80%;人口逃亡情况更是不容乐观,逃亡人口达到 18450 人,占全县人口的 90.77%。如此惨烈的情况,朝廷还要继续征赋,显然是无法完成的。从窦知县向明廷上奏暂缓钱粮催缴的奏疏中,我们可以看到作为地方官员在明代末年政治黑暗的大环境下,武安县连续四年的饥荒困境中,百姓生活不易,地方官员为应对饥荒向朝廷请命的决心。

官员张镜心代灾民赵鉴等写下的乞免钱粮奏疏,同样也是此阶段为民请命的典型事例。张镜心,字孝仲,号湛虚,彰德府磁州人,明朝天启二年(1622)进士,曾任知县、礼科给事中、太常寺少卿、蓟辽总督等官职。崇祯末期磁州、武安、淇县连年受灾,他的《代河北灾民祈免疏》中真实地描述了旱灾、瘟疫肆虐下的彰德府百姓处境:

---

① 〔清〕卢崧:乾隆五十二年《彰德府志》卷二十二《艺文》,九州出版社,2021年,第759—760页。

为灾黎苦中之苦，恳祈圣明仁外之仁，亟赐蠲免以存孑遗事：臣等河北地方，自十一、二、三、四等年累岁奇荒，非旱即蝗，山焦水竭，草死木枯，面鸠形鹄，食与禽兽等。伦理相残，瘟疫大作，死徒靡依。盗贼蜂起，盘踞臣磁、武、马鞍山等寨及淇县附近百泉山等寨，抢掠焚毁，弥天漫地，如屠如扫。幸荷圣明遣保督杨文岳、镇臣虎大威，大兵扑灭于十四年之春。诛杀无算，原野为空。寇党虽锄，人烟已绝……若以河北三府论之，淇、磁、武、临、林为苦，再以五州县论之，天灾贼祸，磁、武、淇又为最苦。往来官员经繇耳闻目击，千真万真。嗟嗟一州县，钱粮在河北三府不当百分之一。三州县灾患在河北三府，实有万分之甚。恳祈皇上大开恻隐，俯念河北苦中之苦，万不能支。特敕该部察三州县灾寇极重情形，照抚按屡次核确疏咨，将十三四年一切起存，钱粮关津，米豆除大小乡绅照旧全完之外，凡系穷民拖欠概行蠲免，以救水火、以存余烬。①

彰德府磁州、武安县遭遇连续四年的自然灾害，加之瘟疫突发致使民不聊生，而盗贼肆虐更使得彰德百姓雪上加霜，如此危难之际，灾民赵韦监等上书请朝廷为百姓免除赋役，以休养生息。当时的情况是灾后有田无人耕种，劳动力极其短缺，而中央还在不断向地方继续催科，百姓实在是无力支应。武安知县窦维辂在给朝廷的奏折为民请命。为了使百姓休养生息，窦知县请求朝廷宽限："伏望圣明密察。灾荒莫甚于河北，河北灾荒莫惨于武安。特敕该部察臣县，果否有土无民，极荒极苦，准将本县见年并十二、十三等年一应钱粮，破格蠲停，容臣竭力招徕劝勉，俾赤子有更

---

① 黄希文：《磁县县志》附录《艺文》，成文出版社有限公司，1969年，第451—452页。

生之路，潢池无反侧之思。庶几元气可复，而正供可完。"①

（四）祈祷祭祀

地方官员带领士绅及百姓祭拜神明是明清地方官的一项重要礼制活动。古代官员普遍认为"凡水旱灾伤，非政事阙失，必沴气感召，苟能反躬自究，竭诚祈祷，无不应者"②。永乐朝由监察御史升任彰德知府的杨缙，面对夏日暴雨导致彰德府周边河道溢水的灾害，采用率领僚属到社稷坛祈祷的方式应对灾害。崔铣在嘉靖《彰德府志》中记载，此后"水不为灾"。可见，在明清社会的自然灾害应对中，祭祀活动也是官员的主要方式。在崔铣所作的《邺守闵雨记》中就记录了彰德府知府马朝卿吁于群神求雨的事例，他之所以要将官员祈雨记载流传，是崔铣认为"雩何以书？录政也。邺守罪躬检事，大施己责，损膳恶服，禁酤徙市出滞狱，削冗费。祷以心也，非祝史焉！"③崔铣认为官员祈雨的行为是对自己施政行为的反思，闵雨实际上是对百姓的重视，而非仅仅局限于向神明的祈求。汤阴知县卢维屏，"值岁旱，虔诚步祷，力以蠲租，躬历乡曲分赈饥贫，全活甚众。民感其德，立碑纪之"④。像卢维屏这样的知县，通过祈祷的方式来表达全面应对灾害的决心；而非只是希望通过迷信的方式获得上天的眷顾。

明代八蜡庙建在府城南关，以春秋上丁日祭祀。《礼记》云："天子大蜡八。"蜡是"干物"的意思，每年年底王室都会用干物祭祀八个神灵，分别是先啬、司啬、农、邮表畷、猫虎、坊、水庸、昆虫。宋代以后，自

---

① 〔清〕卢崧：乾隆五十二年《彰德府志》卷二十二《艺文志》，九州出版社，2021年，第760页。

② 〔明〕何淳之：《荒政汇编》，《中国荒政全书》（第一辑），北京古籍出版社，2002年，第253页。

③ 〔明〕崔铣：《邺守闵雨记》，收录于乾隆《彰德府志》卷二十五《艺文》，九州出版社，2021年，第838页。

④ 〔清〕卢崧：乾隆五十二年《彰德府志》卷八《宦迹》，九州出版社，2021年，第322页。

然灾害中蝗虫祸乱庄稼成为旱灾的伴随，于是民间祭祀八蜡的重点也以昆虫为主。明代彰德府辖区蝗灾频繁，地方官员在组织百姓捕捉蝗虫的同时，也以祭祀的方式向百姓宣告地方官员为除蝗害的努力。府志中记载天顺时期，知府李僑任职期间以廉洁而闻名，是年六月久不下雨，李僑"率僚属徒行，诣城西白龙潭祷。已，大雨，岁则大熟"①。再如知府赵廉"每春夏，询民农业勤怠。小旱必斋沐祷，不一二日即雨"②。知府傅汝砺"嘉靖庚申夏旱，禾尽槁，率僚属徒步诣郡西白龙潭恳祷。灵雨沾足，岁获大丰"③。在封建社会，迷信思想在百姓心中占据很重的位置，官员通过祈祷祭祀的方式，有出于迷信的因素，也有出于安定人心的考虑。而救灾的关键还是要靠官民齐心协力。

四、自然灾害与明清易代

学术界通常把明末清初的这一时间段，称为明清之际。以往有观点称清取代明存在历史必然性和偶然性等因素。在明朝末期政治腐败、苛捐杂税、农民起义等纷繁复杂的背景下，清朝趁李自成农民起义军攻占北京，边关防守薄弱的情况下才进入山海关。将时间拉回到万历十一年（1583），张居正改革后明朝的整体实力仍然十分强劲，也就在这一年努尔哈赤准备起兵创业。对明朝而言，万历中后期开始，自然灾害异常频发，尤其是到崇祯时期，灾荒中的百姓已经到了无法自存的境地。明清之际，全球气候存在剧烈波动，极为异常，因而被称为"明清小冰期"。气象学家竺可桢先生就曾指出，从1620年到1720年这100年间是我国"明清小冰期"中

---

① 〔清〕卢崧：乾隆五十二年《彰德府志》卷八《宦迹》，九州出版社，2021年，第312页。
② 〔清〕卢崧：乾隆五十二年《彰德府志》卷八《宦迹》，九州出版社，2021年，第312页。
③ 〔清〕卢崧：乾隆五十二年《彰德府志》卷八《宦迹》，九州出版社，2021年，第313页。

最为寒冷的时段。[①] 从万历十年（1582）至顺治十六年（1659），此时段由于《彰德府志》中内容存在断档，因而探究明清易代问题，无法从府志中寻找解答，倒是州县志中有部分记录。

明朝的灭亡是由于统治阶层的腐败和疯狂向民间百姓征税，致使民不聊生，于是各地不断爆发农民起义，最终推翻了明王朝的统治。此外，我们也要注意到自然灾害和疫病在崇祯后期的持续不断也加速了明王朝的崩溃。牛建强先生认为"灾难的发生和救济的过程既体现了明代社会变动的某些信息，也反映了在固有制度体系框架内治人因素的重要作用"[②]。消极地应对灾荒或对百姓生死视而不见，必然会丧失民心。我们从《安阳县志》中一段关于崇祯时期安阳地区的灾害情况就能见其端倪。

> 崇祯十二年，春大旱，风霾蔽日，麦苗尽枯，至立秋方雨。八月，严霜降，秋禾萎，麦不布种，遍地盗起，号曰打粮。肆其抢掠，讫无官法矣。至十三年岁终，无雨雪，各处盗贼不下百万。郊坰之外，邈无安土，井皆浅涸带泥汲饮。长河有断流者，米麦一斗银至一两二四钱不止。木皮草根剥掘殆尽，人相食，甚至父子夫妻互相杀食，僻巷无敢独行者。群狼队行入外城，终夜鬼哭，日以为常。人亦不为异，虽有司煮粥赈粟，直如恒河之一沙，无救于死。十四年止收荞麦，瘟疫流行，遗黎死者甚众。是岁冬，县治西营潴水结冰成花。十五年麦大稔，民复瘟疫，牛病死几无遗类从来凶荒洊臻，未有如此之甚者。[③]

在自然灾害和瘟疫双重灾难中，安阳县百姓苦不堪言，虽然有地方官

---

① 竺可桢：《中国近五千年来气候变迁的初步研究》，《考古学报》1972年第1期。
② 牛建强：《明万历二十年代初河南的自然灾伤与政府救济》，《史学月刊》2006年第1期。
③ 〔清〕马国桢：康熙《安阳县志》卷十《杂志》，大象出版社，2017年，第249页。

煮粥赈济，但是杯水车薪，在饥荒和瘟疫的双重打击下，百姓对明王朝也逐渐失去了信任。因饥荒引发的危机，在崇祯时期格外突显。崇祯十三年（1640），安阳县饥荒、人相食，"岁大荒，县西土贼李四、李五、郝滔等聚众为乱。十四年赴军门就抚，仍为盗不悛。安阳知县罗国士按法尽戮之"①。知县罗国士只是粗暴地用镇压、杀戮等手段解决问题，自然不会取得好的结果。清朝在总结明朝灭亡教训时就认为："明之亡，亡于盗贼。盗贼之兴，由于饥馑。荐臻民流移于四方，而有司莫为之区处也。民莫不安土而重迁，非计无所出，谁肯舍其乡井庐墓，弃其亲戚故旧而转徙于外者。惟其官吏无可告诉，比邻无可假贷，束手待毙，朝不及夕，始不得已而为趁食之举。"②综上所述，有明一代彰德府地区自然灾害和瘟疫的发生在府志中记载是存在选择性收录的。这其中就涉及方志编修者修纂的目的，方志的主要功能是资政和教化。明代方志编纂者王廷辅认为："国将亡听于神，古人之言乎不然也。遇灾而惧，灾化为祥，恃祥而逞，祥不为吉。书灾祥者，儆人事也。"③从孔子作《春秋》以来，于国之灾异必书之。清代方志编纂者对机祥的解释是："凡见灾异者，各以其职，深自警厉，而不敢强求其类，应以附会焉。此则秉笔者之意耳，故志《机祥》。"④所以，从清代所修4部《彰德府志》中所列的《祥异》《灾祥》《机祥》条目我们可以看到，编纂者描述明代灾疫的语境的深层意义。明代河南地方发生灾害、疫病后，地方官府并非任由灾荒事态蔓延，无论是中央还是地方都在积极开展救助。以万历十五年至十六年（1587—1588）饥荒和瘟疫为例：万历十五年（1587）春，彰德府、卫辉府等下属州县出现饥荒后，流民乞食于开封、归德等府。

---

① 〔清〕杨世达：乾隆《汤阴县志》《杂志》，清乾隆三年刻本。
② 〔清〕秦蕙田：《五礼通考》卷二五〇《凶礼·移民通财》，光绪新化三味堂刊本。
③ 〔明〕李椿茂：天启《武安县志》卷八《灾祥》，明崇祯刻本。
④ 〔清〕卢崧：乾隆《彰德府志》卷三十一《机祥》，九州出版社，2021年，第1121页。

于是，河南巡抚移檄文于彰德府官员"仍计口赈粟，老幼有差。其有地之家，量给子种存恤。一时复业三千余口"。然而，万历十六年（1588）彰德府、卫辉府、怀庆府等地疠疫流行，传染者甚众，"抚按行各府州县，令动支在库官钱买药，委医官医生分诣乡村集镇施药。仍每人给钱二十文，以资汤米"①。我们从《荒政全书》的记录中更多看到的是明代中央和地方为克服灾疫对百姓危害而进行的努力，这在明代安阳府县志中均有记录，但是不能忽略了明代后期政治腐败，官府在救灾过程中行政效率低下，面对灾害救灾反应迟钝等问题。从万历中期后至崇祯末期的灾荒记述来看，方志与个人文集比较，显然个人文集更具有真实性。

事实上，明清两代方志的书写中都存在美化所处时代的问题。正如鲁洋在研究《赈豫纪略》中荒政书写时谈到的，"历史上朝廷总是掌握着历史的话语权与书写权，为了稳定社会、巩固统治、聚拢人心，朝廷总会通过一系列的修书治史活动，为自己树立良好的形象"②。清朝多次重修《彰德府志》，其中关于明代灾疫方面的记述，一方面是警示清代的执政者要引以为戒，另一方面是为了向世人塑造清朝地方政府政治清明、官员廉洁奉公、恪尽职守，从而稳固和维护清王朝统治的目的。

第二节　清代彰德府的灾害疫情与官员应对

清代入关至灭亡的267年间，自然灾害时常发生，针对清代彰德府辖区灾荒疫病的研究，我们选用7部《彰德府志》为研究底本，由于史料最

---

① 〔明〕何淳之：《荒政汇编》，《中国荒政全书》（第一辑），第238页。
② 鲁洋：《论〈赈豫纪略〉的荒政书写》，《史学史研究》2022年第3期。

为详尽的乾隆五十二年（1787）《彰德府志》中记录自然灾害的下限时间是乾隆五十年（1785），所以本节将自然灾害和疫灾的时间下限定于此。安阳地方志中对于自然灾害的记载并未做到详尽，《中国疫灾三千年》《中国三千年气象记录》中有更为详细的记录，笔者在文中会引用上述资料汇编。

一、灾情统计

对于清代彰德府自然灾害的统计，笔者分为两部分：一是《彰德府志》中记录的情况；二是府志中记录不详，用彰德府下属州县方志中史料补齐。

（一）乾隆《彰德府志》记载情况

1. 水患

据乾隆五十二年（1787）《彰德府志》初步统计，清代截止到乾隆五十年（1785）彰德府辖区内共发生暴雨、水灾有18个年份。顺治二年（1645）五月，涉县大雨冰雹，小麦被毁严重。顺治七年（1650），漳河发大水，临漳县城被淹，城门处水深五尺。顺治九年（1652），汤阴县发大水，县城东数十里被淹没。同年，漳河水再次泛滥，淹没临漳县农田4000多顷。十年（1653），汤阴复大水。顺治十一年（1654），临漳大水，洪水由县城西门冲入城内，房屋尽数被冲毁。同年，涉县降雨连续下7天，导致山洪暴发，临漳县漳河的田地被淹没。

康熙四年（1665），汤阴发大水，良田受损严重。七年（1668）六月，彰德府城大雨不停，西山南冈一带洪水骤发，淹没大量村庄。汤阴再次发生水灾。十一年（1672），汤阴水灾严重，朝廷蠲免田赋2/3。康熙十二年（1673），林县大雨，塌地200余顷，知县组织开荒补齐。康熙二十三年（1684）漳河泛滥，冲毁涉县民田。康熙四十二年（1703），汤阴县发大水，农田被毁，朝廷免地方秋粮。康熙六十一年（1722），漳河泛滥，临漳县城被淹，城内可以行舟。雍正四年（1726），内黄县大水。在内黄县灾荒史料引用上，笔者坚持雍正三年（1725）以前的内黄县属于北直隶大名府，故而统计灾情时只关注雍正四年（1726）之后的数据。雍正八年（1730），漳河泛滥，淹没临漳县村舍，朝廷免漕米一千七十二石。雍正九年（1731），武安县天降雨豆。乾隆四年（1739）秋，汤阴县、内黄县发大水。三十二年（1767）秋，漳河水溢。乾隆三十五年（1770），漳河水溢。

2. 蝗旱灾

明清之际旱灾与蝗灾呈现并发特征，两者相加对于脆弱的社会经济无疑是雪上加霜。据乾隆五十二年（1787）所修《彰德府志》初步统计，清代截止到乾隆五十年（1785），彰德府辖区内共发生蝗灾、旱灾有16个年份。顺治四年（1647）七月，临漳县蝗灾。顺治十二年（1655），汤阴县夏季大旱。十三年（1656）秋，汤阴县蝗虫成灾。康熙四年（1665），涉县、内黄县大旱，风沙弥月。九年（1670），汤阴县旱灾，临漳县、林县、涉县、内黄县旱灾。十年（1671），汤阴县、临漳县、内黄县旱灾。十一年（1672），内黄县大旱。康熙十六年（1677）春，内黄县大旱。二十二年（1683），临漳县飞蝗蔽日。二十八年（1689），武安县、涉县大旱。二十九年（1690），彰德府大旱，汤阴县、临漳县、林县、武安县俱大旱，朝廷免征漕米。康熙三十年（1691），夏季大旱，秋季蝗灾，朝廷免征一应地丁钱粮。三十三年（1694），蝗灾。四十七年（1708），安阳县、武安县、内黄县大旱。康熙六十年（1721），安阳县、汤阴县、林县、内黄县大旱。雍正元年（1723），安阳县大旱。

3. 地震

据乾隆五十二年（1787）《彰德府志》初步统计，清代截止到乾隆五十年（1785），彰德府辖区内共发生地震的有10个年份。顺治二年（1645）五月，涉县地震。康熙四年（1665），临漳县地震。七年（1668），彰德府城地震，暴风揭屋拔树，涉县地震。康熙十八年（1679），武安县、内黄县地震。二十二年（1683），武安县地震。二十七年（1688），临漳县地震。康熙三十四年（1695），彰德府城地震，林县、武安县地震。四十七年（1708）十月，地震。雍正十年（1732），彰德府城地震。乾隆二十七年（1762）七月，彰德府城地震。

以上自然灾害是从《彰德府志》中摘录的，清代5部府志中康熙《彰德府志》和乾隆五十二年（1787）彰德府志收录的灾疫信息具有代表性，除此之外更多的信息雷同，缺乏考证与补充。故而我们从彰德府下辖各州县方志收录的信息中进行补充。

（二）府志记载疏误情况

由于清代各部《彰德府志》中将洪水、地震、雨雹等灾害视为机祥，所以在记录时有选择地录入府志之中，这也导致了府志中对于自然灾害记载有不完整的现象。

康熙《武安县志》卷十六记载：顺治元年（1644）二月，赤风，昼晦如夜。

顺治《涉县志》卷七《灾变》记载：顺治三年（1646），麦有秋。八月初，龙见。顺治四年（1647）秋七月，虫，朔日西来，徂东蔽日。八月，恒雨。顺治五年（1648）春，恒雨，麦皆秕。六月，雨无虚日。

康熙《磁州志》卷十七：顺治十一年（1654），霪雨三月，居民罹其鱼之厄者，邺郡为最。

康熙《磁州志》卷九祥异：顺治十二年（1655），磁州大旱。

笔者在对比明代方志与清代方志时还发现一个书写现象，那就是清代方志纂修者在方志《机祥》中，通常将明代的自然灾害与上天惩罚、官府不作为任由百姓饥饿致死等联系起来，以此体现出明朝灭亡是其自身腐败的咎由自取。清代4部《彰德府志》书写中都存在夸赞清朝、贬低明朝的情况。以乾隆五十二年（1787）《彰德府志》中对于内黄县的记载和嘉靖《内黄县志》进行对比，发现其中存在只记录明朝时期内黄县遭受自然灾害的记录，却不记录地方官的赈济活动。由于嘉靖《内黄县志》记载止于嘉靖十六年（1537），故只能以十六年作为时间下限。

表 5-2-1 《彰德府志》与《内黄县志》灾情比较表

时间	乾隆五十二年《彰德府志》	嘉靖《内黄县志》	乾隆三年《内黄县志》
宣德七年、八年（1432—1433）	内黄不雨，稼尽槁	无记	不雨稼尽槁，遣官复视，蠲其税
成化九年（1473）	内黄大水	大水，赈	大水，黄邑尤甚，诏发仓赈之
成化十八年（1482）	无记	大水，大赈	大水，诏赈
成化二十年（1484）	二十二年，内黄大饥，人相食	大旱，大赈	大旱，诏赈
弘治五年（1492）	无记	旱，赈	旱，赈
正德八年（1513）	无记	旱，赈	旱，赈
正德十年（1515）	无记	大旱，大饥	大旱，民大饥
嘉靖二年（1523）	三年，内黄旱	旱，赈	三年，旱，赈
嘉靖五年（1526）	内黄地震	无记	五年十二月，地震
嘉靖六年（1527）	内黄大旱	大旱，赈	大旱，赈
嘉靖七年（1528）	内黄夏秋大旱	夏秋大旱免田租之八，大赈	夏秋大旱，诏免租十之八，大赈
嘉靖九年（1530）	内黄秋大水	秋大水免田租	秋大水，免租十之七，大赈
嘉靖十四年（1535）	无记	秋蝗飞蔽天	飞蝗蔽天
嘉靖十五年（1536）	无记	春三月大雪赈	春三月大雪
嘉靖十五年（1536）	无记	夏秋大蝗	夏秋大蝗
嘉靖十六年（1537）	无记	夏秋大水	夏秋大水

资料来源：乾隆三年《内黄县志》卷六《编年》；注：乾隆五十二年《彰德府志》引用了乾隆五年《彰德府志》的记录

相较于府志的不客观记载，乾隆《内黄县志》沿用了嘉靖《内黄县志》的内容，对于官府的赈灾有所记录。我们再用清代所修康熙《涉县志》与乾隆五十二年（1787）《彰德府志》进行比较，康熙《涉县志》记载了从嘉靖八年（1529）至崇祯十四年（1641）涉县的自然灾害情况。

表5-2-2　乾隆《彰德府志》与康熙《涉县志》灾情比较表

时间	乾隆五十二年《彰德府志》	康熙《涉县志》	备注
正统四年（1439）	涉县河水淹没民田无算	无记	
嘉靖八年（1529）	涉县星陨，岁大饥	星陨大饥，人相食	
嘉靖四十三年（1564）	漳水没涉县南关，民溺死者无算	漳水发漂，没南关，溺死无数	
万历十二年（1584）	涉县大疫	大疫	
万历九年至十三年（1581—1585）	涉县旱，大饥；涉县旱；涉县旱，大饥	俱旱，饿死无数	
万历四十三年（1615）	涉县地大震	地大震	
万历四十四年（1616）	涉县、内黄俱大蝗	大蝗	
天启六年（1626）	涉县地震	地震，鸡犬皆惊	
崇祯十三、十四年（1640—1641）	郡属俱大饥大疫	大饥，人相食	

资料来源：乾隆五十二年《彰德府志》卷三十一《祇祥》，康熙《涉县志》卷十一《祥异》

方志在记录明代灾害死亡人数时，常用"溺死无数""饿死无数"的概词，以突显官府在灾情中的不作为。清代方志在记录清朝各府州县遭遇自然灾害时，通常使用大旱、大风、雨雹大者如拳、大雪等词汇，并不统计伤亡人数，更不会出现"死者十之八九""人相食"等词汇。反而在记录中出现了"蠲免被灾地粮三年""蠲田赋三分二分不等""一应地丁钱粮尽蒙蠲免"，以此突显清朝官方在自然灾害中的救济表现。

清代方志的纂修范式已经非常规范，从顺治朝到乾隆朝五次修志的时间间隔和巡抚修志檄文来看，呈现出制度化和经常性的特点，"对同一对象的记载，或照搬前志，或根据时代需要不断修动、叠加，形成了丰富的层累的资料"①。之所以有如此记载，在乾隆五年（1740）《彰德府志》中如下记录："国有灾异必书，书之者何？曰：人事变于下，则天道迎于上，以示修省云尔。后世史家亦有天官五行，其言岂尽诞而不经，盖感召之理不爽也。"②

二、疫情统计

乾隆五十二年（1787）《彰德府志》是明清7部府志中关于自然灾害和疫病记录最为全面的一部。而在清代5部《彰德府志》中，卢崧所修乾隆五十二年（1787）《彰德府志》将之前府志的文献进行了整合，内容最为详细，其中关于疫病的记录也是五部府志中最为详细的，因此以卢崧所修府志为基础进行统计。

1. 乾隆五十二年（1787）《彰德府志》的记录

府志中记录康熙二十九年（1690），彰德府发现牛瘟。康熙四十一年（1702），由于山东发生水灾，百姓逃荒至彰德府安阳县，"饥民多就食邺中，兼病疫"③。有趣的是康熙四十一年（1702）的疫情是记录在《义行》之中，府志《祇祥》中并未记录。出现这种情况说明府志在劝善之行上的倾向。康熙四十三年（1704）春，内黄大饥疫。这条记录是发生在内黄县划归彰

---

① 周毅：《方志中的"历史书写"研究范式——一个方志研究的新取向》，《中国史研究动态》2019年第2期。
② 〔清〕刘谦：乾隆五年《彰德府志》卷二十一《祥异》，《河南历代方志集成》，大象出版社，2017年。
③ 〔清〕卢崧：乾隆五十二年《彰德府志》卷十八《人物·义行》，九州出版社，2021年，第628页。

德府之前，方志编者则无须隐晦。由于府志记载不详，我们只能从各县志中寻求补充。

2. 彰德府各县志中记录的疫情

据《林县志》记载，康熙三十一年（1692），林县春大风，昼晦。人大疫。[①]

雍正元年（1723），汤阴县春季大旱引发饥荒，于是瘟疫大作。

乾隆二十五年（1760），林县岁荒，人相食，瘟疫大作。

乾隆四十九年（1784），内黄县，发生疫病。

乾隆五十年（1785），汤阴县大旱，小麦绝收，百姓中疫病流行。

龚胜生先生编著的《中国三千年疫灾史料汇编·清代卷》中详细地收录了彰德府及下属七县的疫情。另据张武韬《清代河南省疫灾地理规律与环境机理研究》统计，清代267年的历史中，有疫情的年份有96年。[②] 相较于河南其他府县，彰德府疫病发生频率是比较低的。

三、地方官员的应对措施

清代地方官员在灾荒中的应对举措更多地借鉴了宋明两代的做法。从《中国荒政全书》中收录的清代灾荒应对文献可以看出，清代在赈济灾荒中除借鉴前朝的经验之外，更多体现出中央和省府的救荒意志。我们从彰德府地方官员在灾荒中执行救灾政策表现展开分析。康熙二十九年（1690），临漳县大旱，知县陶颖发设厂煮粥，赈济持续三个月，救活饥民2800余人。康熙朝是社会经济恢复的关键时期，清王朝为了恢复经济以蠲免的方式让百姓渡过难关。

康熙三十年（1691）颁布蠲免诏谕中写道：

[①] 此年份河南境内发生疫情的府县多达18处。
[②] 张武韬：《清代河南省疫灾地理规律与环境机理研究》，华中师范大学硕士论文，2014年，第26页。

> 朕孜孜图治,轸切民依,间□耕获,时勤咨访,其有以荒歉上闻者,或蠲或赈,旋即施行,务令得所。念河南一省连岁秋成未获,丰稔非沛,特恩蠲恤,恐致生计艰难。康熙三十一年钱粮,着通行蠲免,并漕粮亦着停征……应征钱粮,俱各缓至秋季征收,用称朕眷爱黎元,抚绥体养至意。尔部即遵谕行。特谕。①

这道蠲免诏谕不仅免除30年需要征收的钱粮,而且将第二年也一并免除。彰德府地方官员在执行中央政策中刻碑以示纪念。康熙三十一年(1692),安阳县将地丁、钱粮悉数蠲免,并于县北门外4里安阳桥南建御书院,内盖碑亭镌圣旨于石碑之上。康熙六十年(1721),安阳县大旱,二麦收成不及一分。安阳知县蒋日梁奉巡抚之命,捐资设厂煮粥赈饥民,男妇大小人口539241口。

雍正元年(1723)二月、五月彰德府大旱,临漳知县刘之玠奉清廷命令赈济灾民,用稻谷一万五千八百二十七石,救活饥民数万人。针对漳河沿岸低洼地区村民遭受水漫之苦,知县陈大玠按户计间,捐钱修筑房屋,安置灾民。雍正九年(1731),临漳受灾,知县陈大玠开仓赈济灾民,用谷一万七百三十九石,救活穷苦饥民甚多。

雍正元年(1723),安阳县大旱,米价腾贵,知县孙宗绪设厂煮赈,"共动用永和、水冶存贮公捐谷一千石,煤薪捐备,仍逐户查勘详,请开仓赈济,共动用谷一万七千一百五十六石八斗。又奉恩旨遣官发仓,赈恤六七两月,口粮共动用谷一万八千二百五十三石四斗"②。从这组数据可以看到仅安阳

---

① 〔清〕陈锡辂:乾隆三年《安阳县志》卷五《赋役·蠲免》,《河南历代方志集成》,大象出版社,2017年,第34页。
② 〔清〕陈锡辂:乾隆三年《安阳县志》卷五《赋役·蠲免》,《河南历代方志集成》,大象出版社,2017年,第37页。

县一地赈济使用储备粮就有三万多石。

当然，并非所有地方官员都对中央和省府的救灾政策积极执行。由于部分地区存在赈灾懈怠的情况，河南巡抚方受畴因此行文各州县，要求积极救灾：

> 照得本年水旱灾区抚恤加赈，均已陆续放竣，值此隆冬，无业贫民及老幼残疾鳏寡孤独觅食维艰，业经本部院札饬各该府州督饬所属首捐廉俸，并劝谕绅士富户量力捐输，准其酌动常社仓谷……迄今日久，各州县具报开日期甚少，实属迟延，合亟飞札严查。①

河南巡抚方受畴向各州县下发札文，要求各地官员抓紧开展救灾赈济，按照省统一规定煮粥赈济两个月，各州县要将设粥厂几处、开厂日期、赈济多少贫民、每日用米几石、动用仓谷多少一一记录，等待备查。

记发按旬折报稿一纸

某府[或]州某州[或]县，今将嘉庆十九年 月 日起至 月 日止十日内各厂收养贫民口数米数开呈

计开：

某州县设立粥厂几座

一，某处粥厂委员某人，安设几印锅几口，每日大、小口千 百十余名不等，每大口给米三合，小口减半。

一，某处粥厂 照前。

一，某处粥厂 照前。

---

① 〔清〕方受畴：《抚豫恤灾录》卷四，收录于《中国荒政全书》（第二辑），北京古籍出版社，2004年，第63页。

一，某处粥厂　照前。

以上粥厂几处，某日至某日共收大口若干名，小口若干名，共用米若干石。

一，某处散放米［或］谷厂每日大口给米三合［或］谷六合，小口减半。

某日至某日共收大口若干，小口若干，共散给［或］谷若干石。

以上统共用米谷若干。

一，收某某捐银钱若干两文。

一，收某某捐米若干石。

一，领回某处拨发米若干石。

一，碾动某仓谷若干石。

如无捐项，于各条下注一无字。①

从河南巡抚方受畴的札文中可以看到，省对各府县的救灾行为有严格的规定，以此避免出现懈怠救灾或救灾中的贪腐行为。方巡抚为确保灾区地方官能执行到位，分别给各地官员发公文，如《署彰德府知府候补道吴禀》《加五品衔安阳县知县章玉森禀》《汤阴县知县郝延年禀》《林县知县张兆安禀》《临漳县知县王果禀》《武安县知县丁承镐禀》等反映出地方赈灾具体问题。这其中就涉及彰德知府在各县之间调配赈灾物资问题。

地方知府在赈灾过程中，需要统筹各县情况，调配物资以满足需求，这也是组织赈灾的一部分事项。彰德府阎知府将"安、汤、武、内四县领回原拨米一千石煮赈散放，并因安阳地方辽阔，且系南北大道，过往流丐与本境贫民多于别县，其原拨米一千石不敷散放，请将该县前请改拨临漳米一千

---

① 〔清〕方受畴：《抚豫恤灾录》卷三，收录于《中国荒政全书》（第二辑），第73—74页。

石添补煮用，均请于十二月初一日一体分厂赈恤等由，禀明藩司核示"①。阎知府根据安阳县的特殊情况，从其他县调配赈济粮，以实现均衡救济。

此外，官府调动社会力量参与赈济，主要表现在向富户劝捐。清朝规定："富民能捐谷五石者，免本身一年杂项差徭；有多捐一倍、两倍者，照数按年免。至绅衿捐谷四十石，令州县给扁；捐谷六十石，令知府给匾；捐谷八十石，令本管道给匾；捐谷二百石，督抚给匾……凡给匾者，永免差役。"②安阳县知县章玉森在奏报公文中写道："遵查卑县境内上年夏间被旱，曾劝令该绅商共捐银五千余两，煮粥散赈。嗣于冬季复蒙奏准煮粥两月，遵即确查灾民户口，分厂办理，共用过米二千四百二十石。内动用截漕米二千石，余系卑职捐廉赈给。均先后据实申报在案。"③

清代对于各类疫病的救治中官府药房的传发避免了巫医、庸医害人。对于疫情严重的地区，皇帝也会责令地方巡抚捐资合药施散，嘉庆帝谕："特命太医院开写清瘟解毒丸、藿香正气丸二方，发交方受畴精选药材，按方修合，广为施散，俾染疫者饮药得痊，以冀稍减疫疠。中州人民遭此厄困，该抚务竭力拯救，多尽一分心力，即可多活无数躯命。"④

地方巡抚在疫情期间也会将有效医方传发，向民间普及科学医方。

> 春疫染者，症内有名羊毛疹，时医罔识，特刊秘方广传活众。
> 荞麦面以热水搅糊成团，于患者遍身搓擦，旋搓旋换，团内尽带羊毛，搓尽病愈。如受病重者，搓后仍不能愈，再用鸡蛋煮熟去壳，

---

① 〔清〕方受畴：《抚豫恤灾录》卷三，收录于《中国荒政全书》（第二辑），北京古籍出版社，2004年，第179页。
② 《钦定大清会典事例》卷一九三，《户部·积储》，清光绪重修本。
③ 〔清〕方受畴：《抚豫恤灾录》卷三，收录于《中国荒政全书》（第二辑），第180页。
④ 〔清〕方受畴：《抚豫恤灾录》卷三，收录于《中国荒政全书》（第二辑），第37页。

乘热放病人肚脐上烫熨，随冷随换。肚内瘟毒均可拔出，蛋上青黑色渐淡，毛亦净尽，其病立愈。①

清代彰德府官员在应对自然灾害和疫病时，更多的是执行中央和省级的救治命令，因而地方官员缺少救灾的创新举措。在各类史料中，我们看到更多的是中央和省对地方救治事务的督办和指导，对此种方式救灾效果如何还需要客观评价。

第三节 明清安阳仓廪储备与地方救灾

明清时期彰德府各地修建了各类储备仓廒等，粮食储备一方面用于军需供应，另一方面也为地方救灾救荒发挥作用。灾荒救济是中国古代社会官府救济的重要方面。临灾救荒不如未雨绸缪，应急救灾不如日常备荒。经过长期赈灾经验总结，明清两代将仓储积粮视为备荒的有效方式。清人倪国琏所著的《康济录》将历史上的救荒之策分为三类，即先事之政、临事之政、事后之政。王日根先生将明代的救荒之策归纳为"平日备荒"和"临灾救荒"两类。②本节从明清两代彰德府及下属州县的各类仓廪的创建及功能入手，分析仓廪储备在地方救灾中的表现。

一、设仓储谷、以备饥荒

明清两代彰德府地方仓廪从所属性质分有官仓与民仓之别。官仓与民

---

① 〔清〕方受畴：《抚豫恤灾录》卷三，收录于《中国荒政全书》（第二辑），第95页。
② 王日根、涂丹：《从万历二十二年河南大饥荒看政府救荒与备荒之得失》，收录于《多学科视野下的华北灾荒与社会变迁研究》，北岳文艺出版社，2010年。

仓功能不同："在官仓者，时其丰歉而敛散之，利归于官，民有大饥则以赈之。在民仓者，时其丰歉而敛散之，利归于民，虽官有大役，亦不许借此。藏富于民，即藏富于官。"①如果从功能划分来看，有储备仓和赈济仓之分，其中用于灾荒赈济的仓有预备仓、常平仓、社仓和义仓等。义仓，取分富赈贫，其利合义之义，创设时间可以追溯到隋朝开皇五年（585）。社仓，因南宋时期理学家朱熹倡导而备受关注。社仓的仓谷来源主要是靠民间募捐。吴四伍先生就针对义仓和社仓概念的混淆从救济方式、运行主题、运作模式等方面指出两类仓储不能混为一谈。②相较于官仓而言，社仓和义仓都是民间仓储救灾的重要组成部分。刘宗志在谈及清代社仓和义仓差别时，进一步指出社仓一般设立于城市，而义仓一般设立于乡村，社仓储粮以有偿借贷的方式缓解民困，义仓则是无偿赈济帮助灾民，此外社仓储粮多是摊派给农民，而义仓主要由士绅自愿捐助。③清代的社仓、义仓相关制度在康熙时期才得以确立。

官仓以常平仓最负盛名，民间有在官莫善于常平仓、在民莫善于义仓的说法。在仓址分布上，常平仓一般设在府城或县城内。社仓、义仓弥补了常平仓在地理分布上的缺憾，提高了灾荒救济的广度，使得州县、乡村交错分布，互相渗透。康熙十九年（1680），规定"常平积谷，留本州县备赈，义仓、社仓积谷，留本村镇备赈。永免协济外郡，以为乐输者劝"④。再以明代社仓设置为例。明正统时期，顺天府率先倡行，"令所在有司增设社仓，仍取宋儒朱熹之法，参酌时宜，定为规画，以时敛散，庶荒岁有

---

① 〔清〕俞森：《荒政丛书》卷九《义仓考》，文海出版社，1989年，第80页。
② 吴四伍：《义仓、社仓概念之辨析》，《清史论丛》2018年第2期。
③ 刘宗志：《从清代社仓与义仓之差异看民间社会救济之增长》，《中国农史》2018年第2期。
④ 《清圣祖实录》卷八十八，康熙十九年正月丁卯。

备而无患"①。这样做的好处在于官府减少了工作量，节约了人力，而地方将民众组织起来，既能发挥保甲弭盗的作用，又可以促进地方治理。清代社仓的发展在200多年历史中，从顺治时期开始试行社仓制度，到乾隆时期达到顶峰，此后便逐渐衰落。清代对于社仓向来主张官督民办，即便是民办但官方色彩依然浓厚。

（一）明代预备仓的发展

明代的预备仓及其形成运作模式是中国古代特色鲜明的仓储制度，更是中国传统备荒制度的一次创新。20世纪30年代时，经济史专家梁方仲先生撰写的《明代预备仓》，已经对预备仓制度运行进行了介绍。明洪武元年（1368）以来，预备仓在全国各县陆续设立，"令天下立预备仓，以防水旱"。②例如《临漳县志》中记载临漳县预备仓建于洪武二十七年（1394），由知县杨辛创建。明朝洪武年间规定，在每县境内设立4座预备仓，允许百姓将多余粮食交仓内依据时价换钱，预备仓由富民看守，灾荒年用于赈济百姓。到明英宗正统时期，明廷规定将各县罚没入官之物变卖兑换粮食存入预备仓，用于备荒。对于预备仓的管理，明朝有严格的规定，并接受御史等监察官员的监督。明朝弘治年间，朝廷将预备仓储备粮食的多少作为考核官吏的标准之一。对于州县官员，规定："不及数者，以十分为率，少三分者，罚俸半年；少五分者，罚俸一年；少六分以上，是为不职，候九年考满，送吏部降用。至于知府，视所属州县，以积粮多寡为劝惩。"③由于明朝各时期统治者对百姓的仁爱态度不同，导致统治阶层内部对于灾荒中的百姓救济也有差别。正德时期，明武宗纵情声色犬马，地方官员皆不肯尽心民事，以至一遇到凶荒年份，贫民很多被饿死。嘉靖时期，御史

---

① 《明英宗实录》卷二十，正统元年七月庚戌。
② 〔清〕张廷玉：《明史》卷一三八《杨思义传》，中华书局，1974年，第3966页。
③ 〔清〕俞森：《荒政丛书》卷九《义仓考》，文海出版社，1989年，第76页。

王廷相建议朝廷重振义仓，认为备荒之政莫善于义仓，户部尚书梁材也赞同王廷相的观点，他们提出了"户口上者出什之四，中什之二，下什之一。荒歉，散及中下；大侵，上户亦次及之。盖以有余补不足者。昔人谓救荒无善政，臣谓义仓之法可以备荒"[①]。预备仓制度的衰落也反映出明代政治腐败蔓延下国运的衰落。

（二）明清彰德府的仓廪

明清500年间，彰德府州县建立了各种类型的仓廪，我们从《彰德府志》中将其摘录出来，对其规模、兴废进行梳理。

1. 安阳县（彰德府附郭县）

崇盈仓，清康熙时裁废。安阳知县赵希璜在嘉庆四年（1799）《安阳县志》中记载有崇宁仓在县治北，而不记崇盈仓。

常平仓即明代预备仓，在府城内后仓巷，旧有廒房21间，康熙三十三年（1694）按照河南巡抚备荒要求，增建18间。

东新仓，在府城内三道街，清雍正四年（1726）建，雍正六年至七年（1728—1729）增建，共有廒房43间。东新仓属于储备仓，用途是为了完成漕粮征兑服务，之所以称为新，意为"收储新米"。

西新仓，在府城西南冠带巷，建于乾隆元年（1736），有廒房45间。

社仓，城乡共14座。

义仓，旧有两所，一在水冶镇，一在吕村集，康熙五十四年（1715）奉令归入常平仓。

卢崧所修乾隆《彰德府志》中，将社仓和义仓视为一体，而在嘉庆《安阳县志》中则明确分开记载。

---

① 〔清〕俞森：《荒政丛书》卷九《义仓考》，文海出版社，1989年，第77页。

2. 汤阴县

明清两代汤阴县设有预备仓、常平仓和义社仓三类备荒仓库。预备仓建于明代成化五年（1469），由汤阴知县尚玑修建，位于县衙西南方。

常平仓，清代有两处：一处建于清朝雍正十年（1732），位于县衙东；一处建于乾隆二年（1737），位于县衙西。

义社仓，明代有一处在县城西南门内，清代有两处：一处在五陵镇，一处在伏道镇。

3. 林县

明清两代林县设有预备仓、常平仓和社仓三类备荒仓。预备仓明代创建时间不详，县志中记载万历时期由林县知县谢思聪重建。

常平仓在预备仓东。清康熙三十三年（1694）、雍正五年（1727）、乾隆二年（1737）三次增建。清乾隆十五年（1750）冬季，林县上报常平仓共有本息谷三万五千六百三十四石三斗八合五勺。

社仓，明洪武二十二年（1389）建，万历朝知县王梁改设于东姚、临淇、合涧、任村4处，以便东西南北四处之人。清乾隆十五年（1750）冬季，据林县上报民社仓共本息谷四千五百九十石三斗四升三合五勺四抄九撮六圭。

4. 磁州

明代预备仓到清代改为常平仓，在州衙东北。据康熙《磁州志》记载，明代有廒房85间，嘉靖四十三年（1564）由知州栗永爵增建30余间，清代初废弃。磁州新建常平仓，康熙《彰德府志》记载，旧有廒房3座16间，因年久失修损坏严重，清康熙三十二年（1693）知州康善述进行修补。康熙三十三年（1694）奉上台令，新建廒房4座20间。雍正五年（1727），知州金上玉增修廒房，并储谷25000石。

永盈仓在州治北观音堂铺，明正德十二年（1517）由知州张珂建廒房

50余间，清代废弃。

四乡义仓，磁州有义仓9处，清乾隆十八年（1753），在胡家庄、玉曹北、白道、漳村、路村营、彭城、贾璧、南城、峰峰等村镇修建义仓，劝捐义谷，以备赈济。

5. 武安县

常平仓即明代预备仓，在县衙东北妙觉寺后。明正统五年（1440）由知县马忠建，成化时期、嘉靖时期两次重修，到万历四十年（1612）由知县陈灏捐建廒房12间，厅3间。清代仓址沿用明代，康熙三十三年（1694）按照河南巡抚宪牌进行扩建。雍正朝又进行了三次扩建，雍正三年（1725）知县捐建18间廒房，雍正四年（1726）增建17间廒房，雍正六年（1728）又增建廒房5间。到乾隆时期常平仓廒房达到84间，共储藏谷二万八千二百四十九石九斗，其中属于常平仓谷有一万二千五百二十一石六升，监谷一万五千零二十四石五斗，旧义仓谷六百七十三石五斗四升。除常平仓外，明嘉靖二十二年（1543）知县唐交建有常盈仓。

相较于常平仓的宏大规模，义仓反而较为寒酸，《武安县志》记载旧时义社仓并无廒房，暂时租赁百姓民房储藏，因恐霉烂所以移存于常平仓内。清雍正二年（1724），由知县唐纪设立34所社仓，委任正副社长管理，此后社仓管理有序。从雍正二年（1724）到乾隆二年（1737），共收到捐谷五千二百五十二石五斗。

卢崧所修《彰德府志》中记录社仓有34所，但并未说明具体位置。

6. 涉县

据嘉靖《涉县志》记载，明代设有预备仓4座，但并未有更详细的记载。

清代常平仓在县衙西北隅，使用了明代预备仓的旧址，旧有仓廒4座，因年久失修，到清代只剩下一座8间廒房。康熙三十三年（1694），县令左印奇重修，增建廒房22间，修葺原廒房8间，共有廒房30间。雍正三年（1725），知县黄大成又添盖 30 间。增建仓廒在清代呈报、审批、动工、监督的流程如何，我们可以从康熙时期涉县增建廒房的流程来分析。

<blockquote>

河南彰德府磁州涉县为酌议添造廒房以裨储备事

康熙三十三年四月十八日，奉巡抚部院加三级顾宪票前事，内开：照得每州县储积谷石，以备水旱灾伤。诚出皇上睿慈，为民生至计。本部院恐各属廒房不敷，随处堆积，以致浥烂。迨日后参处官吏按数追赔，一时无济实事，故行酌议添造。今据该州县详报，必需再建廒房庶足储积，但今估计合用工料银两，应于何项动用，伏候宪檄遵行等因。到部院。据此，除详批，发外，合就拨银建造。为此，票仰涉县官吏，文到即照数出具印领，专差的当员役赴开封府，于各官公捐银内动发，一俟领银回日，星速办料鸠工，务于高燥处所建造，将完工日期具报，毋任胥役匠头扣克工料银两，以致造不坚固，难垂永久。或将领回官银隐匿，复行派累百姓，致取重叠未便。等因。奉此，本县遵即出具印领，专差的役赴开封府领回奉拨捐银，备办料物，雇觅匠役，择吉于七月初十日兴工，九月二十日完工，并无扣克捐银致建造不坚及派累百姓情弊。相应勒石，竖立仓前，以备日后稽考，按时修葺，垂之永久，仰副朝廷储积恤民至意。①

</blockquote>

可以明确涉县此次增建廒房的经费是由省级拨款的，这笔拨款是从公捐银中支出，涉县官员需要带印领到。康熙三十三年（1694）此次河南省大规模增建仓廒是执行河南巡抚的宪牌，各县在领回银两后需要在规定工期内完工，并将修建情况进行汇报，是否涉及向百姓摊派，是否存在克扣工钱等问题。

---

① 〔清〕黄泽修：康熙《涉县志》卷三《建置》，康熙五十三年刻本。

义社仓，明代广积仓即义社仓，在大街坊西，到清康熙时期已经废弃。

7.临漳县

预备仓，明朝临漳县预备仓分旧仓与新仓。明洪武二十四年（1391）以前有4处，分别在大善里、人受里、十里社、羊羔社。洪武二十四年（1391），由知县杨辛建于现址，弘治六年（1493）知县刘汉增修，弘治十年（1497）知县景芳增修仓廒28间并创建新仓以所，仓廒38间，储藏谷物4万余石。据景芳所修正德《临漳县志》记载，分旧仓与新仓。旧仓在县衙南，有堂廒16间，中廒10间，东廒13间，西廒16间，南廒12间，官亭1间，门房1间。此仓储备谷物4万余石，"备荒救民，年虽值凶，民无菜色"。新仓在县衙西，有南廒10间，东西廒26间，官亭1间，门房1间。县仓在县治内，后堂廒7间，东廒5间，西廒5间，中廒7间，前南廒5间，东廒7间，西廒6间，门房1间，"委县丞万钊增修廒24间，规模壮丽，贮积米粟一万余石"①。

常平仓，明代常平仓建于万历二十二年（1594），由知县赵友琴建正廒6楹，东西廒12楹，清代废弃。

新建常平仓，在县衙东街路北，知县陶颖发奉命建于康熙三十三年（1694），此后康熙五十一年（1712）知县董允霖修建南房，雍正八年（1730）知县陈大玠进行重修。

长春仓，位于县南张村，雍正七年（1729）知县陈大玠奉命创建，有廒房59间，雍正八年（1730）增建9间。

社仓明代有4处，分别在秤钩湾、张村、杜村、章里，旧有社谷191石，雍正六年（1728）知县陈大玠倡捐谷一百二十一石二斗，次年又倡捐一千零一十五石三斗四升，雍正八年（1730）陈大玠倡捐302石，雍正十年（1732）

---

① 〔明〕景芳：正德《临漳县志》卷四《仓库》，明正德元年刻本。

倡捐 723 石，十一年（1733）倡捐 803 石。后归并为张村一处。清代雍正十年（1732）知县陈大玠新建了两处，一处在县衙东街，一处在三台。

义仓有两处：一处在柳园集，一处在社村集。

8. 内黄县

预备仓，有 4 处。一处在吏廨西，万历初年知县孙继先重修；一处在泊口集；一处在小店集；一处在北郭门外。清朝时仅剩吏廨西旧仓一处，雍正七年（1729）增建仓廒 18 间。乾隆元年（1736），知县陈锡辂新建一处于楚王镇，有仓廒 21 间。乾隆三年（1738），知县李浈在县衙仪门以东新建一处，仓廒 12 间，储谷三万二千三百二十九石七斗五升七合。

义仓，明朝有 1 座，在县治东隅，清朝时废弃。

社仓，明朝时有社仓 8 处：一处在县治东，隆庆六年由知县黄克念所建；一处在楚王镇；一处在东庄集；一处在亳城集；一处在姜村镇；一处在窦公集；一处在沟村；一处在东门内。清朝雍正十三年（1735），内黄县陈锡辂设立 3 处社仓：一处在县城内，一处在楚王镇，一处在东庄集，共储藏谷三千七百七十八石八斗四合一勺。①

以上为明清两代彰德府下属州县各类粮仓的情况，其中内黄县于清雍正三年（1725）划归彰德府管辖，磁州于清雍正四年（1726）划入北直隶管辖。7 部《彰德府志》中，乾隆时期的府志中无磁州粮仓相关记载，而康熙以前的府志中无内黄县粮仓的记载，所以研究明清安阳地方历史，需要将 7 部府志结合起来分析。

二、各类仓廒的救济方式

明代 277 年的历史中，自然灾害之频繁超过以往朝代。由于长期应对

---

① 〔清〕李浈：乾隆《内黄县志》卷三《仓庾》，乾隆四年刻本。

自然灾害以及总结救灾经验，到晚明时期地方官府在应对各类自然灾害时已经有了一系列应对措施。这些措施中既有无偿的赈济，也有有偿的低息借贷、以工代赈等。免费的救济包括蠲免、赈济、施粥、代赎、埋瘗、归农等；有偿的救济方式，如借贷、工赈、建学、修城、疏浚河道、修筑河堤等。

从预备仓的运行来看可以达到两个效果：一是就地囤粮，解决了非必需的粮食运输问题，在赈灾时提高救灾粮运转效率；二是为先赈后奏创造了条件，洪武二十六年（1393），明太祖就诏谕地方："令天下有司，凡遇岁饥，先发仓廪赈贷，然后具奏。"①

（一）灾荒中预备仓作用的退化

明代预备仓对灾民的救济分两种形式：一是赈济，二是借贷。从明代预备仓的设立初衷看是备谷以赈济，但是时代的发展，人口的增加，官府也从最初的无偿赈济，延伸出有息借贷等多元方式。《明史·食货志》中记载，正统时期就有规定："凡振饥米一石，俟有年，纳稻谷二石五斗还官。"② 正统六年（1441），于谦任河南巡抚时期上奏明廷："今河南、山西积谷各数百万，请以每岁三月，令府州县报缺食下户，随分支给，先菽秋，次黍麦，次稻，俟秋成偿官。"所以，明代预备仓的特色在于通过有偿和无偿两种方式直接赈灾救荒。不同于以往朝代，常平仓则是通过籴粜仓谷的方式来调节米价，实现间接帮扶。

明朝成化、弘治时期全国预备仓的运行情况，"每年盘并存留余米于预备仓以赈饥荒，或于春夏给散下户，秋成抵斗还官，各府州县新陈相因、缓急有备"③。将每年存留的余米储备于预备仓用于灾荒时赈济，也可以在

---

① 〔明〕舒化：《大明律附例》卷五《户律二》，明嘉靖刻本。
② 〔清〕张廷玉：《明史》卷七十九《食货志三》，中华书局，1974年，第1925页。
③ 〔明〕顾鼎臣：《顾文康公疏草》卷一《陈愚见铲积弊以裨新政疏》，收录于《四库全书存目丛书》（集部）55册，第269页。

春夏两季借贷给百姓应急，待到秋收时偿还，该模式在明代弘治朝以前是可以有效运行的，但是预备仓的储备也无法有效对应长期的特大灾荒。到明朝嘉靖时期，预备仓的赈济功能就已经大打折扣了，明世宗嘉靖帝就因预备仓功能无法有效发挥，认为"各处府州县预备仓粮赈济饥荒，有例见行，官吏人等奉行不至，多无实效"①。并且，他还痛斥地方官吏催征粮食不遗余力，但仓廪空虚却无举措，只能感叹各地虽有预备仓，但多无积蓄，遇灾赈济，无从筹办。嘉靖时期，面对重大灾害地方官府无法有效应对，户部奏请希望朝廷重申将地方官员储备预备仓的多寡作为考核官员政绩的条件："令天下有司，仿古常平义仓之法，申明预备社仓之制，令监司以积谷多寡课守令殿最。"②官府以此方式督促地方官员积极备荒，而官员也会将地方预备仓储粮增加作为自己的政绩炫耀。而这些负面信息往往在地方志中是无法看到的，因而审视地方志史料价值时必须保持批评的态度。到明崇祯时期，预备仓的功能完全丧失，"至于今日，天下皆无复有预备仓"③。

（二）义仓储备，以裕民食

义仓虽然在明代地方广泛出现，但也是仅仅作为预备仓一家独大备荒体系的补充。只有当预备仓功能退化时，义仓的重要性才逐渐突显。义仓始创设于隋朝开皇三年（583），由州县百姓及军人劝课当社，共立义仓，目的是备水旱之急用。在明前期预备仓大行其道时，义仓的救灾功能并不被部分官员看好。大学士邱濬就认为"义仓之法，其名虽美，其实于民无益。储之于当社，亦与储之州郡无以异也"。"年之丰歉无常，地之燥湿各异，官吏之任用不久，人品之邪正不同，由是观之，所谓义者，乃所以为不义，本以利民，反有以害之也。但见其事烦扰，长吏奸而已；其于赈恤之实，

---

① 《皇明诏令》卷十九，收录于《四库全书存目丛书》（史部）第58册，第394页。
② 《明世宗实录》卷二十五，嘉靖二年四月壬申。
③ 〔清〕俞森：《荒政丛书》卷九《义仓考》，文海出版社，1989年，第65页。

诚无益焉"①。邱濬更是直截了当指出义仓原以为民谋利,实际运行反而害民,出现这种情况的原因在于义仓管理中存在的问题导致腐败滋生。

为了让义仓、社仓能在灾荒时节有效运行,明廷在嘉靖八年(1529)制定了设置义仓条款,并收录于《明会典》之中。

> 各处抚按官设立义仓社仓。令本土人民,每二三十家约为一会。每会共推家道殷实、素有德行一人为社首,处事公平一人为社正,会书算一人为社副。每朔望一会,分别等第。上等之家,出米四斗,中等二斗,下等一斗,每斗加耗五合入仓。上等之家主之,但遇荒年,上户不足者量贷,丰年照数还仓;中下户酌量贩给,不复还仓。各府州县造册送抚按查考,一年查算仓米一次。若虚,即罚会首出一年之米。②

此法由时任嘉靖朝兵部侍郎的王廷相提出,社仓的优点是设立在乡村里社,需要救济时使用方便,同时因为是官督民办,所以减少了胥吏的侵渔。沈德符的《万历野获编》中提到了在嘉靖时地方多献义仓社会法。此法受到王廷相的大力支持,并奏请朝廷推广。例如在直隶宝坻县推行社仓的方法:"各里老具开本里务农小户,不愿者勿强。愿者五家为一票,票有头;一乡为一总,总有长。一村不及十家者,七八家联为一票,皆择良善信实者充之。"③这里需要说明的是,从地方志的记载情况来看,明清时期包括方志编纂者在内对于社仓和义仓的认识存在混淆情况,往往将社、义仓混为一谈。

到万历中期,河南官府预备仓的储备谷粟不足以应对大的灾害。河南

---

① 〔清〕俞森:《荒政丛书》卷九《义仓考》,文海出版社,1989年,第65页。
② 〔明〕申时行:《明会典》卷二十二《预备仓》,中华书局,1989年,第386页。
③ 〔清〕袁黄:《宝坻政书》卷二《申请行朱子社仓公移》,天津古籍出版社,1999年。

巡按御史钟化民认为应该大力倡导义仓赈灾。巡按御史钟化民在河南赈灾时对义仓的运行提出了自己的规划方案：

> 以本乡所出积于本乡，以百姓所余散于百姓，则村村有储，家家有蓄，缓急有赖，周济无穷……每仓择好义诚实、有身家者一人为义正，二人为义副。每遇丰收之年，劝谕同堡人户各从其愿，或出粟谷，或出米豆，少者数斗，多者数石，置立簿籍，登记名数。至荒歉时，各令领回食用。如未遇荒，今年所积，明年借出，加二还仓。①

钟化民在地方大力倡导义仓，主要是取之于民，用之于民，更体现出同乡百姓的抱团自救，贫者出数斗，多者出数石，捐出的粟谷多少不限，灾荒年领回自用。如无灾荒年份，为了确保储存的粮食不至于霉变，可以面向民间开展粮食借贷收取利息。

随着万历后期皇帝昏庸怠政，官府行政事务推诿，官员巧立名目侵占社仓义仓粮储的现象时有发生："曩时社仓难举易废者，以士民一输谷入仓，即为官物，封贮不动，有耗无增，人安得常乐施？廪安得有余积？盖袭社仓之美名而失社仓之妙用，所以间行而不能经久也。"② 政治的腐败蔓延到荒政赈济之中，这样的明朝灭亡也只是时间问题。清朝人总结了明代的赈灾经验，认识到民间积储，社仓为先，备荒之要莫便于社仓的道理。从康熙朝开始，地方逐渐创建社仓、义仓，并由各省巡抚监察定期查验，以确保灾荒时节功能发挥正常。清嘉庆年间，彰德府遭遇灾荒，临漳县知县王果在上报的公文中就提到，使用仁育仓粮食救济灾民，"给签领

---

① 〔明〕钟化民：《救荒图说》之《民设义仓》，墨海金壶本。
② 〔清〕俞森：《荒政丛书》卷九《社仓考》，文海出版社，1989年。

谷，两月为期，按月给发，每大口共给谷三斗，小口减半，统共男妇大小一千五百六十四名口，用谷三百八十一石四斗五升，在于仁育仓项下动拨"①。由此来看，民间社仓、义仓要确保功能正常发挥，还是需要定期检查监督。

三、仓廪储备与粮食安全

在明清500多年历史中，大灾荒、特大灾荒多有发生，从而引发了严重的粮食危机，这也是方志中常见的路有饿殍。明清两代处于小冰川期，自然灾害严重影响社会稳定。因蝗灾、旱灾进而引发饥荒并伴生瘟疫的悲剧多次发生，在灾疫发生后，小范围动用国家储备粮赈灾可勉强渡过难关，但大范围地赈济，国家储备显然是杯水车薪。我们看到明清个别时期中央和省级官府督促地方做好备荒仓廪建设，增修、重修各类储备仓廒，其目的就在于确保粮食安全。

粮食安全是历代王朝治国安邦的重要保障。通过对《明会典》等史料梳理，我们可知预备仓仓谷主要来源于官钞收籴、地方富户捐献、对罪犯的罚赎等途径。官府用官钞和关钞籴买预备仓仓谷是其主要来源。在明代大学士杨溥的《请预备仓储疏》中建议户部下令，要求地方府、州、县在每年秋季丰收之地，用官钞按照市价籴粜谷粟以备灾荒之需。充足的粮食储备是调控粮食市场、稳定粮食价格的保障。官仓的作用就在于给民间以保障：

> 赈粜，此系用常平米，其法在于平准市价，默消闭籴之风。如市价三十文一升，常平只算籴时本钱，或十五六至二十文一升出粜。②

---

① 〔清〕方受畴：《抚豫恤灾录》卷三，收录于《中国荒政全书》（第二辑），北京古籍出版社，2004年，第182页。
② 〔明〕俞汝为：《荒政要览》卷六，收录于《中国荒政全书》（第一辑），北京古籍出版社，2002年，第410页。

明万历朝河南巡按御史钟化民提出："官为立仓，以平谷价，民间谷贱，官为增价以籴之，民间谷贵，官为减价以粜之。本常在官，而上不亏官。利常在民，而下不病民。中州常行此法矣。"① 万历中期，河南各地还存在着常平仓，平抑粮价的功能却有差别，因而关键在于官府利用常平之法加强对粮价的管理。通常赈粜粮的出售价格低于市场价的 2/3，目的只是抑制粮价疯涨，事实上历代灾荒时粮价上涨都是无法及时遏制的。不仅商人贪图借此牟利，权贵之家也会参与其中。所以，在诸如彰德府州县发生灾荒后，开展赈济等救灾活动时官府与权贵及商人的博弈也是赈济能够有效的因素，打击囤积居奇理应成为必须之举。

> 岁侵谷贵，小民已不堪命，而市井之猾、牙侩之徒罔念民艰，乘时射利。凡遇有谷之家，入市出粜，结党成群，邀截兜揽，稍高其价而收籴入，以图折勒零粜，取利倍增。②

灾荒年份商人抬高粮价借机发财与官府和民间赈灾仓储不足有关。这是一个十分矛盾的问题。以临漳县为例，"每遇春雨愆期，棉花早秋不能播种，市集粮价即日见腾昂，囤积之户垄断居奇，操其利权，小民薄产多为兼并"③。在灾荒中，外地商人贩运粮食到灾区销售，由于官府储备不足，通常政府不会限定此类商人销售粮食的定价，避免因商人无利润而转售他处。此时有作为的地方官员会通过多种渠道由官府筹措赈灾粮投入市场，帮助百姓渡过难关。

---

① 〔明〕钟化民：《赈豫纪略》，《中国荒政全书》（第一辑），北京古籍出版社，2002年。
② 〔明〕屠隆：《荒政考》，收录于《中国荒政全书》（第一辑），北京古籍出版社，2002年。
③ 黄浩、刘尚峰整理点校：《临漳县志略备考》卷一，中国古邺古籍整理丛书，2003年，第90页。

明清两代各地赈灾粟谷的仓储数量多寡不一。虽然各时期中央对仓储有所规定，但是各地也并未能达到此数额。以明弘治时期为例，朝廷规定了预备仓的数额："天下州县预备仓积粮以里分多寡为差。十里以下，积粮至万五千石者为及数；二十里以下者二万石，三十里以下二万五千石，五十里以下三万石，百里以下五万石。"① 实际储备情况各地也会有差异。我们以清代乾隆彰德府各县常平仓、义仓和社仓储备情况来分析。

表 5-3-1　《乾隆续河南通志》载彰德府各县常平等仓储备情况统计表

县名	常平、义、社仓储谷	劝捐社谷	备注
安阳县	二万七千七百九十一石七斗九升九合九勺	一万零七百二十一石七斗四升四勺	
汤阴县	二万四千九百六十一石四斗六升六合六勺	二千二百八十七石四斗一升五合五勺	
临漳县	二万一千七百一十一石二斗六升九合四勺	七千四百五十二石三斗五升四合一勺	
林县	二万一千二百九十八石六斗六升	六千九百六十八石二斗九升九合八勺	
武安县	二万二千一百四十八石九斗五升	一千四百零三石四斗二升五合五勺	
涉县	一万五千四百六十九石九斗三升五合七勺	一万九千二百一十石六斗二升九合九勺	
内黄县	二万三千三百四十五石四斗七升九勺	七千六百五十三石五升六合九勺	

资料来源：乾隆《续修河南通志》卷三十五，《食货志》

据《乾隆续河南通志》所记，安阳县常平仓、社仓和义仓储备谷物在7县之中最多，为27000多石，涉县储备最少只有15000多石，7个县中

---

① 《明孝宗实录》卷三十六，弘治三年三月丙辰。

有6个县的赈灾储备粮在2万石以上。值得注意的是，涉县虽然储谷数量最少，但是民间捐赠社谷则为19000多石，明显高于其他6县，这显然是一种不正常现象。显然涉县官员在劝捐方面做了很大的努力，实际上在彰德府下辖涉县由于山区较多，所以农作物产量较低，常平等仓的储备少是合乎情理的。

当地方储备不足，无法稳定粮价，更无法应对灾害时，"若所蓄之米度不足支用，当以常平钱委官，四出于有米去处，循环粜籴，务在救民，不得计较所费，窥图小利"。① 如果本地粮食储备不足，遇荒年官府可派遣专人到外地购粮，但所购粮食必须平价卖给饥民。为了防止富户乘机抢购囤积，通常卖粮只按升不按斗，按照升的标准小份额出售。

众所周知，每当地方发生灾荒时，粮价上涨已经被视为常态，但涨幅程度却不好控制。高英霞、孟万忠等通过对明代河南粮食价格在灾前和灾后的对比，发现自然灾害影响粮价在明代各时期表现不同，其中嘉靖时期灾后粮价仅是之前的3.42倍，而崇祯时期灾后粮价则是灾前的32.76倍。② 我们以明代彰德府不同时期灾荒中粮价来分析：古代粮食重量换算单位按照一石等于十斗，货币换算按照一两等于一千文，一文等于一钱，一钱等于十分。据汤传楷所修康熙《彰德府志》记载，弘治十一年（1498）时，临漳县和磁州，斗米千钱。这意味着一斗米需要一两白银，这样的粮价一般百姓根本无法承受。万历二十二年（1594），河南大饥荒时，米一石涨价到白银五两，在巡按御史钟化民的有效调控下，米价回落至每石八钱。万历二十二年（1594）灾荒中河南粮价的波动，从前期的一石粮值白银五两，相

---

① 〔明〕俞汝为：《荒政要览》卷六，收录于《中国荒政全书》（第一辑），北京古籍出版社，2004年。
② 高英霞、孟万忠、魏靖宇：《明代河南自然灾害与粮食安全研究》，《忻州师范学院学报》2020年第4期。

当于一斗粮五百文钱，而钟化民调控后粮价回落到一石八钱，非常便宜。崇祯十三年（1640），安阳县"米麦一斗至银一两三四钱不止，草根木皮剥掘殆尽"①。一斗米卖白银一两三钱的话，一斗米相当于一百三十文钱。从这几个时间的粮价可以看到，灾荒时期遏制粮食暴涨对于稳定社会的重要意义。

崇祯时期灾荒不断、农民起义不断，官府忙于与东北的女真族作战和镇压农民起义，又不断向百姓征税，导致民不聊生。预备仓等仓廪更是入不敷出，"积谷者有几？即积矣，而及额者有几？有抚按焉，真能积谷者有几？即报积矣，而仓收者有几？徒工纸上之铺张，不究廒中之积蓄"②。我们看到明清赈济仓廪制度的兴废是与吏治密切相关。

中国古代官府设置常平仓的目的就是平抑物价。从明代中后期开始，地方官员在探索有效救灾中认识到民间力量在救灾中发挥的作用。万历时期，河南巡按御史钟化民在豫指挥救灾期间就积极平抑物价。钟化民认为在救荒过程中，官府主导的常平仓、预备仓由于受官府办事程序限制影响救灾效果，只能作为一时的权宜之计，而义仓、社仓等民间备荒仓储系统才应该发挥救灾主力作用。因而，义仓和社仓的救灾功能不断受到官方认可。地方民间备荒仓储的扩建，大大提升了各地备灾赈济的能力。李秋芳和鞠明库将其归纳为灾荒应对从独仓难支，演变为多仓同济。③事实上，官府主导的官仓粟谷储备要比民间仓廪储备富裕，笔者认为在大规模灾害发生后官府如果没有足够的财力应对，无法持续承担备荒的巨额开支，将赈济事务转向民间其实是国家实力不支的体现。

---

① 〔清〕汤传楷：康熙《彰德府志》卷十七《灾祥》，《河南历代方志集成》，大象出版社，2017年，第547页。
② 李文海、夏明方：《中国荒政书集成》第2册，天津古籍出版社，2010年，第658页。
③ 李秋芳、鞠明库：《嘉靖初特大灾荒与明代地方备荒仓储体系的重构》，《江西社会科学》2022年第10期。

第四节 明清彰德府灾疫救助中的民间力量

在明清灾荒救济中,地方官员通常会寻求各地富户的支持,以帮助地方渡过难关。明清安阳方志中关于灾荒时期捐输者的记载大多归于"义行""义烈"等目类之中。《磁县县志·义行》中解释为:"义非行无以著,行非义无以彰,义之所至,行以成之。"① 在民间社会,义行表现在很多方面,本节主要围绕灾荒中捐资助赈行为展开。

一、乡邦善士捐资赈灾

以明代嘉靖朝、万历朝、崇祯朝的大饥荒为例,明朝长期经营的预备仓、社仓等救灾仓储系统在大灾面前显得杯水车薪。当独木难支的官府备荒系统无法第一时间开展有效赈济时,民间救荒力量显得更为及时有效。鞠明库先生就指出,嘉靖朝特大灾荒犹如催化剂,促使明中后期地方备荒仓储体系开始重构。② 查阅《中国近五百年旱涝分布图集》会发现,当面临持续时间长、波及范围广的自然灾害时,官府接到奏报、勘灾、组织赈济的过程需要逐级实现,往往因此延误时机。部分地区在官府申报的赈灾批复未下发之前,民间自救活动已经展开。

在灾害频发年份,地方富户通过捐粮赈饥的方式,维持地方秩序的稳定。永乐中,临漳县大饥,邑民冯寿"输麦1200石于官,以赈之,民赖以活",

---

① 黄希文:《磁县县志》,成文出版社,1942年,第338页。
② 李秋芳、鞠明库:《嘉靖初特大灾荒与明代地方备荒仓储体系的重构》,《江西社会科学》2022年第10期。

被旌表其家为"义民冯寿之门"①。正统六年（1441），偏店村人赵用出米1200石赈济饥民，地方官员将其事迹上报朝廷，并敕旌表为义民。此外，还有温村人李荣，输米1000余石赈饥，也被旌表为义民。嘉靖三十三年（1554），彰德府发生饥荒，武安县民王宗元捐粟赈济饥民，为饿死者掩埋尸骨。嘉靖初岁凶，索文德，捐粟千石以济贫民，活者甚众。②万历八年（1580），涉县北关人王金出谷1000石赈饥，地方官上报朝廷给予"赐坊旌义"③。林县义民杨镜为邑诸生，以孝友闻名，万历二十二年（1594）的大饥荒中，百姓无食可餐，杨镜借贷谷物赈济灾民，"又输谷助官，煮粥以赈"④。正是有了这些义民的热心助赈，地方百姓在灾难中才得以存活。

清代延续明代的社会救助风气，乡间义士在地方官员的激励下热心于扶贫济困。临漳县民董璇捐资赈济的事例就是其中的代表：

> 董璇，字玉衡，居西羊羔村。幼承庭训，弱冠即卓然自立，谙练事务，里党日请教，益门如市。家素贫，手辟田数千亩，自奉俭，素而重义轻财。先是里中荒歉，璇罄数年积困，户给粟三斗，不责偿，亦不问其姓氏，赖以安堵者数十村。越数载，岁复歉，好施之心不倦如前。尝施茶以济行人。⑤

诸如董璇一样在灾荒中舍财济困者，《彰德府志》中多为其立传，以感化乡里，激励人心。那么，我们就从《彰德府志·义行》中的人物入传情况，来分析灾疫救助中的民间力量。

---

① 〔清〕卢崧：乾隆五十二年《彰德府志》卷十八《义行》，九州出版社，2021年，第625页。
② 〔清〕汤传楷：康熙《彰德府志》卷十五下《义烈》，《河南历代方志集成》，大象出版社，2017年，第360页。
③ 〔清〕黄泽修，窦彝常纂：康熙《涉县志》卷十《人物志》，清康熙年刻本。
④ 〔清〕卢崧：乾隆五十二年《彰德府志》卷十八《义行》，九州出版社，2021年，第625页。
⑤ 黄浩整理点校：雍正《临漳县志》卷五《人物》，古邺古籍整理丛书，2010年，第147页。

二、明清彰德府义行统计分析

在《彰德府志·义行》中共记录了明清两代义民 149 人，其中出谷赈济的义民有 81 人，以捐谷煮粥赈灾入传的义民占 54%。如武安县儒士李敬先，慷慨仗义，贫人无葬地施为义冢，"乾隆五十年大荒，流民遍野，出资返睢州之饿夫，还平干之乞妇"①。这样的例子不再一一列举。我们从这些义行传记中发现一个特点，入《义行传》的人物不仅乐善好施，在灾荒中输谷济困，而且大多数人都有监生、贡生、儒士等头衔。

表 5-4-1 明代彰德府旌表赈灾义行统计表

县名	《彰德府志》赈灾义行	人数
安阳县	曹履灿、孙可嘉、耿光、许迪濂、李之禄、张铨、王思臣、姬续安、田富国、张珆、王楷、高盛	12
汤阴县	郑亨、李信、王瑜、王遑、孙绳祖、苏玺、韩邢贵、于必达	8
临漳县	冯崇儒、孙伟能、赵启宋、孙之璧	4
林县	李蕃、杨镜、卢公让、李璋、李文炳、李绵祚、王国柱、阎枢、牛晨	9
武安县	郭琎、裴荣、白琛、王宗元、贾民仰、王瑰、王良弼、张泽渊、贾宸、姜兴周、贾圣楷、张泽汇、李敬先、李藻、贾谦、杨典故、袁润	17
涉县	赵用、李荣、王金、李栅	4
磁州	索文德、许尚志、王世锦、孟大文	4
内黄县	马铎、郑宽、冯本、宋铭、刘全、李允、张廷爵、张威、王以诚、黄名士、刘彦誉、王良翼、李奈、董自道、李继管、王月灿、黄本洁、刘际可、黄生荣、李含光、王端、刘振荣、苏居信	23

资料来源：乾隆五十二年《彰德府志》卷十八《义行》

---

① 〔清〕卢崧：乾隆五十二年《彰德府志》卷十九《义行》，九州出版社，2021年，第636页。

这些义民属于知识群体,在民间社会起着联系官府与百姓的作用。刘道胜在研究明清徽州方志中的义行时,认为只有财富与身份相结合,方可载入志书。① 这种分析是有一定道理的,我们从彰德府《义行传》人物出粟济贫、煮粥施药等善举中,看到了地方官员给予他们诸如"高义可风""慕义维风""刑于向义""盛世淳良""克敦义行"等旌表之词。由于方志编修者对人物事迹类型的归纳,有一些灾荒中自救的孝行善举往往被忽略。

　　清乾隆四十三年(1778),彰德府发生了大饥荒中一个感人的事例,节妇吴氏是蒋模妻子,蒋模去世后吴氏抚遗孤、孝养公公,家中生活条件极为艰苦。吴氏经常以糠秕菜叶充饥,而让公公和孩子有米粥食用。饥荒中,"氏出瓮米七八斗。翁问何来?告以故曰:'久积此,备不虞也。'翁大恸曰:'吾妇真节孝也,受苦而吾不知,吾何生为?'"② 从吴节妇的孝行事例中,我们感受到她生活的艰辛,养老抚孤的不易,但是明清社会对守节妇女的礼教束缚,让她们背上了沉重的家庭负担。吴节妇能通过日常勤俭持家,在灾荒中自救反而是那个封建礼教社会应该颂扬的义行,而不应该仅仅旌表其为节烈行为。

---

① 刘道胜:《明清徽州的民间捐输:兼论方志"义行"的书写》,《徽学》2019年第1期。
② 〔清〕卢崧:乾隆五十二年《彰德府志》卷十九《列女》,九州出版社,2021年,第655页。

第六章

忠义的书写与《彰德府志》教化功能

第一节 明清两朝的岳飞崇祀

岳飞，字鹏举，宋相州汤阴县人，因抵御金兵、收复中原失地，声名大振，被称为南宋中兴四将之一。《宋史·岳飞传》载："飞北伐，军至汴梁之朱仙镇，有诏班师，飞自为表答诏，忠义之言，流出肺腑，真有诸葛孔明之风，而卒死于秦桧之手。"① 公元1142年，南宋以"莫须有"的罪名，将岳飞、岳云及部将张宪杀害。直到宋孝宗时期，官方才为岳飞平反冤狱。宋孝宗诏谕中写道："卿家纪律、用兵之法，张、韩远不及。卿家冤枉，朕悉知之，天下共知其冤。"② 南宋宝庆二年（1226），宋理宗更是追封岳飞为鄂王，称其"英灵如在，茂渥其承。可依前故太师追封鄂王，特与赐谥忠武"③。

---

① 〔元〕脱脱：《宋史》卷三六五《岳飞传》，中华书局，1977年，第11396页。
② 〔宋〕岳珂：《金佗稡编》卷九《昭雪庙谥》，广陵古籍刻印社，1986年。
③ 〔清〕卢崧：《彰德府志》卷二十二《宋理宗改谥岳飞为忠武诰》，九州出版社，2021年，第746页。

岳飞精忠报国的故事在民间广泛流传，可谓家喻户晓。在被南宋朝廷正式平反冤狱后，民间对于岳飞的崇祀也得到了地方官府的支持。民间对岳飞的信仰，以及关于岳飞生而与众不同的传说，在地方百姓中流传。据《宋史·岳飞传》和《内黄旧志·流寓》记载，崇宁二年（1103）六月，河决于内黄，洪水暴至，百姓困水中，岳飞"生未及弥月，母姚氏抱飞坐瓮中，冲涛及岸得免，人以为异"[1]。民间传说，内黄县石瓮村是"冲涛及岸"的故址，麒麟村是岳飞幼年生活过的地方，因而也有岳飞"生于汤阴，长在内黄"的传说。

一、明代对岳飞崇祀的兴起

明朝建国后，对岳飞的崇祀比宋元两朝都提高了很多。明太祖朱元璋重定从祀帝王庙的历代名臣，将礼部官员拟定的从祀帝王庙的36位名臣更定为37人，其中岳飞与宋代的韩世忠、张浚、潘美等名列其中。明太祖对为何更定从祀名臣有如下解释：

> 古之君臣同德者，终始一心，载在史传，万世不泯，国家祀典，必合公论，不可徒观其迹，而不究其实也。若宋赵普负太祖为不忠，不可从祀。元臣四杰木华黎为首，不可以其孙从祀而去其祖，可祀木华黎而罢安童。既祀伯颜，其阿术亦不必祀，如汉陈平、冯异，宋潘美，皆节义兼善始终，可从庙祀。于是定以风后、力牧、皋陶、夔、龙、伯夷、伯益、伊尹、傅说、周公旦、召公奭、太公望、召虎、方叔、张良、萧何、曹参、陈平、周勃、邓禹、冯异、诸葛亮、房玄龄、杜如晦、李靖、李晟、郭子仪、曹彬、潘美、韩世忠、岳飞、张浚、

---

[1] 〔明〕董弦：嘉靖《内黄县志》卷六《人物·流寓》，明嘉靖十六年刻本。

木华黎、博尔忽、博尔术、赤老温、伯颜，凡三十有七人，从祀历代帝王庙。①

从这份从祀帝王庙的名单中可知，明初对于在帝王庙从祀历代名臣的选择强调三点：一是君臣同德；二是忠义；三是长幼有序。北宋名臣赵普因不忠于宋太祖，朱元璋认为其不可以从祀于帝王庙。将安童换为木华黎，朱元璋更看重长幼尊卑的次序，因为同为元代名臣木华黎是安童的太祖父。岳飞在明洪武时期被列入从祀名臣，恰恰是符合朱元璋所认定的臣子因忠于君王的忠义思想。洪武九年（1376），朱元璋诏谕将岳飞列入帝王庙后，还亲自为其题写了"纯正不曲"的匾额。

明朝初期对于岳飞的崇祀仅限于从祀历代帝王庙，到明英宗正统时期发生的土木堡之变成为崇祀岳飞的重要发展期。土木堡之变既是明朝与蒙古之间由战略进攻转为战略防守的转折期，也是明朝君臣华夷思想变化的一个重要节点。明正统十三年（1448），翰林院侍讲徐有贞到达彰德府汤阴县，提议在此修建岳飞庙，此举得到明廷及地方官员的大力支持。第二年，岳飞庙修建完成，明英宗钦赐匾额曰"精忠"，命地方官员每年春秋二季致祭，定为常例。土木堡之变中，英宗被迫北狩，明军损失惨重，朝中敌视蒙古瓦剌的情绪高涨。为了恢复士气，文官集团积极寻求振奋人心的激励方式。

景泰元年（1450），翰林院侍讲徐珵向景泰帝进言："臣近蒙差往河南彰德府召募民壮，道经汤阴县周流社，询知宋臣岳飞生于其地，飞之祖坟犹在。飞起自民间，应募勤王大立战功，佐成中兴之业。殁后葬于杭州，墓木南拱至今庙食。汤阴实飞所生之地，理宜建庙祀之。皇上临御，凡天下祀典，并令有司令修举，矧今方将奋扬神武，复仇雪耻，灭彼贼虏，以

---

① 《明太祖实录》卷一八八，洪武二十一年正月甲寅。

成中兴之功有如飞者。宜令建立庙宇,春秋祭祀,则不惟汤阴之民知所激劝,而在朝将士以及天下之人,亦莫不知所激劝,而兴起其忠义之心矣。"① 从徐珵的进言内容来看,主要是为了振奋人心,复仇雪耻,歼灭蒙古。这一建议得到景泰帝的赞许,并在全国施行。同年,明廷下令将岳飞庙由汤阴县城外移建于县城之内,并规定每年春秋两季地方官奉祀。从此以后,彰德府便确定由府县地方官代表朝廷每年春秋两次祭祀岳飞的常例。

天顺元年(1457),明英宗再登帝位后,在杭州开始祭祀岳飞,"赐宋将岳飞庙额曰:'忠烈'。命有司春秋祭之"②。结合明代土木堡之变的大时代背景,我们可以看到岳飞庙的修建及对岳飞的赐号、崇祀,正体现出了明朝统治者在振奋民心和推行教化中的实践。亲自参加土木堡之变后北京保卫战的兵部尚书于谦,就曾作诗盛赞岳飞:

岳忠武王祠
〔明〕于谦

匹马南来渡浙河,汴城宫阙远嵯峨。
中兴诸将谁降敌,负国奸臣主议和。
黄叶古祠寒雨积,青山荒冢白云多。
如何一别朱仙镇,不见将军奏凯歌。③

明朝中央采取在民间宣扬忠义精神,并修葺汤阴岳飞庙的方式激励人心,稳定局势,使得土木堡之变后明朝君臣能够勠力同心,击退蒙古瓦剌的进攻,在各地勤王之师陆续到达北京后,危机得以解除。

---

① 《明英宗实录》卷一八八,景泰元年正月丁未。
② 《明英宗实录》卷二八三,天顺元年十月戊戌。
③ 李子荣主编:《西湖诗词曲选》,杭州出版社,2018年,第263页。

明朝弘治五年（1492），由时任鸿胪寺少卿的汤阴人李镠奏请，明廷命彰德府地方官修葺武穆王岳飞的祖茔，派有司春秋致祭，同时指派专人负责守视。①明朝对于忠义之臣岳飞的崇敬，使其祖先的坟茔也得到了官府的保护。正德八年（1513），明朝官员在岳飞墓前铸秦桧、王氏、万俟卨三人的跪像，后又增设张俊像，成为四跪像，既褒奖忠义之臣，也让百姓牢记害死岳飞的奸臣。

嘉靖时期，明朝与蒙古俺答汗部的矛盾日益突显，俺答汗为向明朝求贡进行贸易，不惜动用武力，常年在北部九边沿线袭扰。嘉靖十五年（1536），为振奋武将士气，兵部官员奏请明世宗效仿唐代设立武成王庙。

> 古今言兵者，以太公吕望为宗。请仿唐制立武成王庙，以汉唐以来名将，如孙武、吴起、司马穰苴、尉缭子、黄石公、张良、韩信、李广、赵充国、诸葛亮、邓禹、冯异、关羽、张飞、李靖、李勣、郭子仪、曹彬、韩世忠、岳飞，本朝之徐达、常遇春、张玉、汤和配享，每岁春秋致祭。庶典制不阙，武教有所兴起……上从之。②

从配享的文臣、武将名单来看，与历代帝王庙中被祭祀者有所不同，主要是历代战功卓著的名臣。

嘉靖十八年（1539），明世宗南巡，途经彰德府汤阴县，遂遣靖远伯王瑾祭祀岳飞庙，并亲作祭文：

> 昔宋运将终，尔克尽大义，精忠丕著，敌者畏之。使当时桧贼不

---

① 《明孝宗实录》卷六十五，弘治五年七月戊寅。
② 《明世宗实录》卷一八六，嘉靖十五年四月甲午。

生,则有宋或未至绝,岂但尔亡于贼乎哉。朕缵承天位,今有事显陵南之荆楚,道经尔祠,特命重臣谕祭于尔,惟尔领承哉。①

在明朝中央和地方官府积极崇祀岳飞的同时,民间对于岳飞的信仰和祭祀也在日益普及。其中《精忠录》的编纂就是一个典型。在土木堡之变后,景泰年间汤阴县儒学教谕袁纯就开始重新编纂《精忠录》,他将旧有《褒忠录》等文献收集整理,又将时人题咏新作一并收入。内阁大学士商辂亲作《汤阴县精忠录序》,称"王之忠义,真可与日月争光,虽庸人孺子皆知起而慕之"②。商辂在序文中写明了1448年佥都御史徐有贞至汤阴时,教谕袁纯立请徐有贞向明廷倡议修建岳飞庙。《精忠录》是在汤阴岳飞庙修建时期创作的,后世流传着景泰本、弘治本、正德本。明朝嘉靖时期,小说家熊大木根据《精忠录》创作了演义小说《大宋中兴通俗演义》。小说家冯梦龙创作了《精忠旗》,于华玉创作了《岳武穆尽忠报国传》。李琳指出:"明代政治时局变化以及官方褒扬对于岳飞故事作品的产生和繁荣影响深远。"③

万历十四年(1586),彰德府推官张应登编修了《汤阴精忠庙志》14卷。张应登在《刻汤阴精忠庙志跋》中写道:"幼学不发蒙,一日家严独立授兄以王史,抚案叹息,声震堂奥。贱子进前长跽谢悸。严曰:'非怒若背也。乃俗说王史,遂了了服膺到心。'"④张应登在幼年读书时,其父就为其兄讲岳飞故事,听到动情处,年幼的张应登也深受感动,其为官处彰德府正

---

① 殷时学点校:乾隆《汤阴县志》卷三,河南人民出版社,1987年,第82页。
② 〔明〕商辂:《精忠录序》,收录于乾隆五十二年《彰德府志》卷二十三,九州出版社,2021年,第776页。
③ 李琳:《明代岳飞故事小说考论》,《江汉论坛》2014年第2期。
④ 〔明〕张应登辑:《汤阴精忠庙志·跋》,清刻本。

为他编修《精忠庙志》提供了便利。曾任隆庆朝内阁大学士的郭朴,虽已赋闲在家,但得知张应登编修《精忠庙志》后,为此志撰写了序言。

万历四十三年(1615),明神宗朱翊钧更是敕岳飞帝号,加封为三界靖魔大帝保劫昌运岳武王。其敕文如下:

> 言念渺躬,缵绍灵基。惟圣贤之典谟是重,抚绥夷夏,抑古今之忠孝可褒。咨尔宋忠臣岳飞,精忠贯日,大孝昭天,愤泄靖康之耻,誓清朔漠之膻。原职宋忠文武穆岳鄂王,兹特封尔为三界靖魔大帝保劫昌运岳武王。由是造成冠带袍履一分,特差尚膳监太监李福赍捧去汤阴岳庙悬挂,爰命道家"启建金箓"告闻秩典,显播王封,悬尚冠袍,用扬圣悃,咸使闻知。①

此次明神宗加封岳飞不仅有敕文,而且还差遣太监李福将冠带袍履一套送至汤阴岳飞庙。官方的推崇也让岳飞走上神坛,万历皇帝册封"三界靖魔大帝"后,对岳飞的崇祀就完成了由武将向神灵的转变。

明末社会矛盾尖锐,由于统治阶层的横征暴敛,致使百姓民不聊生,在风起云涌的农民起义浪潮中。崇祯朝彰德知府黄建中在祭拜岳飞庙时,作诗一首感叹当时的混乱景象,同时也表达自己忠心于明朝的志向:

> 眼见流气势已横,中原无地不生荆。
> 主忧数载勤鼙鼓,朝议频年讲甲兵。
> 礼向祠前图胜算,诗知邺下愧先声。

---

① 〔清〕卢崧:乾隆五十二年《彰德府志》卷二十二《艺文》,九州出版社,2021年,第747页。

维桑血食高千古，愿借精忠护大明。①

李自成农民起义军还未在北京站稳，清朝的八旗兵已经踏入山海关。由于晚明时期女真族在东北壮大，并不断地向山海关内进攻。萨尔浒之战中，明军更是丢城失地，在士大夫阶层中将岳飞奉为抗金英雄。岳飞收复失地、大败金兀术的故事已经在民间家喻户晓。岳飞抗金的故事"成为激励和鼓舞民间反满的推动剂"②。

明末的忠烈之士多以岳飞事迹自我激励，更多地体现出爱国的思想。南明抗清名将，兵部尚书张煌言创作的《满江红·怀岳忠武》就表达了其舍身抗清的意志：

> 屈指兴亡，恨南北黄图消歇。便几个孤忠大义，冰清玉烈。赵信城边羌笛雨，李陵台上胡笳月。惨模糊吹出玉关情，声凄切。　汉宫露，梁园雪。双龙逝，一鸿灭。剩遗臣怒击，唾壶皆缺。豪杰气吞白凤髓，高怀眈饮黄羊血。试排云待把捧日心，诉金阙。③

清乾隆四十一年（1776），乾隆皇帝追谥张煌言"忠烈"，于是张煌言与岳飞、于谦并称西湖三杰。

有明一代，从官府和民间对岳飞的崇祀情况来看，岳飞的地位较宋元时期提升明显。无论是各时期的明廷中央，还是地方，祭祀岳飞已经成为振奋人心的一剂良药。文人墨客无不用诗篇表达对岳飞的哀悼和敬意。在明廷的推动下，岳飞的形象已经由一位忠肝义胆的武将，逐渐被神化。尤

---

① 〔明〕沙蕴金：崇祯《汤阴县志》卷十八《艺文》，明崇祯十年刻本。
② 董湘宁：《忠勇廉洁——晚清岳飞形象建构》，《安阳师范学院学报》2017年第1期。
③ 〔明〕张煌言：《张苍水集》，上海古籍出版社，1985年，第181页。

其是明朝灭亡后,追思明朝的士大夫们将对前明的思念,通过崇祀岳飞进行传承。

二、清代对岳飞崇祀的变化

岳飞抗金成就了他一生的英明。清朝作为金人的后裔,在统一中原后对于崇祀岳飞并没有官方的否定意见。顺治朝效仿明制,制定从祀帝王庙的规制,将历代帝王21人祀以太牢,历代名臣41人祀以少牢。

> 分献官四人祭两庑,庑祀风后、力牧、皋陶、夔、龙、伯益、伯夷、伊尹、傅说、周公旦、召公奭、太公望、召虎、方叔、张良、萧何、曹参、陈平、周勃、邓禹、冯异、诸葛亮、房玄龄、杜如晦、李靖、郭子仪、李晟、张巡、许远、耶律赫噜、曹彬、潘美、张浚、韩世忠、岳飞、尼玛哈、斡里雅布、穆呼哩、巴延、徐达、刘基,凡功臣四十一,祀以少牢。①

虽然清朝入主中原后为了取得王朝的正统地位,在诸多政策制定时借鉴明朝,岳飞等名臣配祀少牢显然只是取得王朝合法性的例行程序。康熙皇帝也在《宋高宗父母之仇终身不雪论》中肯定了岳飞的忠义坦诚。但是,毕竟岳飞是家喻户晓的抗金英雄,所以当清朝开始加强思想控制时,就对岳飞有所贬抑。雍正皇帝统治时期一改顺治、康熙时期对岳飞的崇祀。雍正四年(1726),岳飞塑像便被清廷移出武庙,这意味着官方对岳飞的排斥,以此向民间宣示岳飞地位的下降。

事实上,顺治、康熙两朝虽然效仿明代崇祀岳飞,但并未给予高规格

---

① 赵尔巽:《清史稿》卷八十四《礼志三》,中华书局,1977年。

的祭祀标准，直到乾隆帝继位后才有所改观。乾隆皇帝登基后，对于岳飞给予了极高褒奖，并确立其"忠勇廉孝"的形象。由于乾隆皇帝对岳飞的事迹推崇备至，因而满朝文武大臣祭祀岳飞时也不再有所顾忌。清初的文人因明清易代，削发易志，"故在内容上极力回避岳飞功绩、收复故土等主题，或写岳飞之枉死，或表达王朝更替是自然之理，以求获得某种心灵上的解脱"①。随着乾隆帝不断地写诗赞誉岳飞，社会层面歌颂岳飞的诗篇也逐渐增多，但在内容上还是极力避开岳飞抗金的话题。乾隆皇帝是一位儒学造诣深厚的帝王，他能从中华传统思想中总结治国之策，于是大力宣扬岳飞的"精忠"，而且刻意淡化其抗金事迹。我们从清代《彰德府志》中收录的诗文发现，作者更多是在称赞岳飞的忠和冤。何玉红先生就指出："宋元明清时期的岳飞崇祀中，政府与民间着力彰显的是其事迹所体现出'精忠'的一面，侧重强调臣子对君王和父母的'忠孝'，所谓'精忠贯日，大孝昭天'是也。"②

乾隆十五年（1750），乾隆帝下江南，途经彰德府汤阴县，遂遣吏部右侍郎彭启丰到岳飞庙致祭。乾隆帝亲作《谕祭宋臣岳飞庙文》：

> 惟尔公忠秉性，智勇超伦，研经旨于《春秋》，兼括孙吴之术。报师恩于朔望，常弯左右之弓。背刺精忠，跃马而江淮电扫；旗张岳字，举鞭而襄汉尘清。辛勤百战之功，方见焚香遮道；愤悁十年之绩，顿闻奉诏班师。夙志未酬，竟受一朝之诬陷；英风犹在，宜崇奕祀之明禋。朕遵典巡行，道经汤邑。缅威灵之赫濯，祠宇长新；饬笾豆之蕊芬。官司特遣，尚其昭鉴，来格来歆。③

---

① 杜捷、黄峻：《到此何人不泪垂：历代咏岳诗中的岳飞形象的变迁》，《汉字文化》2022年第10期。
② 何玉红：《岳飞崇祀与抗战宣传》，《光明日报》2015年3月25日。
③ 〔清〕卢崧：乾隆五十二年《彰德府志》卷首《圣制》，九州出版社，2021年，第19页。

乾隆帝此次南巡祭祀岳飞，并非一时性起之举。乾隆皇帝一生曾写了9首赞颂岳飞的诗，而在乾隆十五年（1750）临幸岳忠武鄂王庙时就留诗3首。

经岳武穆祠
乾隆

翠柏红垣见葆祠，羔豚命祭复过之。
两言臣则师千古，百战兵威震一时。
道济长城谁自坏，临安一木本犹支。
故乡俎豆夫何恨，恨是金牌太促期。①

从此诗中可以看出，乾隆帝对岳飞的尊崇。事实上，乾隆在位期间不断地通过贬低降清的贰臣，赞誉岳飞等忠义的臣子是有其政治考量的，通过提升忠君爱国臣子的形象，来维护清朝的统治稳定。乾隆皇帝对贰臣进行贬低，奖掖忠义之士，对岳飞进行赞誉和崇祀。不仅在彰德府汤阴县拜谒岳飞庙，他六次下江南拜谒杭州岳王庙，每次都要创作一首赞誉岳飞的诗。

除了即兴赋诗之外，乾隆皇帝还写下了《岳武穆论》来详细评价岳飞：

> 夫北宋之亡，河北之失，宋祚之不复振，中原之不恢复，人皆曰由徽、钦而致。然高宗实难逭其责焉。当徽、钦北去，社稷为墟，高宗入援，顺人心而即大位，非不正且大也。及即位之后，当卧薪尝胆，思报父母之仇，而信用汪、黄，贬黜李纲，不复以河北、中原为念，岂非高宗庸懦、用人不察之过哉？其后诸将用命，岳武穆以忠智出群之才，率师北驱，所战皆克。而以金牌十二召之班师，淮北之民遮马

---

① 〔清〕卢崧：乾隆五十二年《彰德府志》卷首《圣制》，九州出版社，2021年，第16页。

痛哭曰："相公去，我辈无噍类矣。"然武穆亦不得以自留也。夫如武穆之用兵驭将，勇敢无敌，若韩信、彭越辈类皆能之。乃加以文武兼备，仁智并施，精忠无贰，则虽古名将亦有所未逮焉。知有君，而不知有身。知有君命，而不知惜己命。知班师必为秦桧所构，而君命在身，不敢久握重权于封疆之外。呜呼！以公之精诚，虽死于桧之手，而天下后世仰望风烈，实可与日月争光矣。独不知为高宗者，果何心哉？①

从此评论中，可以看出乾隆皇帝对于宋高宗是持批评的态度，这较康熙皇帝在评论岳飞和宋高宗时折中的态度明显不同。他明确指出北宋灭亡、河北之地的丧失，宋高宗是难辞其咎的。此外，乾隆皇帝对岳飞的评价中使用了"仁智并施、精忠无贰"的赞美之词，以表达他的敬仰之情。而作为清代的高宗乾隆帝对于南宋高宗赵构的心境也暗藏着帝王心术，他只批判秦桧的奸诈，批判宋高宗的用人失察，却绝口不提对于诬陷岳飞宋高宗本人的责任。

由于乾隆皇帝倡导奖掖忠义，地方官府与民间文人也竞相效仿。一时之间赞颂岳飞的诗歌数量激增，这其中有专程前往杭州城、汤阴县等地吊唁者，有游学途经岳王庙者。褒奖岳飞忠孝仁义成为导向，清代康雍乾三朝残酷的文字狱也导致知识阶层在谈及岳飞时极力避免出现"华夷之别"的文化符号。乾隆时期的彰德府知府卢崧就认为岳飞属于忠烈，因而"忠烈载岳武大节也，而忠武无德不备，故名臣中兼载之"②。从卢崧在忠烈、名臣两处皆收录岳飞，可见岳飞在乾隆朝河南地方官员心中的地位。

---

① 〔清〕卢崧：乾隆五十二年《彰德府志》卷首《圣制》，九州出版社，2021年，第18页。
② 〔清〕卢崧：乾隆五十二年《彰德府志》卷首《凡例》，九州出版社，2021年，第32页。

乾隆三十四年（1769），彰德知府黄邦宁整理编辑了 8 卷《岳忠武王文集》，他将奏疏、表、公牍、檄、跋、题记、诗词等 173 篇收录其中。杨景素在序言中写道："后之读是编者，顽廉懦立，事君事父之心油然而生焉，其所裨益者大矣。"① 确实如此，在此后无论是官府还是民间，对岳飞的崇祀并未间断。道光时期的名臣林则徐在途经淮阴岳飞庙时就创作了《淮阴谒岳忠武祠》：

> 不为君王忌两宫，权臣敢挠将臣功。
> 黄龙未饮心徒赤，白马难遮血已红。
> 尺土临安高枕计，大军河朔撼山空。
> 灵旗故土归来后，祠庙犹严草木风。②

清代崇祀岳飞的地方也在增多，杭州、汤阴、嘉兴、武昌都设立庙祠祭祀。咸丰时期，咸丰皇帝敕谕礼部："宋臣岳飞精忠大节、炳耀古今，其杭州、汤阴、武昌等处均有祠额表扬，惟嘉兴金陀坊祠宇尚无题额。著内阁拟呈祠额字样。俟朕亲定颁赐，以示褒崇而光祀典。寻奏，上赐额曰'显忠'。"③ 可见，清代统治者对于岳飞的崇祀更看重的是其忠君的品质。

三、明清《彰德府志》中对岳飞形象的构建

明清两代《彰德府志》的编纂者出于对地方历史文化名人的尊崇，对于汤阴县岳飞故里的文化遗存在保护的同时，积极寻求朝廷的支持。中国

---

① 〔清〕卢崧：乾隆五十二年《彰德府志》卷二十三《艺文志》，九州出版社，2021 年，第 785 页。
② 林则徐：《云左山房诗钞》卷一，收录于《清代诗文集汇编》，上海古籍出版社，2010 年。
③ 《清文宗实录》卷三十六，咸丰元年壬申。

传统社会注重忠孝，在汤阴岳飞庙中既有乃文乃武的岳飞塑像，又有岳母及岳飞家人的塑像，充分展示了岳飞的忠孝之家。正如清人赵翼在诗句中所言"好母生贤子，忠君即孝亲"，就是这一时期岳飞形象最鲜明的写照。杜捷指出岳飞的形象"到明代变成了与关公并列的汉家英雄，入清后，诗人们又极力赞扬他的忠君品德，最终岳飞成为被符号化的忠孝楷模"[①]。这其中既有明清两代君臣的正面助推，也有岳飞家乡彰德府地方官员及士绅的不懈努力，还有文化阶层知识分子的广为宣传。

仁、义、忠、廉是传统文化中塑造民族精神的魂，是"塑造民族脊梁、挽救民族危难、支撑民族延续的精神资源"[②]。方志的一个重要作用就是兴教化，以资政。我们从明清7部《彰德府志》中对于岳飞事迹的收集整理，以及将尽可能全面地歌颂岳飞的诗文收录于府志中，可以看出地方官员在构建安阳地方文化时的努力。乾隆朝彰德知府卢崧所修的《彰德府志·艺文志》是7部府志中包含岳飞封诰、奏疏、诗文内容最为全面、收集文献体例最全的一部。我们对其中收录赞颂岳飞的文章进行如下统计。

表 6-1-1 乾隆五十二年《彰德府志》收录赞颂岳飞艺文统计表

篇名	作者	朝代	体裁
《宋宁宗追封岳飞为鄂王诰》	宋宁宗	南宋	诰
《宋理宗改谥岳飞为忠武诰》	宋理宗	南宋	诰
《奏请出师札子》	岳飞	南宋	奏疏
《谢讲和赦表》	岳飞	宋	奏疏

[①] 杜捷、黄峻：《到此何人不泪垂：历代咏岳诗中的岳飞形象的变迁》，《汉字文化》2022年第10期。

[②] 赵文洪：《从后人对岳飞的追随看古代中华核心价值的传承》，《经济社会史评论》2018年第3期。

续表1

篇名	作者	朝代	体裁
《精忠录·序》	商辂	明	序
《岳忠武王文集·序》	何焞	清	序
《岳忠武王文集·序》	杨景素	清	序
《岳忠武王文集·序》	周于智	清	序
《岳忠武王文集·序》	朱岐	清	序
《岳忠武王文集·序》	黄邦宁	清	序
《御书屯田三事跋》	岳飞	宋	跋
《跋御批出师疏真迹并赞》	岳珂	宋	跋
《书岳将军题大营驿后》	唐顺之	明	跋
《岳忠武王文集》后跋	李林	清	跋
《岳忠武王文集》后跋	沈凤来	清	跋
《追封鄂王告碑阴记》	岳珂	宋	碑记
《创建精忠庙碑记》	徐有贞	明	碑记
《精忠庙创塑义士隗顺碑记》	黄邦宁	清	碑记
《岳飞论》	崔铣	明	论
《岳飞论》	章如愚	明	论
《岳忠武庙》	方质	明	七言古诗
《岳忠武王庙》	孙一元	明	五言律诗
《岳忠武祠》	魏大本	明	五言律诗
《岳忠武祠》	苏育	明	五言律诗
《岳坟》	苏弘祖	明	五言律诗
《游岳庙感志》	许吉椐	清	五言律诗
《岳忠武庙》	陈以勤	明	七言律诗
《岳忠武庙》	曹安	明	七言律诗
《汤阴岳忠武王庙》	包绅	明	七言律诗
《汤阴岳忠武庙》	纪映钟	清	七言律诗

续表2

篇名	作者	朝代	体裁
《岳忠武庙》	周令树	清	七言律诗
《谒岳忠武庙》	王峻	清	七言律诗
《汤阴谒岳忠武庙》	许三礼	清	七言律诗
《岳少保先茔》	吕履恒	清	七言律诗
《汤阴谒岳忠武王庙》	胡煦	清	七言律诗
《谒岳忠武祠》（二首）	鄂容安	清	七言律诗
《谒岳忠武庙》	吴应棻	清	七言律诗
《岳忠武祠》（三首）	梦麟	清	七言律诗
《拜岳忠武祠》	李时宪	清	七言律诗
《汤阴谒岳忠武祠》	朱荃	清	七言律诗
《满江红》	岳飞	宋	诗余
《岳忠武王庙·水调歌头》	李濂	明	诗余
《岳忠武王庙·水调歌头》	阎兴邦	明	诗余
《岳忠武王庙·水调歌头》	黄兰	明	诗余

资料来源：乾隆五十二年《彰德府志》卷二十二至三十

从上表中可以看出，卢崧所修《彰德府志·艺文志》中收录关于岳飞的文献涵盖了诰、奏疏、序、跋、论、碑记、五言律诗、七言律诗等文体。通过收录上述文献，可以看出府志编纂群体对于岳飞忠义形象构建的文献努力。

明清7部《彰德府志》编纂者不断向世人强化岳飞出生地忠义之乡的地位，这从明代正统、景泰年间已经开始。在明代以前，岳飞属于典型的历史人物，随着明代小说的兴起，加之官方对岳飞地位的不断推崇，岳飞逐渐被神化。我们从清代钱彩的小说《说岳全传》中，可以看到岳飞已经被塑造成一位富有儒家思想精髓的人物，在他身上集成了所有精英人物的特点，"典型地体现了儒家修身、齐家、治国、平天下的人士模式"①。赵耀文就指出："岳飞故事被不断地构建，以岳飞为题材的艺术作品日益出现，对'岳母刺字'与'尽忠报国'进行新的阐释，这充分说明后世的岳飞记忆，是将岳飞故事与现实价值和民族理想结合的表现。"②

忠君报国与岳母刺字，使得忠孝的人格魅力在岳飞身上得到充分体现，在彰德府民间广为流传的岳飞亲自为母亲熬药的"至孝"之举也教化了无数的百姓。正如陈红所言："岳飞的精忠精神不仅是一种爱国主义的典范，成为国家凝聚的精神动力为历代所重，而且对岳王的信仰，也更上升为一种信仰，一种精神象征，一种文化财富。"③每一个时代都有那个时代人物的信仰，在明清封建社会无论是官方还是民间，都需要一类典范人物来印证儒家治国思想的可行，那么在明清两代岳飞便是其中一位。

第二节　兴教与资政并重的崔铣

崔铣，字子钟，生于明成化十四年（1478）十二月，是明代著名的儒学家，以刚直不阿而闻名朝野。崔铣不仅是明代中期著名的文学家、儒学家，而且其编纂的嘉靖《彰德府志》被誉为海内名志，即便是清代极为苛刻的《四库全书》编修者也对崔铣十分敬重。究其缘由，在于崔铣正直的人品和忠

---

① 母进炎：《传播与接受——岳飞形象在明清通俗小说中的嬗变》，《贵州民族学院学报（哲学社会科学版）》2003年第5期。
② 赵耀文：《岳飞故事的民族记忆——以"岳母刺字""精忠报国"故事的承衍流变为视角》，《三峡论坛（三峡文学·理论版）》2017年第2期。
③ 陈红：《岳飞的精忠精神及其当代价值》，《新西部》2017年第28期。

君的品行。《明史·崔铣传》①虽不足600字,但高度概括了崔铣的生平、品行、为官以及学术贡献。崔铣一生著述颇丰,多数作品收录于《洹词》之中。在明清7部《彰德府志》以及多部《安阳县志》中,关于崔铣的文章及个人传记被多次收录。笔者就从坚守气节的宦海沉浮、办私塾兴教育和著书明道三个方面进行分析。

一、坚守气节,宦海三起三伏

崔铣自小受到良好的教育,父亲崔升对其教育颇为严格,10岁时便能诵读《论语》、《孟子》、毛诗等经典古文。弘治十一年(1498),他参加省试名列第九,中举人。弘治十八年(1505),崔铣参加会试,以二甲第一名中进士,入职翰林院"选庶吉士,授编修"②,开始了他的仕途生涯。崔铣一生为官清正廉洁,三次赴任,又三次辞官,可谓一生宦海沉浮,其坎坷的仕途之路皆源于他对儒家士大夫气节的坚守。

坚守气节,拒绝逢迎宦官。崔铣任职翰林院编修期间,因刚直不阿,触怒宦官刘瑾。刘瑾是明朝与王振、魏忠贤齐名的权阉,在正德初期把持朝政,排斥异己,陷害忠良。崔铣就因拒绝逢迎刘瑾,于正德四年(1509)被外放南京,任吏部验封司主事。崔铣希望以劝谏的方式,改变朝中不良官风,于是他向明武宗进"《尚书·说命篇》,多所箴谏"③,希望明武宗能亲君子远小人,但并不为武宗所采纳。正德十二年(1517),崔铣引疾乞休,在其《奏乞养疾疏》中写道:"望皇上悯臣多病,全臣微生,乞敕吏部放

---

① 郭海东:《兴教与资政并重:〈明史·崔铣传〉背后的崔铣人生》,《语文教学通讯》D刊(学术刊)2022年第4期。
② 〔清〕张廷玉:《明史》卷二八二《崔铣传》,中华书局,1974年,第7255页。
③ 李光助:《崔铣年谱新编》,兰州大学硕士学位论文,2008年,第31页。

臣还原籍调理。病痊之日前来供职,臣不胜感恩之至。"① 奏疏看似因病乞归,实则是对当时明武宗宠宦官、佞幸,不理朝政的一种抗议。崔铣的规劝并未让明武宗有所触动,因此他决定以辞官的方式与昏暗的政治划清界限。

参与议礼,坚守纲常伦理。崔铣二次为官是嘉靖改元,由朝臣举荐崔铣参与《明武宗实录》的纂修工作。此次重新踏入仕途,在新君即位的变革政治氛围中,崔铣希望将毕生所学在嘉靖朝得以施展。于是,在《明武宗实录》纂修结束后,崔铣被升任南京国子监祭酒。在任期间,他整顿监规,改善学风,受到教谕和监生们的认可。然而,因为在嘉靖初年的"大礼仪"之争中,崔铣向皇帝进呈《甲申陈言急务疏》,触怒嘉靖皇帝。通读《甲申陈言急务疏》,笔者认为该篇虽文笔生动,论证引经据典,可谓一篇佳作,但是作为一位官员他却缺乏洞察政治变革的敏锐。崔铣认为皇帝身边有张璁、桂萼诸多小人纠缠,蒙蔽圣听,"夫守道为忠,忠则逆旨;希旨为邪,邪则畔道。今忠者日疏,而邪者日富"②。但他却并未洞悉嘉靖帝议大礼的真实用意,正如王春瑜先生所言,大礼议之争既是政治上新旧权贵之争,又是文化上理学与心学之争。嘉靖三年(1524),崔铣因劝谏无效遂辞官回乡,他二次为官以三年告终。

年迈体衰,时时心系朝政。崔铣虽然赋闲乡间,但声望依然闻名于朝野。河南巡抚、河南巡按御史等官员多次向明廷举荐崔铣入仕为国效力。河南巡按御史朱芳举荐曰:"正大涵懿,文章重天下之望。志节孤高,公门绝迹;心行纯洁,乡里无间。老成久征于荐书,硕辅未蒙于登进。"③ 朱芳的荐语从个人品格、学识、志行、乡评等方面对崔铣给予了高度的肯定。嘉

---

① 〔明〕崔铣:《洹词》,收录于《景印文渊阁四库全书》集部第1267册,商务印书馆,1986年,第416页。
② 〔清〕张廷玉:《明史》卷二八二《崔铣传》,中华书局,1974年,第7255页。
③ 周国瑞:《崔铣传》,中州古籍出版社,2011年,第428页。

靖十八年（1539），时年已62岁的崔铣，被嘉靖皇帝任命为詹事府少詹事兼翰林院侍读学士，第三次踏入仕途。在得到朝廷委任进京赴任前，崔铣曾作《召告考妣墓文》，表达了他此次赴任的心情：他既想不负皇恩为国贡献一己之力，又担心朝政混乱，以一己之力无法匡扶社稷。嘉靖二十年（1541），崔铣因病再次乞求致仕。

崔铣一生三次为官，三次乞归，宦海生涯19年，因其刚正不阿的性格，不愿与浊流混处的气节，为他赢得声望。崔铣一生为官，以天下安危为己任，退居田园亦能心境坦然。在赋闲彰德府期间，崔铣著书、讲学，创办后渠书院，积极投身教育事业。通过对崔铣生平的了解，不难发现由于自幼受到良好的教育，因此修身、齐家、治国、平天下的儒家入仕思想对崔铣影响颇深。他刻苦读书，广结志友，入朝为官期间亦能以名节自诩，面对权阉刘瑾不卑不亢，保持了读书人的气节。从他在嘉靖朝的"大礼仪"之争中上疏点评时政来看，崔铣并非一位具有远大政治眼光的官员，他的尊君思想无可厚非，但未能从政治表象中察觉政治背后深层的动机，他的上疏劝谏行为附和了当时内阁首辅杨廷和一派，导致了他第二次辞官归田。虽然失去官职，但他的气节赢得了士大夫阶层的赞许，为他日后复出积累了良好的政治口碑。

二、献身教育，办私塾教子弟

崔铣常以后渠先生为号，是因其创办了私塾后渠书屋，聚子弟以授儒业。正德十二年（1517），辞官归乡的崔铣，在奉养双亲之余，常以文会友于书屋，于是安阳的后渠书屋成为当时文人品文论道之地。从正德十四年（1519）开始，崔铣删订《二程遗书》为《程志》，在后渠书屋讲学，教授儿子崔滂、崔汲及张公吉、李公坦、孙辅等学生。在他的教授下，学生中有二人中进士，三人中举人，二人中武举。由于治学有方，慕名而来的求学者络绎不绝。在明代中期，崔铣与关中的马理、山西的寇天叙，河南的何瑭、方镗、张士隆等以讲学闻名，并成为挚友。

嘉靖改元，崔铣被任命参与《明武宗实录》的编纂，后升迁至南京国子监祭酒。国子监是明朝最高的教育管理机构，也是最高的学府，国子监分南北二监，南京国子监地位较北京稍低，但国子监祭酒一职位居从四品。在崔铣之前的两位祭酒由于不能严格督促士子学业，致使南京国子监学风大坏。崔铣赴任后针对当时教育中诸多弊政进行了整顿，修订监规。据明人黄佐的《南雍志》记载，崔铣大力整顿监规、学风、学规等，使得南京国子监的风气大为改观。黄佐所作的《崔铣传》中，这样评价："开诚信，崇正义，明教条，严祀事，正文体，奖隽彦，警轻堕，禁游戏，清廪余，革蠹耗。日衣冠坐东堂，诸生朝夕问难，铣响答不倦。周贫侁老，问疾赙丧，士林大悦。"[1] 黄佐编纂的《南雍志》是记载明代南京国子监历任祭酒以及国子监发展的专志，他为崔铣立传中的评价颇为公允。崔铣虽然任职国子监祭酒时间不长，但他上任后大力整顿学风，重订监规，裁汰学霸，受到士子们的敬重。

嘉靖五年（1526），辞官后崔铣把主要精力都集中在著书立说、教育子弟方面。虽然崔铣尚不能称之为教育家，但从其献身教育的实践中不难看到他的一些教育思想。笔者引用崔铣所作的《安阳县修学记》来管窥他的教育思想。崔铣称"予闻之上者，民之表也，其示民不可亡其道也"，"治乱者，世也；邪正者，学也；安危者，士也"[2]。他认为"道"不可亡，即传统的孝悌仁义等伦理道德是治世之"道"，只有兴道才能教化四方，而要教化四方，办学校兴教育是必由之路。从他创办后渠书屋的实践来看，

---

[1] 周国瑞：《崔铣洹词选》，中州古籍出版社影印，1982年重印，第60页。
[2] 周国瑞：《崔铣洹词选》，中州古籍出版社影印，1982年重印，第160页。

他也是这样身体力行的。

　　崔铣回乡后，积极从事教育事业，在后渠书屋聚徒讲学，参与地方文化事业的建设，为河南多地书院撰写《修学记》，他反复强调治世之道，在于兴教育，教育兴，则可教化四方。在嘉靖《彰德府志》的《官师志》中，崔铣论曰："学官与长吏对置，育才化民，此其责，岂不重哉。而士或耻就焉。岂非权利故邪。"① 针对这种现象，崔铣在纂修《彰德府志》时特别突出那些性淳谨学的学官，以示劝诫。"教授张璁，长垣人，以蒲州学正升任。张公性淳谨学务明理，不尚靡丽，每五鼓升堂背书已令诸生说经，善教人，能因其材，其言淳熙，虽至幼者问难各为析，所疑或未喻，至再三不倦。"② 通过对淳学教授的记述，列明了他对儒学的态度，崔铣作此志书目的是要表彰师儒中的贤者。在任南京国子监祭酒时期，他对于官学教育的弊病进行了整顿，但由于任职时间短而无法推行。因而在安阳创办后渠书屋是其自身教育思想的一次尝试，同时也是为崔氏家族培养人才的亲力亲为。

　　在中国古代，安阳的地方教育非常发达，宋代始建儒学，元代设立社学，明代有儒学，清代办义塾，乡间闾里多有私学。崔铣闲居安阳期间，致力于地方教育，他先后撰写了《赵府视学记》《安阳县修学记》《社学记》《重建林县儒学记》《主静书院记》等，可见其积极参与地方儒学教育的事业。崔铣通过为各地儒学撰写学记，以此将他对儒学教育的领悟赋予其中，教育士子勤奋读书，修身以治国。

三、著书明道，修方志以资政

　　崔铣一生著述颇丰，《明史·艺文志》《四库全书总目提要》等对其

---

① 〔明〕崔铣：嘉靖《彰德府志》卷五，上海古籍书店影印，1982年重印，第32页。
② 〔明〕崔铣：嘉靖《彰德府志》卷五，上海古籍书店影印，1982年重印，第21页。

著作均有所收录。其主要著作有《读易余言》5卷、《易大象说》1卷、《国子监条例类编》6卷、《彰德府志》8卷、《洹词》12卷、《文苑春秋叙录》1卷、《士翼》3卷。四库馆臣在《四库全书总目提要》中称《彰德府志》"其书颇为谨严，盖铣本儒者故也"①。《洹词》是崔铣的代表作，分为12卷，以编年体的方式将他一生所作文章录入其中，分为馆集、退集、雍集、休集、仕集。四库馆臣在评价《洹词》时称："铣家安阳境有洹水故也。……皆编年排次，不分体裁，杂著笔记，亦参错于其间。"②清朝建立后对明代的文化给予了极大的批判，因为清朝以藩属身份代明朝而立，在掩盖历史真相的同时，极力通过抹黑明朝以达到其顺应天意、入主中原的正统性。以上引用四库全书馆编修《四库全书》的著名学者评价，表明即使在文字狱兴盛的康乾时期，《四库全书》的编纂者也给予了崔铣学术极高的肯定。

黄宗羲在《明儒学案》中评价崔铣的理学造诣："先生之学，以程、朱为的，然于程子之言心学者，则又删之，以为涉于高虚，是门人之附会，无乃固欤！至其言理气无缝合处，先生自有真得，不随朱子脚下转是也。"③黄宗羲对崔铣学术的评价，称赞其继承程朱之学又不拘泥，颇有真知灼见，对于王阳明的心学，崔铣评价颇多贬义，称其为霸儒。崔铣所处的时代，正是王阳明的心学大盛时期，阳明心学在官方经学中的地位逐步被得到认可，而崔铣敢于在此时不迎合潮流予以批判，可见其对于学术坚守的态度。

崔铣在纂修《彰德府志》期间，着力突出方志的资政教化功能。在《彰德府志》序中，崔铣表明了自己的观点，他认为志为郡史，其作用在于备物垂轨，教育后人。如果不轨不物，眩观惑乡，文章写得再好，对后世也

---

① 〔清〕永瑢：《四库全书总目提要》卷七十三，中华书局，1965年，第1939页。
② 〔清〕永瑢：《四库全书总目提要》卷一七一，中华书局，1965年，第4467页。
③ 王维和、张宏敏编校：《〈明儒学案〉〈宋元学案〉之黄宗羲按语汇辑》，杭州出版社，2012年，第162页。

无意义。同时他对这部志书提出了三个要求：一是记人载事要核实，要简确，对于浮沉、附会之词，要一概删黜；二是要敢于引用民谚，旁证大众所受税役之苦，《田赋志》以恤隐，就是要揭露时政之苛；三是在方志中要针对朝政，多间插评论。以上三条使得嘉靖《彰德府志》真正地起到了资政的作用。以《彰德府志·田赋志》为例，崔铣针对明代正德年间沉重的赋役，如站赋、力赋、银赋等杂赋毫不留情地指出，民间有百姓一人承担数种徭役，甚至有百姓日用千钱雇人代役，如此苛政，百姓怎能不贫困。"诸赋中马头尤甚，秣马月费数千钱。安阳、磁州、汤阴客过者涌沸，马不足用，又顾他马。每中官至，有打干钱，多者至百金。马日驰骤易耗，或阅月即死，则醵金买补，站官吏重取赂。"① 通过将这些正赋之外的苛捐杂税记录于府志中，警示地方官吏，为政之道在于恤民。笔者查阅正德、嘉靖以后的相关方志则不再直书地方弊政，到了清朝修方志更不再有为民请命、针砭弊政的内容。

  《明史·崔铣传》通过对崔铣的才学、品性、学术的概括，刻画出一位卓异于污浊官场的儒者。笔者认为崔铣以儒家纲常伦理思想为尊，在面对权阉刘瑾时不卑不亢，表现出的君子品格是其为后人敬仰的主要原因。而在嘉靖初年"大礼仪"之争中，他敢于对嘉靖皇帝进行批评，并以孔孟之道为武器劝诫皇帝亲贤人、远小人，虽然因此而触怒嘉靖帝，但赢得了士大夫阶层的同情与尊敬。崔铣一生著述颇丰，其中以资政教化为目的纂修的《彰德府志》被称为海内名志，与康海的《武功县志》齐名。崔铣一生注重对古籍的收集整理，创办后渠书屋致力于重教兴文的事业，通过著书明道的方式将他对儒家经典的理解予以诠释，并在他的教育生涯中予以

---

① 〔明〕崔铣：嘉靖《彰德府志》卷四《田赋志第三》，上海古籍书店影印，1982年重印，第6页。

实践。笔者以为当今时代依旧需要崔铣这样的儒者，我们既要学习传颂其文学作品，更要深刻领悟崔铣作为明代安阳地方文化名人所蕴含的文化内涵。

第三节 仁义巷里话郭朴

在安阳市老城内有一条名叫仁义巷的街道，明代嘉靖、隆庆、万历时期这里曾住过一位朝中大官。而这条街也以他为官清廉守正、与邻为善而闻名。这位官员就是明代嘉靖朝著名的内阁大学士郭朴。郭朴，河南安阳人，字质夫，号东野先生，生于正德六年（1511）。郭朴"生而款异，年十四补郡庠弟子员，同邑先达崔后渠先生……嘉靖辛卯举于乡，乙未登进士，廷试肃皇帝奇其策，命与一甲同梓，前此未之有也。寻改翰林院庶吉士，授编修"①。嘉靖十四年（1535），郭朴中进士名列二甲第四名，由于位列二甲，郭朴被选为庶吉士，成为朝廷后备干部。

在翰林院10年间，郭朴以辞藻闻名，也由此而平步青云。嘉靖二十四年（1545），郭朴在翰林院9年秩满，考核合格后升迁为翰林院侍读，并参与了嘉靖时期《大明会典》的编修工作。从嘉靖三十二年（1553）九月郭朴升任礼部右侍郎之后，他先后担任了吏部右侍郎、左侍郎，吏部尚书等职。嘉靖四十五年（1566）三月己未，他以吏部尚书兼武英殿大学士，与高拱同入内阁参与机务。隆庆元年（1567），郭朴参与重录的《永乐大典》完成，明穆宗加封郭朴少傅兼太子太傅。郭朴在翰林院长期从事文笔工作，深得嘉靖皇帝的赏识。明人沈德符在《万历野获编》中就称郭朴"以词林

---

① 〔明〕郭朴：《郭文简公集》卷六《明少傅赠太傅谥文简东野郭公传》，康熙十三年思齐轩刻本。

拜太宰",因而在明代嘉靖朝成为与李春芳、严讷、袁炜齐名的"青词宰相"。

从内阁任职时间来看,郭朴在内阁任职时间并不长。入内阁一年后,因与内阁大学士高供关系密切,当高拱在朝中被弹劾时郭朴也受到牵连,被御史庞尚鹏、凌儒等人弹劾,于是他于隆庆元年(1567)三次上疏请求告老还乡。最终,当年九月,明穆宗批准郭朴致仕还乡。致仕后的郭朴在彰德府赋闲20余年,虽然地方官员多次向朝中举荐起用郭朴,但他更愿意退居乡野为安阳地方发展做贡献。万历二十一年(1593),郭朴卒于安阳,享年83岁,葬于安阳县韩陵山之阳,明廷封赠其太傅,谥号文简。

一、秉公铨政、以贤著称

在明代政坛中,郭朴以低调行事而受人尊敬,他没有大学士高拱的行事高调,没有张居正的改革魄力,在主管吏部、礼部时期以秉公贤能著称,在民间有着很好的口碑,这便是对他为政最高的褒奖。自古吏部就是恩怨府,吏部官员在手握官员调动大权的同时,也会成为朝中官员攻击的对象,因此吏部尚书需要得到皇帝的特别信任才能有效开展工作。在科举考试的廷试中,嘉靖皇帝非常赏识郭朴,命他与一甲进士同梓,这是以前不曾有过的殊荣。在翰林院任职期间,郭朴两次被任命为地方科举考试的考官。嘉靖二十五年(1546),身为翰林院侍读的郭朴被任命为应天府乡试考官。嘉靖三十一年(1552)八月,郭朴又被任命为顺天府乡试主考官。[①] 在主持科举考试期间,他能够秉公主考,以文章优劣识人才,受到嘉靖皇帝的器重。此后,他升任礼部侍郎、吏部侍郎等职。

嘉靖四十年(1561),郭朴任礼部、吏部尚书完全是出于嘉靖皇帝对他的赏识,据《明世宗实录》所记:

---

① 《明世宗实录》卷三八八,嘉靖三十一年八月丁巳。

时礼部尚书缺，吏部会推朴及南京礼部尚书李玑堪任。上用朴，而责会推诸臣曰：文撰诸臣久不擅改。兹以朴例拟何也。具以状对，必进等谢罪。上曰：文撰诸臣夙夜匪懈，迁转虽不宜淹滞……致仕员缺，朴即代之。谕朴勿辞。朴上章陈谢。上褒谕曰："卿性资纯谨，撰奉勤诚，遵命即任。朕心嘉悦，宜慎评庶职先于守令，以副简用至意。"①

由此史料可以看出，在嘉靖四十年（1561）明廷推选礼部尚书时，嘉靖皇帝的态度起到了决定性作用，其中为何任命郭朴为尚书，嘉靖皇帝也有明确解释。可见，郭朴能长期任职吏部尚书是嘉靖皇帝的意志体现。

嘉靖皇帝重用郭朴是因为他能秉公办事。在任职吏部期间，郭朴"秉至公，不徇请谒，不挠毁誉，其所选署，皆量材授任。自九列至百执事及囿藏小吏、胥繇斯道不职者力黜之，无少贷而大指尤在"②。任事公允是郭朴的行事风格，但是有时也会遭到言官的质疑。

嘉靖四十一年（1562），兵科给事中张益上疏揭发都察院都御史潘恩之子潘允端倚仗父亲权势，遍谒公门为自己仕途铺路。

初允端举进士，授刑部主事，未几改礼部给事中。张益言允端自登第后遍谒公卿之门，乞哀干进，无所不至。故尚书郭朴为择善地以处之。允端无足责也。恩为法纪首臣，朴秉铨衡重寄，乃一则为子择官，一则为官择地，以开奔竞之门。如士风政体何？疏入，得旨。朴因恩父子同任法司，而调允端非徇私者。其安心供职，恩年老令致仕，

---

① 《明世宗实录》卷五〇三，嘉靖四十年十一月庚子。
② 〔明〕郭朴：《郭文简公集》卷六《明少傅赠太傅谥文简东野郭公传》，康熙十三年思齐轩刻本。

允端调南部用。①

从这件事的最终处置来看，都察院左都御史潘恩被嘉靖皇帝迫令致仕，其子礼部主事潘允端调任南京工部主事。从中可以看出，嘉靖皇帝对郭朴的信任。嘉靖四十一年（1562），正值六年一次的官员考核大计，嘉靖皇帝给吏部尚书郭朴手诏，谕："以慎评众职，先严守令。"②此次大计的官员考察，郭朴澄汰胥吏，甚得嘉靖皇帝满意。同时，郭朴也做到了"以大权归朝廷，以职守还百司"，平衡了中央和地方的均势，实现了挈纲敦要的效果。郭朴任吏部尚书期间，为人宽厚，事必公允，但吏部被视为恩怨之府，平衡各方关系尤其难，"曲指前后怨更甚于恩，归林下者间有之，未有系四方贤士之望如郭公者"③。郭朴秉公办事，避免树私恩，而遭诽谤，实在是难得。

郭朴任职吏部时期针对官民两怨的风俗问题进行了整顿，他根据南北两地风俗习性不同，官员选派时常出现的不谙民情、不习风土，官民结怨情况，"调停选法，大都就其地方相近者，谓其习于风气达于民俗也。以故吏多修职，民无废事。远近称便，上下安之循良之绩"④。这种官员选调办法实现了官民两便，此后一直沿用到明末。

当然，郭朴也因行事稳妥而遭士大夫阶层的批评。嘉靖朝中期以来，严嵩父子受到嘉靖皇帝重用，严世蕃更是以小相国自居。严嵩父子收受贿赂使官场腐败之风蔓延，吏部作为选拔和考核官员的权力部门更是腐败蔓延。在当时就有士大夫认为虽然严嵩父子被查处，但是郭朴继任吏治尚书

---

① 《明世宗实录》卷五一三，嘉靖四十一年九月癸巳。
② 〔明〕郭朴：《郭文简公集》卷六《明少傅赠太傅谥文简东野郭公传》，康熙十三年思齐轩刻本。
③ 〔明〕郭朴：《郭文简公集》卷六，康熙十三年思齐轩刻本。
④ 〔明〕郭朴：《郭文简公集》卷六附录《郭公行实》，康熙十三年思齐轩刻本。

后也并未能在澄清吏治方面有所变革。当郭朴因丧父而居家丁忧守孝期间，明廷任用严讷代掌吏部事。严讷以选官"资格太拘，人才不能尽，仿先朝三途并用法，州县吏政绩异者破格超擢，铨政一新"①。这是严讷主持吏部工作行事风格的体现，但并不能以此来贬抑郭朴的做法。安阳文史学者吕何生先生总结了郭朴选拔人才和任用官吏的五个优点，其中"其称进以贤不以誉，其斥谪以不肖不以毁"②，确保了官员品德才是评价标准，而不是受舆论左右。郭朴举贤荐能坚持重真才实学，戒只说空话，能做到以大节取人，不苟求于小节，这种秉公办事、任人唯贤的原则，正是郭朴深得君王和大臣们赞誉的缘由。

郭朴在任吏部尚书时，由于父亲去世，按照明朝规定他需要还乡丁忧守制。嘉靖皇帝对郭朴任事十分信任，在守孝未满的情况下就被皇帝诏还。

> 严讷由吏部入阁，帝谋代者。时董份以工部尚书行吏部左侍郎事，方受帝眷，而为人贪狡无行。徐阶虑其代讷，急言于帝，起朴故官。朴固请终制，不许。寻以考绩，加太子太保。③

郭朴以吏部尚书兼武英殿大学士进入内阁辅政，但他并不善于在政治斗争中保护自己。隆庆元年（1567）九月，御史庞尚鹏等人以"无相臣体"④为由，弹劾郭朴。由于明代的官场中有大臣受到弹劾需要以致仕的方式自证清白，于是郭朴向明穆宗三次上奏疏乞求辞官还乡。时人皆为其鸣不平，即便是《明史》作者也感叹：

---

① 〔清〕张廷玉：《明史》卷一九三《严讷传》，中华书局，1974年。
② 吕何生：《郭朴》，《殷都学刊》1988年第1期。
③ 〔清〕张廷玉：《明史》卷二一三《郭朴传》，中华书局，1974年。
④ 〔明〕陈建辑：《皇明通纪即要》卷三十三，隆庆元年九月丁卯。

朴为人长者。两典铨衡，以廉著。辅政二年无过。特以拱故，不容于朝，时颇有惜之者。①

二、致仕还乡、修身养德

由于受到御史的弹劾，郭朴为避嫌三次向明穆宗呈上乞求致仕的奏疏。从隆庆元年（1567）七月开始，郭朴第一次"以疫乞假"，明穆宗不允。八月，他第二次请求辞官还乡，不允。九月，第三次请辞，明穆宗终于同意郭朴告老还乡，并允许其使用国家驿传系统回乡。致仕还乡后的郭朴，可谓无官一身轻。卸下终日忙碌的政务后，悠然自得感受乡间美景，对于郭朴而言是何等惬意。我们从他所作的《郊园杂咏四首》中听禽、观鱼、对鹤、卧竹可以感受到郭阁老的怡然自得。

听禽

乞得闲身静养心，小园长日独微吟。

浇花还自嫌多事，卧听鸣禽赶绿阴。②

清风、明月、浊酒、清茶，闲居的生活让郭朴感到前所未有的放松，这是在他从政20余年间从未有过的。于是，他写下了两首闲居小诗。

闲居二首

性僻真堪隐，境幽心益闲。

灌园安鄙事，采药理衰颜。

---

① 〔清〕张廷玉：《明史》卷二一三《郭朴传》，中华书局，1974年。
② 〔明〕郭朴：《郭文简公集》卷五《诗》，康熙十三年思齐轩刻本。

林鸟陪吟咏，溪云共往还。

　　落花苔径满，蓬户日常关。①

　　从此诗中我们可以真切地体会到郭朴在乡野悠然自在的心情。

　　郭朴致仕后，在地方不具私党，不涉私情，偶然有地方官员来拜访他请教地方治理的方法，"或为士风旌贤表节。咸商确其便，赞助其成风俗有潜维之功，里人有阴受之福"②。自谢政以来，郭朴角巾私第不至公府，即使是内外族党亲故之事，涉及私情的时候也不敢请托于郭朴。他在乡间行事低调，谢绝交游，杜门守道，闾巷不知有相臣。致仕以来，在安阳20年间素衣便装出行，路人不识者以为乡野老翁。同乡人有进京城者，希望郭朴能修书方便办事，但他婉言拒绝。因为，他深知人情世故，有求于人者必然存在私利。他经常对弟子说："邺下士风不奔竞权要，不邀求名誉，不干谒官府，不横刻乡里。故朝中无显秩，郡中无富宦，前辈风范若斯，忍以一人坏之耶。"③因为郭朴为官时期对自己有严格的品行要求，所以他不愿意因为自己或族人的私利而破坏了彰德府良好的社会风气。

　　在安阳赋闲期间，郭朴虽然生活悠闲自得，但是仍然热心于服务地方，当"有司造庐请益于地方利病，为生民关切者，无不披臆言之"④。对于地方官员在治理安阳过程中遇到的困难，他往往言无不尽。万历朝礼部尚书李标为郭朴立传时，这样写道："安阳在宋有韩魏公，今复有公。地遂以人重，然按公行实，与魏公德量前后一揆。天之道，人之情，固均其所嘉

---

① 〔清〕陈田辑：《明诗纪事》卷十九，收录于《万有文库》，商务印书馆，1936年，第1700页。
② 〔明〕郭朴：《郭文简公集》卷六，康熙十三年思齐轩刻本。
③ 〔明〕郭朴：《郭文简公集》卷六，康熙十三年思齐轩刻本。
④ 〔明〕郭朴：《郭文简公集》卷六，康熙十三年思齐轩刻本。

予者也。其勋名庆泽亦复如是。"[1] 在朝为官时有好的官声，退居乡野后不仗势欺人依旧保持低调质朴的行事风格。当地方有兴利除弊的善举时，郭朴都会大力支持。我们从《彰德府修学记》《安阳县题名记》《修万金渠记》《洹水鲸背桥碑记》《滏河石桥铭》这五篇郭朴所作的文章来看，安阳地方官疏通万金渠时，他记录了这一造福地方农田的惠民工程修建情况，以便于后人知晓。再如修安阳桥、修滏阳河石桥等地方官府的惠民工程，郭朴都乐于将其记录成篇以便后人查阅。《彰德府修学记》中，郭朴记曰："我国家建学育才，专督于宪臣，而教导综理之任系守令。"[2]

正是由于他热心于造福地方，考察地方的监察官员希望他能再次入京为国家效力。隆庆五年（1571），吏科给事中韩楫上疏举荐郭朴，请朝廷重用。万历元年（1573），河南巡抚梁梦龙向明廷举荐郭朴。但是，郭朴觉得在家乡生活比较惬意，婉言谢绝了再次踏入仕途的举荐。他热心于为地方文化做贡献，当彰德知府常存仁请他为《彰德府志》续纂时，他欣然应允并召集学生共同编修。郭朴一生著述颇丰，在退居乡野期间，他仍在思考为人、为官、处世之道，其代表作如《九字图说》《宦中自儆语》《学约》等，由汤阴人董襄汇编于《郭文简公集》之中。

赋闲于安阳期间，郭朴将生平读书、居官、处世的感悟总结出来以供后生借鉴，"读书在体验，不徒摘取章句，有所得即笔之所著，有《学约》及《四思》《四畏》箴，皆日用实际语"[3]。以《四思》和《四畏》所思考的做人处世哲理为例：

---

[1] 〔明〕郭朴：《郭文简公集》卷六《明少傅赠太傅谥文简东野郭公传》，康熙十三年思齐轩刻本。

[2] 〔清〕卢崧：乾隆五十二年《彰德府志》卷二十五《艺文》，九州出版社，2021年，第848页。

[3] 〔明〕郭朴：《郭文简公集》卷五《诗》，康熙十三年思齐轩刻本。

四思

一思丈夫平生所树立者何事,

二思古昔圣贤所授受者何道,

三思国家教养所期待者何为,

四思朝廷禄位所责任者何职。①

在中国古代儒家思想的熏陶之下,读书人以修身、齐家、治国、平天下的抱负奋力考取功名。在步入官场后,如何为官、如何报效国家、如何传承圣贤之道。郭朴所写的四件必须认真思考的事情,既是对宦海生涯的自我警醒,也是告诫后来者食国家之俸禄应有报效朝廷之作为。

四畏

一畏鬼神昭鉴,不可伤人害物。

二畏宪典严明,不可赎货行私。

三畏朝野公议,不可附势咽邪。

四畏吾心神明,不可违道于誉。②

四畏与四思对应,是官员正身立命的警戒法则。郭朴的《九字图说》以君、命、遇、天、心、义、亲、性、分九字,"以九字列为一图,各疏数语于下,天在上君亲同焉,心居中性命联焉,义在下遇与分辅焉"③。就存在于天地间的人而言,郭朴认为能不昧其心才可以事君,才可以事亲,才可以养其性立其命。郭朴的子孙在所写的《先考少傅兼太子太傅吏部尚

---

① 〔明〕郭朴:《郭文简公集》卷四《杂著》,康熙十三年思齐轩刻本。
② 〔明〕郭朴:《郭文简公集》卷四《杂著·九字图说》,康熙十三年思齐轩刻本。
③ 〔明〕郭朴:《郭文简公集》卷四《杂著·九字图说》,康熙十三年思齐轩刻本。

书武英殿大学士郭公行实》中记载，郭朴教育子孙，存谦虚之心，发诚信之言，遇事度量冲和，不存私心秉公处置，要"成人之美，容人之过，不尚记忆，不宝珍奇，不广田宅，不积金帛，饮食衣服惟处淡素，居室器用不求精美"①。正因为郭朴致仕还乡后的低调处事，所以在乡野间留下了他的诸多仁义礼让的典故。

三、仁义礼让、美名流传

在安阳民间流传着很多郭朴亲民、仁义、礼让的典故，其中以仁义巷的由来最为著名。民间传说郭朴在京做官时，王姓邻居因建房挤占了郭家的一墙之地，双方因此发生纠纷。于是，郭家人寄信给在朝中做官的郭朴，希望他能为本家撑腰，但是郭朴接到书信后并没有利用职权报复邻居。他给家人回信一首诗，让家人主动把院墙退后三尺，而邻居也自觉理亏退后三尺，于是就有了著名的"让道"，而这条窄巷就是仁义巷。相传郭朴写给家人的诗是："千里捎书只为墙，让他三尺又何妨。万里长城今犹在，不见当年秦始皇。"安阳市东钟楼巷的郭朴祠院内有18块砖刻石，其中就雕刻了仁义巷故事由来。事实上，关于这首无名诗有着很大的争议。因为在明清两代全国各地涌现出仁义巷、贤良巷、六尺巷、三尺巷以及与之相呼应的官员让邻典故，其中较为著名的有江西进贤县明正德朝状元舒芬、安徽桐城大学士张英、张廷玉。此外还有清代官员俞化鹏、胡煦的礼让邻里典故。

裴伟曾在2016年的《中华读书报》上发表了一篇名为《各地方志所载"六尺巷"故事都是真的吗？》的文章，对于中国古代坊间津津乐道的官员让道进行分析，从五代时期的杨玢开始"侵占不较"的同构故事层出

---

① 〔明〕郭朴：《郭文简公集》卷六，康熙十三年思齐轩刻本。

不穷。除了郭朴与仁义巷的典故之外，明代还有南京吏、兵二部尚书闽县人林瀚，宛平知县榆社人李锦制，翰林院修撰兼谏议大夫进贤人舒芬，清代安徽桐城张英。

明正德朝翰林院修撰舒芬让邻的典故时间最早。舒芬是江西进贤县人，明朝正德十二年（1517）科举考试的状元。至今家乡江西省南昌市北山镇保留着"让墙巷"。清人吴旭仲所著《圣谕广训集证》中就记载了明代状元翰林舒芬写的"纸纸家书只说墙，让渠径尺又何妨。秦皇枉作千年计，今见城墙不见王"。正德时期舒芬在朝为官品节高尚，在官员中有着很好的口碑，吴旭仲写道："对邻友如此能让，其他行为可想而知。"但是，在明代的史料中并未找到关于舒芬让墙的记载。

在安徽桐城的六尺巷有着清代大学生张英让邻的典故。据1936年版《桐城县志略》所记：张文端公居宅旁有隙地，与吴氏邻，吴氏越用之。家人驰书于都，公批诗于后寄归，云："一纸书来只为墙，让他三尺又何妨。长城万里今犹在，不见当年秦始皇。"家人得书，遂撤让三尺；吴氏感其义，亦退让三尺。张英让邻的故事和舒芬、郭朴属于同一类型，是清代让邻典故中最有代表性的。此外，在清代乾隆朝状元王杰的诗篇中有一篇《无题》："千里捎书只为墙，让他三尺又何妨。万里长城今犹在，不见当年秦始皇。"①这也是王杰让邻的故事。此诗现收录于《中国历代状元诗·清朝卷》中。

查阅乾隆《彰德府志》和《安阳县志》均有关于安阳仁义巷的记载。其中，仁义巷最早出现在康熙《安阳县志》中。据康熙《安阳县志》载："仁义巷，县北因郭文简公让邻墙基得名。"②其他安阳地方志中也有记载，如乾隆《安阳县志》也记有仁义巷，在县北，因郭朴而得名。再如安阳知县陈锡辂所

---

① 葛培林：《清代状元王杰书法鉴赏》，上海远东出版社，2014年，第98页。
② 〔清〕马国桢：康熙《安阳县志》卷二《建置》，清康熙三十二年刻本。

修嘉庆《安阳县志》记:"郭文简朴住宅近北城,当公秉轴时邻人筑墙侵其址。子弟致书京师告公,公命以地让邻人,邻人感公谊,遂交让为隙地,里中因名其居曰仁义巷。"① 通过县志记载可知,明代郭朴让邻的典故在清代是被广泛认可的。除各年代《安阳县志》的记载之外,《彰德府志》中也有记录。

在乾隆五十二年(1787)《彰德府志》中,记载:"郡治西北有仁义巷,俗名曰让道。相传前明郭文简为学士时,里居为邻人侵墙址。其子争之,邻弗理。乃上书于其父,文简答曰:千里捎书只为墙,让他几尺又何妨。邻人闻而让之,郭亦缩入己垣数尺。遂想让为道云。"② 卢崧在修《彰德府志》时在杂记中引用了《勉善录》的记载,但是由于《勉善录》散佚,故而无法查看原文。从康熙《安阳县志》的记载来看,在清朝初期仁义巷的典故已经流传。郭朴于隆庆元年(1567)致仕还乡,万历二十一年(1593)去世,这期间他积极参与地方事务,在民间留下了很好的口碑。裴伟认为是由于清代社会对《圣谕》补充阐释形成的"美德案例改造",逐步形成了各地"六尺巷""三尺巷"故事的传播现象。

通过对明代嘉隆两朝大学士郭朴为官事迹和为人品行的资料梳理,可以勾勒出郭朴以仁待人、胸怀宽广、秉公铨政的形象。他为国举荐贤才,但从不培植桃李子弟,在任期间不炫耀权势,不谈论朝臣得失,不沽名钓誉,处事恭慎,处友谦厚。万历朝礼部尚书东阁大学士陈于陛称郭朴秉铨政,"不斁其法以内比,不挟其重以外市,至入而赞政要以荃宰……夫握权而不以自擅居,宠而不以自矜,惟有道者能之"③。握权而不专擅,"铨臣职综叙

---

① 〔清〕赵希璜:嘉庆四年《安阳县志》卷十一《古迹志》,清嘉庆四年刻本。
② 〔清〕卢崧:乾隆五十二年《彰德府志》卷三十二《杂记》,九州出版社,2021年,第1148页。
③ 〔明〕郭朴:《郭文简公集》卷六《东野郭公墓志铭》,康熙十三年思齐轩刻本。

流品，任专而地要。辅臣职燮和机务，任团而地亲。夫权宠之所在，非有道者不易居也"①。郭朴对自身有着严格的要求，对子弟也严加管束，从《先考少傅兼太子太傅吏部尚书武英殿大学士郭公行状》中，可以看到郭朴教育子孙谦虚仁和的语录。之所以在安阳流传着仁义巷的典故，从侧面反映出民间百姓期盼清官的一种美好愿望，而能有此美誉的大学士郭朴身上也凝结了中华民族的传统美德。

第四节 兴文教化，彰德府儒学教育

中国古代地方文化的兴盛与教育密不可分。自隋唐科举选士制度兴起以来，地方官员均具有一定的文化素养甚至可以说是文化精英。因而，地方官员对施政地的教育通常也十分重视，立校兴学也成为很多府州县官员到任后的首要任务。安阳自三国以来便文人辈出，王粲等建安七子登三台、游西园、吟诗作赋，成就了建安文学的地位。官学、私学、书院成为培养人才的文教之地。明代内阁大学士、万历《彰德府续志》编纂者郭朴就曾言："人才志生也。钟山川灵秀之气，沐国家教化之泽。学以定志，志以弘才，才以致用。"②培养人才是为了王朝的稳定延续，为了培养能够学以致用的经世之才。因而，地方教育中官学的主导地位在明清两朝地位显而易见。

明清《彰德府志》中记载了关于明清两代地方府、州、县设立儒学的情况，内容涉及庙宇、祭祀孔圣的礼仪、学署、学额、学田、书院、社学、义学等内容。本节主要围绕明清彰德府及其下辖州县的儒学教育情况、生

---

① 〔明〕郭朴：《郭文简公集》卷六《东野郭公墓志铭》，康熙十三年思齐轩刻本。
② 〔明〕郭朴：万历《彰德府续志》卷之中《人物志》，《河南历代方志集成》，大象出版社，2017年，第225页。

员的选拔与管理及儒学教官展开探讨。据《彰德府儒学记》记载,彰德府一级的儒学创建于宋至和年间。州学的学正和县学的教谕是从元代开始设立。明朝代元而立,明太祖朱元璋是由儒士的辅佐从一介草莽成为能诗能文的帝王。朱元璋十分明白一个道理,国家在基层治理中最重要的是教化的推广,而教化之源头必然在学校。故唯有兴办学校才能在基层社会达到大治。因而明朝立国后较元朝更为重视教育。在府州县各级设立儒学学校,儒学内设立儒学教授、学正、教谕及训导等职务。

一、彰德府府州县儒学

明清两代府州县儒学均属于官学,官学是由地方官府举办,因而其办学资金来源于财政拨款,同时府县又设有学田。按明代的学制,府学设置教授1人,训导4人,生员40人。州学设学正1人,训导3人,生员30人。县学设教谕1人,训导2人,生员20人。清承明制,府、州、县、卫儒学,明制具备,清因袭之。清代府学教授全国有190人,州学学正有210人,县学教谕有1105人,各级的训导有1512人。① 清代较明代的变化是对满人任职的学官较汉族学官更为重视。

(一)彰德府儒学

明代彰德府儒学的前身,是北宋至和年间"忠献韩公判相州时建"②,说明韩琦任职相州时为发展地方教育兴建了官学。元朝后至元六年(1340)时彰德路的地方官对官学场所进行了重修,许有壬对此有所记录。明朝洪武三年(1370),彰德府安阳县知县蔡诚重建了彰德府儒学,由于明代安阳县是彰德府的附郭县,所以府县共处一城,彰德府的诸多公共设施均有

---

① 刘子扬:《清代地方官制考》,故宫出版社,2014年,第438页。
② 〔明〕崔铣:嘉靖《彰德府志》卷三《建置志》,安阳市地方志办公室点校本,2010年,第124页。

安阳县地方官员参与建设。彰德府儒学重建后，其馆舍规模、教官编制均按照明朝府一级标准配置。

明代府儒学设教授和训导之职，彰德府教授署在明伦堂东，训导署在明伦堂西，各有房13间。府儒学的学额有廪膳生、增广生，此二类属于正取名额，但两者也存在差别：廪膳生每月均可以领到官府发放的生活补贴，并免其家差役和徭役二丁；增广生则没有此项资助和减免。在正额生员之外还有附学生，意为额外录取。据卢崧所修府志记载，彰德府学额，每年岁考拨入文、武生员各20名，科考拨入文生20名，廪膳生40名，增广生40名。

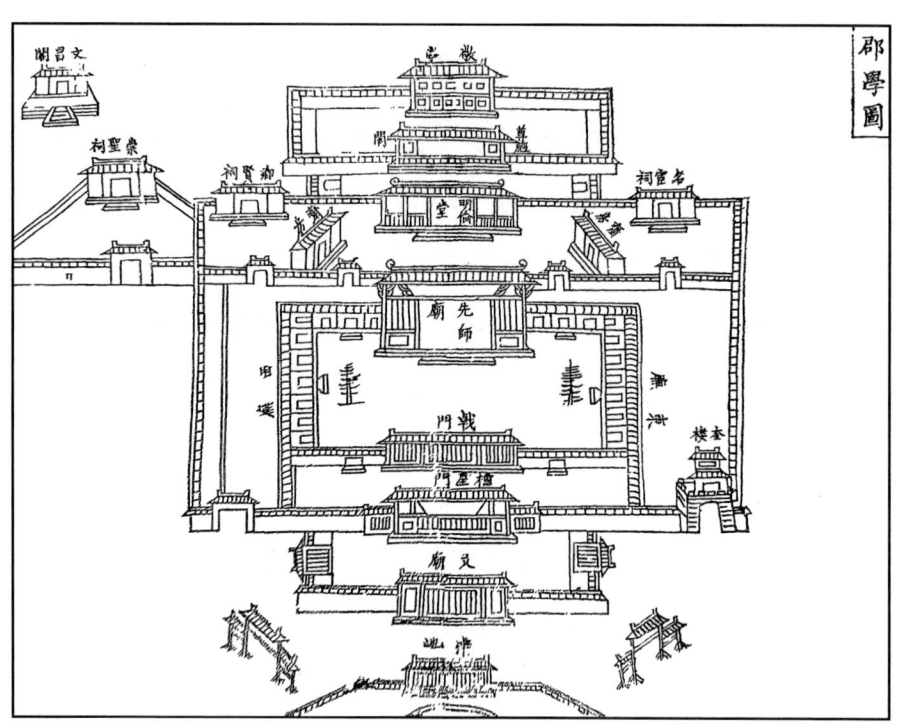

图 6-4-1 彰德府郡学图

资料来源：乾隆五年《彰德府志·序》

清代的府学制度沿袭明代，但又有所变化。顺治元年（1644），清廷规定各省、府、州、县的儒学，"食廪生员仍准廪给，增、附生员仍准在学肄业。俱照例优免"①。对于初入学者，清朝将其称之为附学，廪膳生和增广生是从岁科两试之后，根据考试成绩的高低排名递补，清初效仿明朝，具体做法："先以六等试诸生优劣，谓之岁考。一等前列者，视廪膳生有缺依次充补，其次补增广生。一、二等皆给赏，三等如常，四等挞责，五等则廪、增递降一等，附生降为青衣，六等黜革。"②通过制定考试等级：一是分辨学生的学业情况；二是给予成绩优异者奖励和生活补贴；三是对于混迹于官学的浪荡公子予以惩戒，不学无术者直接清退。

（二）州、县儒学

明代彰德府下辖一州六县，磁州、安阳县、汤阴县、林县、临漳县、武安县、涉县分别建有官学。清代雍正四年（1726）以后，磁州并入北直隶广平府，所以清代以县学为主，不再涉及州学，所以清代彰德府下辖县儒学包括安阳县、汤阴县、临漳县、林县、武安县、涉县、内黄县。在这些县儒学中，安阳县因为是彰德府附郭县，县儒学学额分配名额也较其他县多，从明清两代中进士、举人的数量来看，安阳县较其他州县要多一些。

安阳县儒学。洪武三年（1370），安阳县知县蔡诚建安阳县儒学。正德九年（1514），安阳知县章纶对县儒学殿宇、门堂、号房等进行大修，使之焕然鼎新，并聘请理学大儒崔铣作《安阳县儒学修学记》。此后，安阳县儒学在嘉靖朝有三次校舍增建，万历朝又经历了三次重修分别在万历六年（1578）、万历十三年（1585）和万历四十三年（1615）。清朝顺治十三年（1656），安阳知县对县儒学进行重修。

---

① 《清世祖实录》卷九，顺治元年十月甲子。
② 〔清〕张廷玉：《明史》卷六十九《选举志一》，中华书局，1974年，第1687页。

表 6-4-1　清代彰德府儒学额统计表

府州县	岁考拨入文生	岁考拨入武生	科考拨入文生	廪膳生	增广生	合计
彰德府儒学	20	20	20	40	40	140
安阳县儒学	20	20	20	20	20	100
林县儒学	12	12	12	20	20	76
汤阴县儒学	12	12	12①	20	20	76
临漳县儒学	15	15	15	20	20	85
磁州儒学	15	15	15	30	未详	75
武安县儒学	12	12	12	20	20	76
涉县儒学	8	8	8	20	20	64
内黄县儒学	15	15	15	20	20	85

通过上表统计可知，府县廪膳生、增广生名额是固定的 20 人。但是，岁考、科考生员人数不同，彰德府与安阳县均为 20 人，安阳县在县级儒学中所分配的名额是最多的，而涉县只有 8 名，显然差距很大。对于清代学额的分配问题，有学者指出这种学额资源的分配是清代基层行政单位县的政治文化资源的分配，"虽定例为在所属州县'凭文取进'，但在实际运作中，凭文取进后的学额数量具有一定的惯性，会逐渐形成定额分拨机制，从而较少州县之间的学额纷争"②。

安阳县儒学的教育师资情况在明清两代也保持着较高的水准。以县儒学所存放书籍为例。据嘉庆二十四年（1819）所修《安阳县志》记载，县学存储书籍有《上谕》33 本，《御纂周易折中》2 部，《钦定书经传说汇纂》2 部，《钦定诗经传说汇纂》2 部，《钦定春秋传说汇纂》2 部，《钦定性

---

① 需要特别说明的是乾隆三十七年后，每岁增加三名。
② 梁志平：《清代府学学额的分拨》，《浙江师范大学学报》（社会科学版）2021 年第 3 期。

理精义》2部,《钦定学政全书》2部,《御批资治通鉴纲目》2部,《资治纲目》1部12套,《孝经》30本,《廿一史》36套,《明史》《后汉书》2套,《周书》《学宫备考》《朱子全书》《大清律》2套,《续律》2本,《古文雅正》《性理》《康熙字典》《续增学政全书》8本,《条例》7本,《续纂条律》3本,《又条律》《岳鄂王文集》《彰德府志》。以上书籍除了涵盖经、史、法律等方面之外,还突出地方文化特色,对于岳飞文献的保存显示了清代对忠君爱国思想的鼓励。县学存放《彰德府志》,一是明清两代府志纂修的参与者中,府县学生员都有积极参加,便于学生查阅方便,了解地方政史和风土人情;二是明清县学的学官多为外乡人,通过府志可以了解安阳地方社会。

表6-4-2 清代彰德府儒学情况统计表

府州县	位置	历代修建情况	乾隆五十二年学田情况
彰德府儒学	府治西北	北宋至和间	明代有学租银四十两,田不可考。清代南关教场地四十九亩二分七厘四毫,府东杜固村洹河河滩地三十一亩七分,东北城角河堤下地四亩,西北城角河堤下地二亩
安阳县儒学	县治西	洪武三年知县蔡诚建,正德十五年知府陈策于明伦堂后作尊经阁五间	置上地二项四十亩
林县儒学	县治东南	元至元间	额地六顷三十七亩
汤阴县儒学	县治东南	宋大观元年建	额地九十五亩,廒房十二间
临漳县儒学	县治美化坊	明洪武二十八年	上地一顷五十亩一分九厘,薄地三十八亩一分,堆河地二十二亩二分九厘

续表

府州县	位置	历代修建情况	乾隆五十二年学田情况
磁州儒学	州治东北	明洪武五年	嘉靖时乡绅许一贯义输学田一顷六十八亩四分,万历八年知州赵范捐俸置田二百五十余亩
武安县儒学	县治东南	金天会年间	额地一顷三十六亩六分
涉县儒学	县治北门内	明洪武三年县丞吴得诚重修	木井村地五十二亩,西冈村地六十亩
内黄县儒学	县治东北隅	元时县尹刘温等营建,明洪武二年县丞杨郁重建	学院项下地四项三十亩,按院项下地二顷。清代提督学院李应荐置地四十亩,各廪生又置地十五亩

资料来源:乾隆五十二年《彰德府志》卷五《学校》,光绪《广平府志》卷三十《学校略》

由上表可知,明清彰德府下属的安阳县、汤阴县、临漳县、林县、磁州、武安、涉县、内黄县的州学、县学均有数额不等的学田,部分县还设有会田。但由于明清两代时间跨度较长无法得其全貌,即使是清代康熙朝至乾隆朝,学田的变化也很大,因而在府志与县志中记载存在一些出入。以临漳县学田为例。乾隆五十二年(1787)《彰德府志》与雍正《临漳县志》记载有所出入,可见清代60余年间临漳县学田也存在一系列变化。康熙《彰德府志》,乾隆五年(1740)、乾隆三十五年(1770)、乾隆五十二年(1787)《彰德府志》,4部府志记载临漳县学田,均为上地一顷五十亩一分九厘,薄地三十八亩一分,堆河地二十二亩二分九厘,可见府志编纂过程中编纂者对于学田亩数一直沿用康熙三十五年(1696)数据。而雍正《临漳县志》记载,雍正九年(1731)临漳县学田"本县原设学田额地一顷九十三亩三分五厘四丝",此外还有北冈村庄地六段,冢儿庄地一段,北柴屯地一段,南柳园庄地一段,开河庄地一段。① 可见,府志所记与县志存在出入,而府

---

① 黄浩整理点校:雍正《临漳县志》卷二《学田》,古邺古籍整理丛书,2010年,第31页。

志沿用学田数据不做改变，其可信度大打折扣。因而，要做具体研究，需要将更多的学田数据进行比对，所以不可认为府志即为权威。

（三）生员选拔与管理

明清两代对地方府、州、县学的生员选拔、考核有明确的规定，记之于官方法典之中。据《明会典·选拔生员》所载："洪武初，令在京府学生员六十人，在外府学四十人，州学三十人，县学二十人，日给廪膳，听民间选补。仍免其家差徭二丁。"① 洪武二十年（1387），为了发展教育增广生员，于是扩充名额，但不给予廪膳。洪武时期定立的生员标准，此后长期遵守，只是在生员的种类上有所扩大。宣德三年（1428），明廷规定增广生员，"在外府学四十人，州学三十人，县学二十人。照例优免差徭"②。

明朝对于儒学中享受官府廪膳的生员增补政策也是时有变化。正统十二年（1447），明廷继续增加地方儒学生员，从民间选取优秀可造之才，由地方官员和学官考察合格后选入儒学，并附于诸生之后。当增广生的名额有空缺时可以补充，此类生员称为附学生，其名额没有限制。天顺六年（1462），明廷准许地方儒学廪膳生员有名额空缺，可以对增广生员中学问优异者考选补进。为了优中选优，弘治七年（1494），明廷细化规则，规定廪膳生员有名额空缺时，选拔不得从别学增广调补。对于生员的待遇，明廷在嘉靖十五年（1536）规定："各处学校廪膳生员，有亲老无人侍养，愿告侍亲者，听亲终复学。其累科不第，年五十以上，愿告退闲者，给与冠带荣身，仍免本身杂泛差徭。"③

明代对于生员的管理也有严格的规定。洪武二年（1369），明廷规定

---

① 〔明〕申时行：《明会典》卷七十八《选补生员》，中华书局，1989年，第452页。
② 〔明〕申时行：《明会典》卷七十八《选补生员》，中华书局，1989年，第452页。
③ 〔明〕申时行：《明会典》卷七十八《选补生员》，中华书局，1989年，第452页。

由地方官员挑选年龄在 15 岁以上或品学兼优的子弟入学。明朝对于生员给予一定的廪膳,并免除其家二丁的徭役。对于生员的管理,明洪武时期已经有相关的学校禁例。洪武十五年(1382),由礼部颁发各府州县学遵行的"卧碑",就是对生员的约束:

> 朝廷设立学校,选取生员,免其丁粮,厚以廪膳,设学院学道学官以教之,各衙门以礼相待,全要养成贤才以供朝廷之用,诸生皆当上报国恩,下立人品。①

明廷还不断地强化法令,来对儒学生员进行管理。永乐三年(1405),申明"师生每日清晨升堂行恭揖,礼毕方退。晚亦如之。生员会食肄业,毋得出外游荡"②。但是,地方生员仍然存在着奸诈顽僻、藐视师长的情况,在正统六年(1441)对于此类生员予以清退。当清退处理都无法达到惩治恶劣生员时,明廷于弘治十六年(1503)进一步加大惩罚力度:"生员不拘廪增附学、敢有傲慢师长、挟制官府、败伦伤化、结党害人者,本学教官具呈该管官员、查究得实、依律问罪。"③嘉靖十年(1531)题准:"生员内有刁泼无耻之徒号称学霸,恣意非为及被提学考校,或访察黜退,妄行讪毁、赴京奏扰者,奏词立案不行。"④并有巡按御史予以拿问,可见嘉靖时期地方儒学生员中有盗学之名,为害地方的学渣情况。国家养士给予经济资助,是希望其能够学以致用,但学风的败坏显而易见,"夫以士而

---

① 〔清〕素尔讷:《钦定学政全书》卷二《学校规条》,《续修四库全书·史部·政书类》,上海古籍出版社,1995年,第552页。
② 〔明〕申时行:《明会典》卷七十八《学规》,中华书局,1989年,第453页。
③ 〔明〕申时行:《明会典》卷七十八《学规》,中华书局,1989年,第453页。
④ 〔明〕申时行:《明会典》卷七十八《学规》,中华书局,1989年,第453页。

不玩其辞，与知而不蹈其道。吾见其为浮，为薄，为燥，为险，为骄，为妒，为慢，为傲，以自颠覆多矣。几何其不负国家也"①。官学体制的僵化与腐败，生员的管理也存在难以根治的顽疾。

在儒学教育方面清承明制，但顺治朝之后又有了新的适应当时需要的新发展。清代规定"童生入学，乃进身之始，不可不严为之防。或系娼优隶卒之家，及曾经问革变易姓名，侥幸出身，访出严行究问黜革"②。对于生员的出身身份审查，其实是在限制读书人的准入门槛，阻止社会阶层流动。同样，对于官学生员的管理，清朝比明朝在制度方面更加详细。顺治十年（1653），规定地方生员的管理，"生员犯小事者，府州县行教官责惩。犯大事者，申学政黜革，然后定罪。如地方官擅责生员，该学政纠参"③。顺治十四年（1657），由广东道监察御史朱裴题请设立"卧碑"，督促各省学臣通行各级官学实施。通过在府州县学设立卧碑，以达到"全要养成贤才，以供朝廷之用。诸生皆当上报国恩，下立人品，所有教条开列于后"的目的。④卧碑原文在卢崧所修乾隆《彰德府志》中被原本抄录下来置于卷首。此卧碑中共开列了条规8条，其中特别强调："生员不许纠党多人，立盟结社，把持官府，武断乡曲。所作文学不许妄行刊刻，违者听提调官治罪。"⑤为了防止出现明末学子议论时政的现象，卧碑中明确规定："军

---

① 黄浩整理点校：雍正《临漳县志》卷二《学校》，古邺古籍整理丛书，第32页。
② 〔清〕素尔讷：《钦定学政全书》卷三十一《区别流品》，收录于《续修四库全书》，上海古籍出版社，1995年，第689页。
③ 〔清〕素尔讷：《钦定学政全书》卷二十四《约束生监》，收录于《续修四库全书》，上海古籍出版社，1995年，第651页。
④ 〔清〕卢崧：乾隆五十二年《彰德府志》卷首《上谕》，《河南历代方志集成》，大象出版社，2017年，第1页。
⑤ 〔清〕卢崧：乾隆五十二年《彰德府志》卷首《上谕》，《河南历代方志集成》，大象出版社，2017年，第1页。

民一切利病，不许生员上书陈言，如有一言建白，以违制论，黜革治罪。"①这显然是防止再次出现晚明时期文人结社干扰朝政事件的发生。

对于生员犯有过错，根据情节予以处置，"如果犯事情重，地方官先报学政，俟黜革后，治以应得之罪。若词讼小事，发学责惩"②。如此看来，生员犯有过错时，地方官需要向儒学教官汇报情况，根据所犯事情况的判定。清朝对于官府儒学生员的管理较明代更为严格，康熙三十年（1691）颁布的《圣谕十六条》、雍正四年（1726）颁布的《上谕训饬士子碑》等成为清代地方志中常列的条规。现摘录雍正四年（1726）雍正帝为督促学子规范言行特颁训文：

御制训饬士子文

国家建立学校，原以兴行教化，作育人材，典至渥也。朕临御以来，隆重师儒，加意庠序。近复慎简学使，厘剔弊端，务期风教修明，贤才蔚起，庶几域朴作人之意。乃比来士习末端，儒效罕著。虽因内外臣工，奉行未能尽善，亦由尔诸生积锢已久，猝难改易之故也。兹特亲制训言，再加警饬。尔诸生其敬听之：从来学者先立品行，次及文学、学术事功，原委有叙。尔诸生幼闻庭训，长立宫墙，朝夕诵读，宁无讲究心，必也躬修实践，砥砺廉隅，敦孝顺以事亲，秉忠贞以立志，穷经考业，勿杂荒经之谈。取友亲师，悉化骄盈之气。文章归于醇雅，毋事浮华，轨度式于规绳，最防荡轶。子衿佻达，自昔所议，苟行止

---

① 〔清〕卢崧：乾隆五十二年《彰德府志》卷首《上谕》，《河南历代方志集成》，大象出版社，2017年，第1页。
② 〔清〕素尔讷：《钦定学政全书》卷二十五《优恤士子》，收录于《续修四库全书》，上海古籍出版社，1995年，第656页。

有亏，虽读书何益？①

历代统治者都熟稔培养王朝辅助人才的重要性，"人才关乎气运，气运亦关乎人才。所以培养人才挽回气运，则司世教者身之"②。从训饬士子文中可以清晰地了解雍正朝官学教育的目的，对于学生教育放在首位的是品行，先立品行，然后才是学术事功。如果士子行为放荡，空慕浮华，那就违背了官府办学的初衷。

二、社学与义学

社学、义学作为明清两代官方儒学的重要补充，构成了不同年龄段的学校教育梯队。明洪武八年（1375），明太祖朱元璋下诏，令地方官员设立社学，聘请儒师教授民间子弟读书。其后，要求在社学中讲读《御制大诰》。弘治十七年（1504），明廷令各府、州、县要建立社学，"民间幼童年十五以下者，送入读书，讲习冠婚丧祭之礼"③。明朝官府建立社学，规定了社学招收学生的年龄，民间自愿入学，如果是家境贫寒无力求学，也不会强求。社学在明代具有官办幼学的特点。明代中期地方社会较为成功的是王守仁在南赣兴办的社学，并订立《社学教条》。正所谓"古者乡间里巷，莫不有学，即今社学是也。凡提督去处，即令有司每乡每里俱设社学，择立师范，明设教条，以教人之子弟"④。明朝对于在社学担任教师者也免除其差徭。

---

① 〔清〕蒋擢：《磁州志》卷六《学校》，清康熙刻本，第18页。
② 〔清〕卢崧：乾隆五十二年《彰德府志》卷二十五《艺文志》，九州出版社，2021年，第850页。
③ 〔明〕申时行：《明会典》卷七十八《社学》，中华书局，1989年，第455页。
④ 〔明〕申时行：《明会典》卷七十八《风宪官提督》，中华书局，1989年，第454页。

（一）社学

洪武八年（1375），明太祖朱元璋诏令天下设立社学。弘治十七年（1504），明廷规定各府、州、县要建立社学，由儒师教授冠、婚、丧、祭祀等礼仪，并学习《御制大诰》及明朝相关律令，凡民间子弟15岁以下幼童可入社学。社学属于地方性学校，明朝嘉靖四年（1525），由彰德府同知王惟屏在府城内建社学6所，分为城内2所，四关各1所。明代嘉靖朝儒学名士崔铣在《社学记》中写道：

> 科举既久，士益慕利，盖知诵读之切于行、升扬之因乎民者或鲜矣。昔之提学河南者，有克庵陈子士贤、石谷吴子元明、克庵祗身以教，故士敦；石谷以阐经旨教，故士良。又四十余祀，而得今萧子子雍。萧子崇道而善于训，厉耻而明于施，故士检。彰德同知王侯惟屏，摄政凡十阅月，遵宪度、申学政、防佚验，业各以时举，以事振。已而商于僚通判王侯、邢侯，推官尚侯曰：弃其志于幼，而长斯责德后矣。夫躬之既儌焉，而思闲其心纱矣。夫议遂协，乃区地构木，修建小学。其二居城中，四关各得其一。择师选质，诜诜乎至四百人。来拜子于清白堂。嗟乎！尔师尔徒。毋宵志、毋贾利、毋迷尔业，范尔躬以示矩，敬尔师，逊尔长，以敦让。谨尔手与步，执尔泛扫，审尔唯诺，情尔言以养敬，正尔诂训辨厥名物。饬尔点画，以究经，以析事，以收尔放心。嵬嵬者山篑土积之。涓涓者泉巨浸汇之，牛梏于童，可获千厢；木直于芽，可栋明堂。听之哉，毋曰予言诞！①

---

① 〔明〕郭朴：万历《彰德府续志》卷之下《社学记》，《河南历代方志集成》，大象出版社，2017年。

明代中后期社学的发展遭遇困境,地方社学兴废不一。崔铣作《社学记》是受彰德府官员的委托,可以看出嘉靖时期彰德府地方官员试图通过社学的教育功能来振兴地方文脉。

清朝规定社学是"乡置一区,选择品学优者为社师任教,免其差徭,量给廪饩。凡本乡子弟十二岁以上皆可入学读书"[①]。清康熙二十六年(1687),知府董延祚捐资重修各处社学。康熙二十九年(1690),继任知府吴肇新聘请儒师训课。雍正时期,蒋廷锡奏请雍正帝敕谕督抚令所辖州、县、乡、堡设立社学,聘请行端学优者任教。但是,清代彰德府社学并不兴旺,到清朝乾隆五十二年(1787)时仅府治前社学尚存。

彰德府下辖各州县社学,明清两代变化较大。安阳县社学明代已不可考,清代彰德府社学建在府城鼓楼后,由安阳知县武烈于康熙二十五年(1686)捐修而成。康熙《安阳县志》中将彰德府所建社学归入安阳县,事实上彰德府与安阳县府县同城,所以县志作者如此认为也合乎情理。汤阴县社学先后建有5所:一处在县衙署东南,是由明代成化四年(1468)任职的知县尚玑创立的,到清代已经废弃;一处在邺城,是由元代郑居仁创建的,由薛麟作文记录;另外三处分别在伏道、江窑里、鹿楼村,是由汤阴县乡绅魏儒、李孔嘉创建的,乾隆时期已经废弃。

清代临漳县社学在县衙署南文庙之后,由康熙三十三年(1694)知县陶颖发创建。林县社学据府志记载旧有13所,到乾隆五十二年(1787)之前仅剩两所:一所在东姚社,此处由乡绅靳腾云重修才得以保存;另一所在县前,但已经被林县地方官员改建为旌善亭。武安县社学,明代设有9所,清代俱废弃。这9所社学中只有贤孝村社学一处有记载。明朝天启时期,武安知县周日强在贤孝村筹建社学1所,并附近土地地租40石用

---

① 郭松义、李新达、李尚英:《清朝典章制度》,吉林文史出版社,2001年,第286页。

于资助社学师生。涉县社学的位置在县衙街西,是康熙二十七年(1688)知县王光培所建。内黄县社学由明代知县黄克念建10所,但清代俱废。

(二)义学

义学也称为义塾,在明清两代通常由地方官绅捐资设立,属于免费的私学,"义学只是起到拾遗补阙的作用"[①]。最早的义学出现在北宋时期,"创义学于县南,以训族子弟及四方幼学",此后历代相沿。义学招收的学生年龄普遍在11岁以下,学习基础读书识字。明代义学能够得到发展,是由于社学败坏后义学弥补了乡间子弟失教的缺憾。清代的义学发展延续明代。康熙二十七年(1688),根据河南巡抚的檄文,吴肇新在彰德府儒学后设立义学。由此可知,此时期彰德府地方官设立义学和社学等非官办学校是河南省级层面的行政要求,而非地方官的自发行为。此后由于管理不善遂废弃。直至雍正十二年(1734),知府满云鹣在彰德府儒学内再次设立义学。

安阳县义学是在康熙三十二年(1693)由知县马国桢捐建,共设立7所,分别在羑河铺、丰乐镇、永和集、吕村集、崔家桥、水冶镇、曲沟集。这7所义学均聘请当地生员训课。知县马国桢作《新设乡镇义学记》以记之。汤阴县义学资料府志记载不够详细,仅记有两所:一处在县城西南门内,一处是在北门内,由于缺乏后继管理和经费保障均废弃。

临漳县义学有两处:一处在县城东门外,一处在南门外。雍正十年(1732),知县陈大玠置办义学学田一顷十四亩八分六厘,其收入供给义学的师生补贴生活。这一举措在彰德府境内也属特色鲜明,毕竟义学就是解决贫困人家子弟的读书问题,要使其后顾无忧需要在经济上给予一定的资助。

---

① 陈宝良:《明代的义学与乡学》,《史学月刊》1993年第3期。

临漳义学规约

义学冬三月自十一月初一日起,至正月底止,每日用煤火制钱四十文,共需钱三千六百文;学中每月朔望行礼用香烛纸揭,及每日早晚上香,暨先生朱笔每月用制钱二百,共二千四百文:祠中仍留清修僧人一名,准收徒弟一名,幼徒亦准在学读书,伙夫一名,每年酌给斋粮制钱三十六千,柴薪箭茶钱十二千文。

祠宇义学每年须加修理,上盖漏漏、墙根域蚀,必须随时补葺,方能永远勿壤,每年总计除以上各项支用钱九十四千四百三十文外,尚有余钱五千五百七十文,作为岁修之用。此项修费务使有余,不准妄用,积余之钱存于当典,每五年大修,加以油饰彩画,庶庙貌常新,藉以报功于神灵,亦规一邑兴废气象司事者当共勉之。

....

如九年秋季租钱存作十年春夏经费,十年麦季租钱作为秋冬经费,并须预饬该租户呈交租钱,麦季不得过五月,秋季不得过十月,仍具缴状存卷备查。①

林县义学。清康熙三十三年(1694),林县知县熊远寄在城乡之间设立义学多处,但具体位置不详,且并未维持太久便废弃。乾隆十九年(1754)知县龚一发在县衙西隅,置办瓦屋20间,设立一处义学。据乾隆五十二年(1787)知县谈清册所报,林县义学学田有75亩,每年能收租7500文,除了用于缴纳地丁和漕粮之外,剩余租钱为义学学生雇伙夫使用。

武安县义学。明代有两所:一处在县城南关,一处在龙门铺。清代乾

---

① 黄浩、刘尚峰整理点校《临漳县志略备考》卷二《义学规约》,中国古邺古籍整理丛书,2003年,第4—5页。

隆三年（1738）知县蒋光祖新建了8所义学。据乾隆《武安县志》记载，康熙四十七年（1708）知县黄之孝率领乡绅捐资，置义学地209处，地亩二百六十三亩三分八厘，并留有碑记记录各地的具体位置和亩数，但是府志中并未详细记录。为了士子会文之需，明代万历朝知县李椿还设有会田，也属于学田的一种。

涉县义学。清代有3所，俱在县城之内。

内黄县义学。康熙朝知县张为仁建有10处，乾隆二年（1737）知县李洊又在楚王镇新建一所。雍正十三年（1735）十月，彰德府同知李光型与内黄县知县新建内黄县义学，他在《新建义学记》中写道："与邑之绅士张君允煓、黄君之衡谋治之，凡二十四椽，环之为垣，树之为门，自讲堂、书室、厨舍、游息，莫不具备。至于器用之需，皆有以供之，而一无所缺。令既捐金，营费不动于民，而士之好义者亦荣输以助令。""余闻之古之教者，家有塾，党有庠，乡有序，国有学，所谓学校，至不一也。"[①] 从这条史料可知，当时由内黄县令带头捐资兴建义学，地方绅士也积极出资，并没有向百姓募捐。从彰德府下辖各县的义学生存情况来看，由于缺乏稳定的经费来源，很多义学存在的时间并不长。

三、明清两代书院

明朝建立后对于官学教育倡导，通过丰厚的廪膳和优渥的待遇使士子们积极争取拿到官办儒学的名额。士子们对前程、科考的追寻，同样也导致了明前期书院发展的迟缓，这与宋元时期差距非常明显。明朝中期以后，科举制的教条和官办儒学教育的空疏，导致更多的士子对官学的失望。此时期，一些著名的理学名儒开书院聚众讲学，受到士子们的追捧。以河南

---

① 〔清〕董庆恩修：光绪《内黄县志》卷十八《艺文志》，清光绪十八年刻本。

布政司为例，天顺五年（1461）由河南巡抚在开封创建大梁书院，此后成化时期河南境内先后出现了8所书院，这些书院中的讲学者多为理学名儒。成化以降，书院讲学之风在全国盛行，如王阳明、湛若水等名家讲学之处，动辄聚集上千学生。

嘉靖初期，书院兴建之风正盛。嘉靖十年（1531），彰德府汤阴县知县卢学之筹建主静书院，并聘请当时名儒崔铣撰写《主静书院记》。当时明廷下诏禁毁天下私建的寺庙和道观，劝和尚、尼姑、道士还俗。知县卢学之将永通尼寺改建为主静书院。崔铣认为："古之善言书者必用静，然世固有同趋而异见，学亦有合途而判归者乎？其语诸生，毋误厥向哉！"①崔铣在记中解释起名为主静书院的缘由，并指出静是三才之根，是心之体而性之立。然而，嘉靖十七年（1538）便发生了吏部尚书许赞请求禁毁书院的事件，明世宗朱厚熜批准许赞的奏疏直接导致大量书院被毁。《河南书院教育史》中统计此次河南有近70%的书院被毁。由于当权者错误的政策不得民心，违背了当时书院发展的大势，故而此次禁毁持续时间并不长，到嘉靖二十一年（1542）时，河南地方官员又开始兴办书院，而汤阴主静书院也在此后重修开办。由此而知，官办书院的复兴是地方官员对书院教育的认同，相较于私人讲学的书院，官办书院可以得到地方官府的政治庇护。

明万历时期，张居正主政内阁，他本人试图在政治改革中重新振兴官办儒学，应该开始禁毁天下书院，这是继嘉靖朝许赞之后又一次大规模的禁毁书院。由于张居正改革意图明确，因而此次禁毁书院无论是官办抑或是私立均在打击范围之内。清代黄以周就指出："明张太岳遂令天下书院一切罢毁，揆其意在振学校而一风教。"②此次禁毁书院不仅河南，甚至全

---

① 〔清〕卢崧：乾隆五十二年《彰德府志》卷二十五《艺文》，九州出版社，2021年，第842页。
② 〔清〕黄以周：《儆季杂著》之《论学院》，清光绪刻本。

国的书院发展均受到重挫,直到张居正死后这种情况才逐步得到改观。万历中后期,士人议论时政之风大盛,书院又进入一个发展期,但官学化的书院仍是主流。之所以明代中后期在两次禁毁书院过后,书院仍能如雨后春笋般复苏,主要原因是明代的官学教育此时已经拘泥、僵化、腐败,无法达到应有的教育士子之责。

清朝建立后,鉴于对明代书院议政的担忧,因而采取了抑制书院发展的政策。但据《清史稿》所载:"各省书院之设,辅学校所不及。初于省会设之,世祖颁给帑金,风励天下,厥后府、州、县次第建立,延聘经明行修之士为之长,秀异多出其中。"① 事实上,从《彰德府志》中就可以看出,各县的书院多是出现在雍正时期。这样来看,顺治朝、康熙朝河南书院的发展处于停滞状态。雍正十一年(1733),雍正帝一改清初抑制书院发展的政策,颁布上谕要求地方官府积极筹办书院,聚集生徒讲学,引导士子的学风。

> 朕临御以来,时时以教育人材为念,但稔闻书院之设,实有裨益者少,浮慕虚名者多,是以未尝敕令各省通行,盖欲有待而后颁降谕旨也。近见各省大吏渐知崇尚实政,不事沽名邀誉之为,为读书应举者,亦颇能屏去浮嚣奔竟之习,则建立书院,择一省文行兼优之士,读书其中,使之朝夕讲诵,整躬励行,有所成就,俾远近士子观感奋发,亦兴贤育才之一道也。②

各省督抚遵照雍正帝的谕旨,在地方开始筹办书院,所以清代的书院

---

① 赵尔巽:《清史稿》卷一○六《选举志一》,中华书局,1977年,第3119页。
② 《清世宗实录》卷一二七,雍正十一年正月壬辰。

官学化的特色非常明显。河南巡抚在此时期也向地方各府、州、县发布檄文，鼓励地方官员兴办书院。显然雍正朝由于官府兴办书院，加强官方对书院的监控意图非常明显，以往书院自由讲学之风也必然会受到影响。

乾隆继位之后就颁布了《特恩整饬书院成就人才上谕》，对于地方书院的发展起到了很大的推动作用。乾隆五十二年（1787）所修的《彰德府志》中就将此上谕全文收录。

> 书院之制，所以导进人才，广学校所不及，我世宗宪皇帝命设之省会，发币金以资膏火，恩意至渥也。古者乡学之秀始升于国。然其时诸侯之国皆有学，今府州县学并建而无递升之法，国子监虽设于京师，而道里辽远，四方之士不能胥会，则书院即古侯国之学也。居讲席者，固宜老成宿望，而从游之士，亦必立品勤学，争自濯磨，俾相观而善。庶人才成就，足备朝廷任使，不负教育之意。①

在此上谕中，乾隆帝明确提出书院选择管理官员的要求，必须选择经明行修的模范，以礼聘请，定三年为其进行考核。书院学习的学生也必须选择乡里秀异、沉潜学问的读书人，绝不能让那种恃才放旷的不羁之士混入书院。

（一）彰德府昼锦书院

昼锦书院创建于清乾隆五年（1740），由时任彰德知府李渭奉河南巡抚檄文而建。昼锦书院建在彰德府东南韩魏公故第前，以著名的昼锦堂改置而成，立匾额曰"昼锦书院"。乾隆三十六年（1771），彰德府知府蒋希宗对其进行重修。卢崧任彰德府知府时筹划扩大昼锦书院规模，并于乾

---

① 〔清〕卢崧：乾隆五十二年《彰德府志》卷首《上谕》，九州出版社，2021年，第9页。

隆四十四年（1779）聘请吕星垣代撰《彰德府书院劝捐文》，文中表达了卢崧想要恢复彰德府往日的文风，"岁己亥，余来守是邦，按其版籍人民，都会繁郁，风貌朴茂"。在此劝卷文末吕星垣写道："存斋曰：和厚平中，深得劝告之体"①。通过向地方乡绅阐明彰德府发展书院教育的重要性，继而得到地方士人的财力支持。于是，乾隆五十二年（1787），知府卢崧和安阳县知县阴晦对昼锦书院进行重修，改建了大门，添造书舍41间，忘机堂后东西回廊12间，以及奎楼5间。

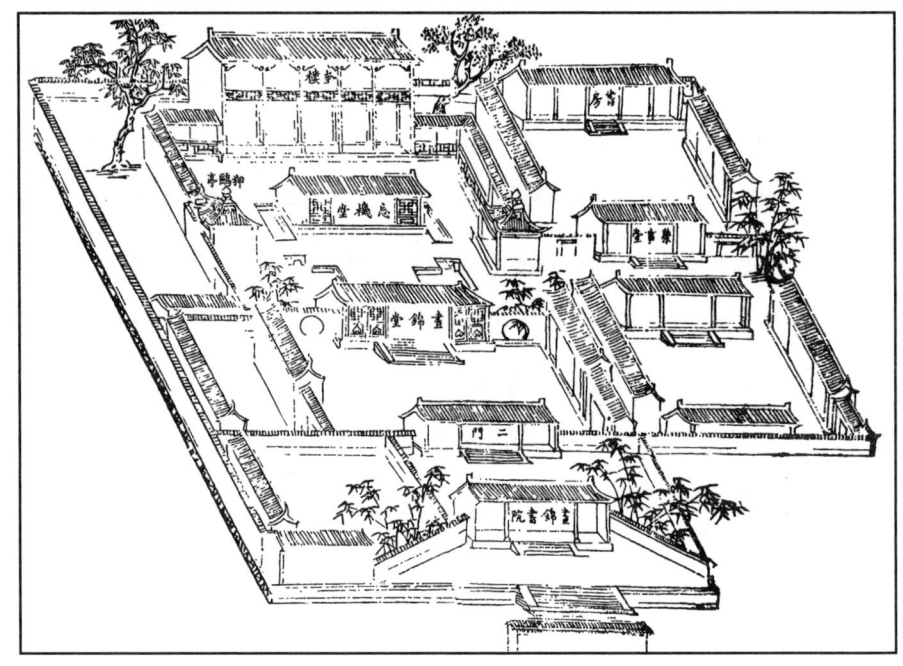

图6-4-2 乾隆五十二年彰德知府卢崧修葺后的昼锦书院

资料来源：乾隆五十二年《彰德府志》，卷首图说

（二）府志中记载的各县书院情况

汤阴县明清时先后出现3所书院，分别是主静书院、精忠书院、演易书院。主静书院是明朝嘉靖十年（1531）由汤阴知县卢学之建，在县城

① 康保成主编《海内外中国戏曲史家自选集·杜桂萍卷》，大象出版社，2017年，第336页。

内城隍庙东，清代已经废弃。精忠书院，府志中仅记在精忠庙东，康熙三十五年（1696）的《彰德府志》中记其遗址尚存。演易书院是由清乾隆二十三年（1758）汤阴知县何升创建，书院位置在县衙署东南隅，是将明代义学之所改建而成。书院经费是何知县将各乡义学学田42顷的学租银归并而来，以此经费聘请儒师讲学。

临漳县有书院3所，即漳阳书院、建才书院、古邺书院，其中明代所建有2所、清代建有1所。对比明清7部《彰德府志》可以看出，明代所建的漳阳书院和建才书院均在万历朝。漳阳书院是由万历十七年（1589）临漳知县丁允亨所建，书院设在县城东关外。万历朝内阁首辅张居正去世后，明神宗及新一届的内阁成员逐渐对书院制度有所放宽，因而漳阳书院和同时期很多书院如雨后春笋般浮现。建才书院建于明朝万历末期，由万历四十一年（1613）临漳知县赵友琴所建。这两所书院出现在万历朝，间接可以看出当时地方官员对于官方的州县儒学教育质量是不认可的，而书院由地方官员操办其国家意志体现更为突出。清朝建立后顺治、康熙两朝重点发展官办儒学，对于书院并未开禁，所以明朝的漳阳、建才二书院也在入清后废弃。直到雍正八年（1730），临漳知县陈大玠才创建了古邺书院，但此书院的办学指导思想也是按照雍正皇帝谕旨，体现了官办书院的特色。正如清人许正在《古邺书院碑记》中记"为国家宣猷布化，本诚正之学术，以著治平之功业"[①]。作为具有千年历史的古县城，邺城自隋代以后便风采稍逊令人惋惜。

林县的书院以黄华书院最为著名。书院设在林县西南的黄华坊，据传是金代学士王庭筠读书之地。金章宗明昌元年（1190），王庭筠被罢官后

[①] 黄浩整理点校：雍正《临漳县志》卷六《艺文志》，古邺古籍整理丛书，2010年，第207页。

在林县隆虑黄华山寺隐居，潜心读书作画，自号黄华老人，并创建黄华书院。金、元、明各时期均有文人墨客慕黄华之名而来，留下许多诗篇。元代著名的文学家许有壬就曾题诗《黄华山次鹿庵韵》："吾闻林虑西，兹惟郡山会。一舍入高寒，百里见空翠。"① 明万历十一年（1583），任彰德府推官的张应登在署理林县事务期间，复建了黄华书院的正学堂、万卷楼、读书台、桂香阁以及东西厢房30间，作为诸生讲习之所。清朝康熙二十七年（1688），林县知县徐岱对书院房舍进行重修，按照河南巡抚的宪牌在此处设立义学。昔日黄华书院以另一面貌呈现在读书学子面前，知县徐岱重修了正学堂、万卷楼等校舍，但规模不及明代。

武安县有紫金书院一所，为明万历四十二年（1614）林县知县李椿茂所建，其址在县城内敬一厅后。李椿茂在武安任知县期间重视教育，创立了会田，为文人以书会友提供经济资助。在创设会田资助教育的同时，李椿茂在学宫旁选址营建书院，"辟荆棘，平坑堑，选时日，筑基址，创建书院一区，将集诸生于此中，与群书校雠也"②。清朝乾隆二十三年（1758），知县张映台重建紫金书院于龙门铺。虽然同名紫金书院，但与明代紫金书院在选址上无丝毫延续，"某访志所谓紫金书院，而破瓦颓垣，无一存者，盖书院之废久矣"。张映台认为虽然明代紫金书院已经废弃，新建书院十分必要，于是主动捐百金倡议重建书院，县内官员和乡绅也积极捐款，筹得600金用于置地建屋。紫金书院以武安县城北城门紫金门为书院名："紫金楼者，城之北门楼也，与紫金山相望，故云书院，实在其右，因仍颜曰紫金，存其旧也。邑旧有义学田若干亩，余既延进士赵君晓崖为山长，乃

---

① 〔清〕卢崧：乾隆五十二年《彰德府志》卷二十八《艺文志》，九州出版社，2021年，第975页。
② 〔明〕李椿茂：《紫金书院记》，收录于乾隆五十二年《彰德府志》卷二十五，九州出版社，2021年，第868页。

籍其田为书院费。"① 张映台为使紫金书院师资有保障，聘请了名士赵晓崖为山长，可见张映台为重振紫金书院颇费心思。

涉县的兴文书院建于明万历二十四年（1596），由涉县知县王启疆创建。府志中只记载兴文书院建在明伦堂西，无更多内容。据涉县地方志编纂委员会所编《涉县志》记载，书院院址是在原崇明寺基础上所建。另外，涉县洙泗书院建于宋代，院址在原曲村，但查阅《彰德府》及康熙《涉县志》均无记载。涉县在清嘉庆四年（1799），又建韩山书院。道光四年（1824）又建清漳书院，但由于本书以7部《彰德府志》为考察对象，时间节点为乾隆五十二年（1787），故而不再赘述。

磁州书院在《彰德府志》中并无记载，但雍正《畿辅通志》中记有滏阳书院建于嘉靖三十年（1551），其址在磁州西南五里，此外再无详文。因而创办者不详，是官办还是民办也不详。但《宋史纪事本末》的作者陈邦瞻在河南任布政使期间分管彰德府事务，因而筹建滏阳书院，"建滏阳书院，集诸生讲习"②。由此推断，陈邦瞻在河南任布政使的时间在万历朝，所以陈邦瞻创建滏阳书院可能与《畿辅通志》所记滏阳书院两者并无直接关系。在黄希文纂的《磁县志》中记："磁县书院废弃已久。清嘉庆十三年知州博尔多，于修葺学宫之后，筹议兴修。"③ 事实上，雍正四年（1726）之后磁州已不再属于彰德府管辖。明代磁州虽在彰德府管辖之下，但一州领二县，武安县、涉县皆有书院磁州反而记载不详。

内黄县书院在《彰德府志》中只记载了两所，即黄池书院、求慊书院。而乾隆《内黄县志》记有3所，即黄池书院、杨公书院、求慊书院。《彰

---

① 〔清〕张映台：《紫金书院》，收录于乾隆五十二年《彰德府志》卷二十五，第900页。
② 〔清〕张廷玉：《明史》卷二四二《陈邦瞻传》，中华书局，1974年，第6277页。
③ 黄希文：《磁县县志》，收录于《中国方志丛书·华北地方》，成文出版社，1968年，第217页。

德府志》中对于各书院情况记载也不如县志详细。据乾隆《内黄县志》所记，杨公书院是康熙十三年（1674）由内黄知县杨辉斗所建，建筑规模占地 26 亩地，建有奇阁、文昌讲堂、观德堂等房舍，但是到乾隆时期已废弃。求慊书院是由内黄知县陈锡辂于雍正十二年（1734）在原蘧公祠处扩建而成，由河南总督王士俊亲笔题额"求慊书院"。黄池书院是隆庆六年（1572）由明代内黄知县黄克念所建，后被改为公署。内黄县书院的发展与地方知县的大力支持密不可分，康熙元年（1662）任内黄县令的张沐一，"开讲堂讲学，每会期邑士及邻封来请业者常百余人。时容城孙奇逢讲学苏门，币聘至黄，使学者知所宗焉"①。还有内黄知县王翼"每公余辄设馔约士子课文剖疑义，或至夜分不休。辛卯，分校北闱，解首出其门，余多名士"②。正是因为有了像张沐一、王翼这样的地方官员支持，才使黄池书院在康雍乾时期人才辈出。

四、府学、县学的教官

明清《彰德府志》的编纂群体中，府州县儒学的教授、学正、教谕均有参加，而且府学生员还是编纂的主力。我们在府志中可以看到众多致力于传道授业解惑的儒学教官事迹，而他们中很多人也因教绩突出被提升为知县。在府志人物传中，我们能够查到形容儒学教官的褒奖之词，如敦行善教、士心悦服、志行检饬、推诚待士、学问赅博、训士无间、仪端学博等等。

彰德府儒学教授为从九品官秩。明代规定府儒学教授 9 年之内，科举考试中生员取中 9 名，又考通经者，即视为称职予以升用。如果科举考试生员取中不及 4 名，又考不通经者，教授将被视为不称职而降黜别用。县

---

① 〔清〕卢崧：乾隆五十二年《彰德府志》卷八《宦迹》，九州出版社，2021年，第343页。
② 〔清〕卢崧：乾隆五十二年《彰德府志》卷八《宦迹》，九州出版社，2021年，第344页。

儒学教谕的考核是9年之内，科举考试中生员有3人取中，又考通经者，被评定为称职并升用。对于儒学教官而言，生员参加科举考试的录取率是其升迁或处罚的依据。以府儒学教授张璁为例：

> 张璁，长垣人，以蒲州学正升任。张公性淳谨，学务明理，不尚靡丽。每五鼓升堂背书，已，令诸生说经。善教人，能因其材。其言谆煦，虽至幼者问难，各为析所疑，或未喻，至再三不倦。修行射礼，人人自以为得师。持心恒，九年如一日，虽大风甚雨不废。成化乙酉科乡试第一人在府学，又举四人。继是举进士者四人，科第之盛前后莫能及也。在蒲州时，有谢廷桂者，亦举乡试第一人。张先生子冕、昶俱举进士，冕为御史至知府，昶兵部主事。①

从府志中可以得知，张璁勤于任教，以培养士子端正学风为己任，在长达9年的执教生涯中为彰德府培养了大量的人才。其中成化元年（1465）河南省乡试第一人即出自彰德府儒学，在张璁主管彰德府儒学期间，府学学风醇正，科举成绩名列前茅。

此外，优秀的儒学教官不乏其人。彰德府教授黄积庆，以训诫诸生为务之根本，"每以清心养气示诸生。尤精于雅乐，尝著《乐律管见》"②。因才学出众被提升为赵王府教授。明代赵王府纪善赵准，"举顺天乡试，为学官。景泰间迁纪善。好谏诤，启王令诸生皆受经，准为讲说。以诗教相人，门弟子常数十。矩矱严厉，诸生步立皆有则"③。明英宗正统年间，

---

① 〔明〕崔铣：嘉靖《彰德府志》卷五《官师志》，安阳市地方史志办公室点校本，2010年，第214—215页。
② 〔清〕卢崧：乾隆五十二年《彰德府志》卷八《宦迹》，九州出版社，2021年，第317页。
③ 〔清〕卢崧：乾隆五十二年《彰德府志》卷八《宦迹》，九州出版社，2021年，第317页。

彰德知府王锐临试学校。王锐本人以严厉而闻名于彰德，他尤其关心教育，但凡每月的初一和十五日，必定要参谒先师孔子，然后坐于明伦堂中听诸生说经、发疑。王锐作为彰德府知府关心地方文化教育也是其职责所在。

彰德府下辖一州六县也不乏教绩卓著的儒学教官。袁纯正统时任汤阴县教谕，因性格介直，文学行谊皆可称。他不仅善于任教，而且勇于任事，汤阴县中创建岳忠武庙时，袁纯力任其事。安阳县教谕韩溉，嘉靖五年（1526）任，"赋性刚直，才识敏达，集诸士与黉舍，躬督讲习，寒暑不懈，升国子监学正"①。嘉靖朝林县教谕郑道夫，"学有本原，教先敦行，一时士大夫贤愚皆知感奋，虽市井乡闾皆敬慕焉……周恤寒士，辞受有节。巡按按属邑，以河北一人旌之"②。

虽然明代彰德府涌现出诸多优秀的儒学教官，但是儒学教官也存在着诸多不称职者。当地方官员以行政手段干涉地方教育或侵占学校，学官以位卑权小而不敢与之抗争。明洪武时期，被称东郊先生的元道隆就指出："学校乃风化之本，俗吏多忽焉，不以为务，是不知天秩民一切治道，胥此焉出？暇则率僚寀以观讲习，或生徒有未济，廪饩有未充，祭物有未完，教养有未至，激劝有未周，皆敦笃以成之，久则弦诵之声，作而礼仪之俗可兴矣。"③正德、嘉靖时期，崔铣赋闲在安阳，他积极致力于地方教育，对地方行政官与儒学教官有如下评价：

> 论曰：学官与长吏对置，育才化民此其责，岂不重哉！而士或耻就焉，岂非重权利故邪！予闻洪武、永乐间，学官主教，而升黜诸生在守令。夫同居一城之内，朝见夕闻，其贤、不肖可坐而覆别，不待

---

① 〔清〕卢崧：乾隆五十二年《彰德府志》卷八《宦迹》，九州出版社，2021年，第320页。
② 〔清〕卢崧：乾隆五十二年《彰德府志》卷八《宦迹》，九州出版社，2021年，第327页。
③ 〔明〕汪天赐：《官箴集要》，中国商业出版社，2010年，第162页。

试而见，薰磨激劝既易又专。而当时学官如曹端、孙鼎皆醇学厚行，著名海内，有司尊礼如奉上宾，贵逾公卿矣。今地广士众，视学者或岁一至，或间岁一至。每至或留三日及五日，阅卷稽课力犹不给。守令以学有专司，多委而不敢问。而学官卑俯甚，既禀不继，师生多者逾月不相见，此子衿所为悲叹也。①

崔铣所言的正德、嘉靖时期省级学官不能留心于地方教育，而明地方官员非常重视地方儒学和科举考试，兴教育、修学舍，但是又怕侵夺了地方学官的权力，所以致使地方儒学教育受到影响。

清代彰德府及各县的儒学教官也涌现出诸多优秀者。彰德府教授陈其润"品端行洁，学深养邃，尤善奖励后学，按月设课，多士执经请业者不远百里而至"②，在他主管彰德府儒学期间，郡内科第联翩。

清代安阳县知县饶炯"集诸生于官舍，躬督会业，谆谆以大雅相勖。邑内登贤书者多出其门"③。康熙十二年（1673）任林县训导的杨景震，"秉铎七载，服膺阳明先生理学，独得其传"④。武安县教谕刘动，康熙十九年（1680）任职，"爱育生徒，不异子弟。兴修文庙，周给孤寒"⑤。武安县教谕崔锦章"训士有方，每四仲集诸生宣讲卧碑，严义利，一介不取，千金不顾"⑥。康熙四十年（1701）任职的汤阴知县吴玥，"建立义学，奖励生童，士林德之"⑦。教谕胡煦于康熙四十四年（1705）任职安阳县，"品

---

① 〔明〕崔铣：嘉靖《彰德府志》卷四《田赋志》，安阳市地方史志办公室点校本，2010年，第216—218页。
② 〔清〕卢崧：乾隆五十二年《彰德府志》卷八《宦迹》，九州出版社，2021年，第337页。
③ 〔清〕卢崧：乾隆五十二年《彰德府志》卷八《宦迹》，第338页。
④ 〔清〕卢崧：乾隆五十二年《彰德府志》卷八《宦迹》，第341页。
⑤ 〔清〕卢崧：乾隆五十二年《彰德府志》卷八《宦迹》，第342页。
⑥ 〔清〕卢崧：乾隆五十二年《彰德府志》卷八《宦迹》，第342页。
⑦ 〔清〕卢崧：乾隆五十二年《彰德府志》卷八《宦迹》，第338页。

行端恪,希心濂洛之学,于书无所不读,尤邃于《易》,著有《周易函书》。教授诸生以登品穷经为务"①。他不仅勤于教学,自己也刻苦攻读,终于高中进士。汤阴县教谕李去侈,康熙四十七年(1708)任,"识真见大,学邃才高,讲学必本程朱,论文务宗先正,一时从游者得其绪余,屡掇科第。所著有《六品堂笔记》"②。内黄县训导厉贞"风规超卓,约社课文,数岁不辍,其供膳悉出己赀。有酬以束修者,则曰:勤学课业,先生之职也。固弗受"③。

彰德府及下辖州县的儒学教官,除了尽心尽职于传授学问,还致力于地方文化建设。明代正统时期汤阴县教谕袁纯就积极向明廷提议,在汤阴县修建岳飞庙祭祀岳飞,激励汤阴百姓的忠义之气。内黄县教谕胡一鸥除了能够做到庄雅有师范,立社衡文,在修建学宫时能力任其事,"时修学宫,力任其劳,一材一艺咸综理有方。犒赏工匠、备办物料多捐己赀"④。彰德府儒学教授于从龙在参与纂修乾隆五十二年(1787)《彰德府志》期间,积劳成疾而卒于任。

---

① 〔清〕卢崧:乾隆五十二年《彰德府志》卷八《宦迹》,第338页。
② 〔清〕卢崧:乾隆五十二年《彰德府志》卷八《宦迹》,第339页。
③ 〔清〕卢崧:乾隆五十二年《彰德府志》卷八《宦迹》,第345页。
④ 〔清〕卢崧:乾隆五十二年《彰德府志》卷八《宦迹》,第344页。

结　语

本研究以明清两代7部《彰德府志》为史料基础，在对7部府志进行比较研究的基础上，展开对明清两代安阳地方社会问题的讨论。笔者最初在构思以7部《彰德府志》为主线进行地方社会研究时，由于缺乏经验以至于研读史料的过程中存在着挂一漏万的现象。由于是围绕着地方志纲目展开的研究，因而对于安阳地方社会的研究还不够全面，这也是需要在今后研究中继续深入挖掘的方面。

一是对7部《彰德府志》的编纂、刊行及价值进行研究，此方面研究为学界深入开展方志比较研究起到了抛砖引玉的作用。首先，对7部《彰德府志》进行文献整理，因续修和重修不同，所以比较7部府志中内容的增补及史事的订误是开展研究的基础；其次，对7部府志编纂群体、组织机构进行考察，明清府志编纂群体的人员数量和构成有着很大的不同，清代更加突出官修的特色，纂修机构组织完备人员众多，但参与人员多并不意味着就能编纂出好的方志；再次，对各版凡例、纲目、内容进行整理，明清两代对于方志的性质认识有所差异，导致编纂方志时取向有所不同，明代两部府志崇尚简约，但记录内容有秉笔直书的史家风范，而清代府志内容翔实却回避社会现实问题；最后，对府志中《艺文志》的价值及对传承地方文化的作用进行研究。清代《彰德府志》的编纂者认为明代崔铣所修府志无单列《艺文志》而感到惋惜，于是在清代几部府志中特别注重《艺文志》的收集与整理，希望以此超越有着海内名志之称的嘉靖《彰德府志》，其中卢崧于乾隆五十二年（1787）所修府志用力最深厚。值得肯定的是，卢崧所汇集关于安阳地方的艺文，对于当今时代传承和弘扬优秀传统文化意义重大。本部分通过分析明清《彰德府志》的编纂等问题，从长时段把握方志编纂中省、府之间态度对方志编纂的影响，笔者希望实现从府志编纂看地方社会变化的目的。

二是对明清彰德府政区调整与安阳地方社会进行研究。当代社会由于地方经济文化因素的影响，各地都在强调现在行政区划的地域文化，从而忽视了从古至今行政区划分合并不会完全割裂地方文化的相同性，纯粹地强调以行政区划割裂文化是不可取的。首先，笔者分析行政区划调整的诱因。历史上安阳地方政区调整非常频繁，尤其是与河北紧邻的州县。由元朝进入明朝时，磁州、武安县等被划归彰德府。明清易代后，雍正时期畿南豫北行政区划再次调整，内黄县被划归彰德府，彰德府磁州并入河北广平府，政区的调整对安阳地方社会产生诸多影响，这也是促进《彰德府志》不断重修的一方面原因。其次，通过行政区划调整对地方志的影响进行研究，探讨变迁前后豫北行政区划、水利、河运等问题，也体现出明清两代彰德府在中央治理地方中扮演的重要角色。内黄县在雍正三年（1725）以前属于河北，而河南作为产粮大省，每年向京城运输粮食需要通过卫河漕运实现，内黄县楚旺镇是漕运重要转运点。雍正帝将内黄划归彰德府实际上是出于河南粮食运输的考虑，这也是确保清代国家粮食安全的重要举措。而磁州被划归河北广平府则是由于河南、河北两省因漳河水使用发生纠纷导致的，清廷为了解决两省水事纠纷将磁州划归河北，但从漳河水利的使用来看，水利纠纷并未解决，只是纠纷从两省之间转变为河北省内纠纷。

最后，通过对明代彰德府马政、盐引等问题研究审视豫北经济、社会发展不平衡问题。明代彰德府代养官马，承担着国家军队用马的保障任务，但是由于地方气候和草场等因素，明代彰德府养马成为地方百姓的灾难，通过分析与马政相关的赋税等，探究明代安阳百姓如何化解因孳牧官马产生的经济负担。

三是对府县同城视角下的彰德府机构和职能进行研究，安阳县作为彰德府的附郭县在明清两代地方发展中扮演着重要的角色。作者在本部分，首先对于彰德府知府群体的研究主要集中在清代，因清朝设置天下30处重要府级行政区，彰德府就在其中，因而彰德知府的任命决定着地方发展与稳定。其次，关于府县同城的研究。彰德府下属安阳县作为附郭县，在明清两代彰德府地方发展中作出的贡献在府志中随处可见，彰德府的地方建设、文化建设等方面都有安阳县给予的积极支持。彰德府与安阳县府县同城办公，彰德府知府的任期政绩与安阳县知县有着密切的关系，但是明清两代流传的谚语说出了附郭知县的困境和艰难。最后，对明清两代军事机构彰德卫和彰德营的研究，分析明清易代后明代卫所制度崩溃后，彰德卫士卒及家属还有卫所屯田土地的军转民问题。此方面的问题重点在于明清易代后，彰德卫的军余和屯田土地归入地方管理，这给安阳地方社会带来的影响是比较明显的，土地面积增加的同时地方承担的赋役随之增加。

四是对明清两代彰德府灾害疫病与地方应对举措进行研究。明清两代彰德府及下属州县自然灾害和瘟疫的记载是7部府志中不可忽视的史料，但是方志编纂者在记录地方灾害时并未像艺文一样收录完整，以至于存在诸多疏漏。因此，笔者主要探究地方官员面对突发状况的应对措施，以及部分官员未雨绸缪的前期防范对策。

五是《彰德府志》对岳飞、崔铣等历史文化名人的书写突出方志的教化功能。首先，对于明清两代岳飞崇祀的研究，可以看出明清两朝统治阶层崇祀岳飞目的是不同的。明代在大的历史事件背后，通过崇祀岳飞的方式激发百姓保卫国家的热情。这在正统、成化时期彰德府汤阴县修建岳飞庙的过程中得到体现。而清代乾隆皇帝通过赞颂岳飞的忠义警示官员，教化百姓。其次，对明清两代彰德府儒学教育进行研究，探究地方教育的发展。

参考文献

古籍

[1] 〔清〕张廷玉：《明史》，中华书局，1974年。

[2] 〔清〕永瑢、纪昀：《四库全书总目提要》，中华书局，1965年。

[3] 〔明〕崔铣：嘉靖《彰德府志》，上海古籍书店影印，1982年重印。

[4] 〔明〕王士禛：《池北偶谈·秦中诸志》，中华书局，1982年。

[5] 〔清〕顾祖禹：《读史方舆纪要》，中华书局，2005年。

[6] 〔清〕于敏中：《日下旧闻考》，北京古籍出版社，1981年。

[7] 〔清〕卢崧：乾隆五十二年《彰德府志》，收录于《中国方志集成·河南府县志辑》，上海书店出版社，2017年。

[8] 〔清〕章学诚著、仓修良编注《文史通义新编新注》，浙江古籍出版社，2005年。

[9] 〔清〕顾炎武：《天下郡国利病书》，收录于《续四库全书》，上海古籍出版社，2002年。

[10] 〔汉〕司马迁：《史记》，中华书局，1959年。

[11] 〔北魏〕郦道元著，陈桥驿校《水经注校证》，中华书局，2007年。

[12] 〔明〕崔铣：《洹词》，收录于《四库全书》集部，商务印书馆，1982年。

[13] 〔明〕郭朴：万历《彰德府续志》，《河南历代方志集成》，大象出版社，2017年。

[14] 〔清〕宋可发：顺治《彰德府续志》，《河南历代方志集成》，大象出版社，2017年。

[15] 〔清〕汤传楷：康熙《彰德府志》，《河南历代方志集成》，大象出版社，2017年。

[16] 〔清〕刘谦：乾隆五年《彰德府志》，《河南历代方志集成》，大象出版社，2017年。

[17] 〔清〕黄邦宁：乾隆三十五年《彰德府志》，《河南历代方志集成》，大象出版社，2017年。

[18] 〔清〕卢崧：乾隆五十二年《彰德府志》，《河南历代方志集成》，大象出版社，

2017 年。

[19]〔清〕马国桢修,唐凤翱纂:康熙《安阳县志》,清康熙三十二年刻本。

[20]〔清〕陈锡辂修,朱煌纂:乾隆《安阳县志》,清乾隆三年刻本。

[21]〔清〕赵希璜修,武億纂:嘉庆《安阳县志》,清嘉庆四年刻本。

[22]〔清〕贵泰修,武穆淳纂:嘉庆《安阳县志》,清嘉庆二十四年刻本。

[23]〔明〕沙蕴金修,苏育纂:崇祯《汤阴县志》,明崇祯十年刻本。

[24]〔清〕晋淑召纂修:顺治《汤阴县志》九卷,清顺治十三年刻本。

[25]〔清〕杨世达纂修:乾隆《汤阴县志》,清乾隆三年刻本。

[26]〔明〕谢思聪修,郝持、李若杞纂:万历《林县志》,明万历二十四年刻本。

[27]〔清〕王玉麟纂修:顺治《林县志》,清顺治十七年迩复轩刻本。

[28]〔清〕徐岱、熊远寄修,万兆龙纂:康熙《林县志》,清康熙三十三年刻本。

[29]〔清〕杨潮观纂修:乾隆《林县志》,清乾隆十七年黄华书院刻本。

[30]〔清〕康仲方修,卫济世纂:咸丰《续林县志》,清咸丰元年刻本。

[31]〔明〕周文龙修,孙绍等纂:嘉靖《磁州志》,嘉靖三十二年刻本。

[32]〔明〕赵范修,诸桥纂:万历《重修磁州志》,明万历九年刻本。

[33]〔清〕任塾等纂修:康熙《磁州志》,清康熙二十五年宁致堂刻本。

[34]〔清〕蒋擢修,乐玉声纂:康熙《磁州志》,清康熙四十二年本。

[35]〔清〕程光滢纂修:同治《磁州续志》,清同治十三年刻本。

[36]〔明〕景芳修,张慵纂:正德《临漳县志》,明正德元年刻本。

[37]〔清〕淘颖发纂修,陈大玠增修:雍正《临漳县志》,清雍正九年增刻本。

[38]〔清〕张济纂修:咸丰《临漳县志》,清咸丰十年刻本。

[39]〔清〕骆文光纂修:同治《临漳县志略备考》,清同治十三年刻本。

[40]〔清〕周秉彝修,周寿梓纂:光绪《临漳县志》,清光绪三十年刻本。

[41]〔明〕唐交修,陈玮等纂:嘉靖《武安县志》,明嘉靖刻本。

[42]〔明〕李椿茂等纂:天启《武安县志》,明崇祯刻本。

[43]〔清〕黄之孝修,李吉纂:康熙《武安县志》,清康熙五十年刻本。

[44]〔清〕蒋光祖修,夏兆丰纂:乾隆《武安县志》,清乾隆四年刻本。

[45]〔明〕佚名纂:嘉靖《涉县志》,明抄本。

[46]〔清〕黄泽修,窦彝常纂:康熙《涉县志》,清康熙年刻本。

[47]〔清〕戚学标纂修:嘉庆《涉县志》,清嘉庆四年刻本。

[48]〔明〕董弦等纂修:嘉靖《内黄县志》,明嘉靖十六年刻本。

[49] 〔明〕王廷谏修,董复亨纂:万历《内黄县志》,明万历二十八年刻本。

[50] 〔清〕李涒修,黄之徽纂:乾隆《内黄县志》,清乾隆四年刻本。

[51] 〔清〕董庆恩修,陈熙春纂:光绪《内黄县志》,清光绪十八年刻本。

著作

[52] 张之:《安阳考释——殷邺安阳考证集》,新华出版社,1997年。

[53] 周国瑞:《崔铣洹词选》,中州古籍出版社,1993年。

[54] 金静编注《安阳古艺文选辑》,中国文联出版社12013年。

[55] 王维和、张宏敏编校《〈明儒学案〉〈宋元学案〉之黄宗羲按语汇辑》,杭州出版社,2012年。

[56] 王喜、张英聘点校《明代方志选编序跋凡例卷》,中国书店,2016年。

[57] 武功县地方志编纂委员会:《武功县志·田赋志》,陕西人民出版社,2001年。

[58] 陈光贻:《稀见地方志提要》,齐鲁书社,1987年。

[59] 申畅主编《河南文化史》,中国古籍出版社,2002年。

[60] 仓修良:《方志通论》,方志出版社,2003年。

[61] 刘永之,耿瑞玲:《河南方志提要》,河南大学出版社,1990年。

[62] 潘晟:《地图的作者及其阅读——以宋明为核心的知识史考察》,江苏人民出版社,2013年。

[63] 周致元:《明代荒政文献研究》,安徽大学出版社,2007年。

[64] 李汾阳:《清代仓储研究》,文海出版社,2006年。

[65] 衣长春、李想:《清代直隶政区变迁研究》,人民出版社,2017年。

[66] 刘静:《走向民间生活的明代儒学教化》,上海教育出版社,2014年。

[67] 高寿仙:《明代农业经济与农村社会》,黄山出版社,2006年。

[68] 鞠明库:《灾害与明代政治》,中国社会科学出版社,2011年。

[69] 刘卫东、高尚刚:《河南书院教育史》,中州古籍出版社,1991年。

[70] 刘子扬:《清代地方官制考》,故宫出版社,2014年。

[71] 胡廷积:《河南农业发展史》,中国农业出版社,2005年。

[72] 吕国强、刘金良主编《河南蝗虫灾害史》,河南科学技术出版社,2014年。

[73] 安阳市水利志编纂委员会编《安阳市水利志》,黄河水利出版社,2005年。

[74] 周振鹤、郭红:《中国行政区划通史·明代卷》,复旦大学出版社,2007年。

[75] [美]施珊珊著,王坤利译:《明代的社学与国家》,浙江大学出版社,2019年。

后　记

2007年来到古都安阳，被这里厚重的历史文化深深震撼，尤其是在安阳的老城内随处可见的明清建筑让古城的文化气息更为浓厚。初来安阳工作，特别想了解这座古城，于是我经常骑着自行车在老城里探访文物古迹。当时的安阳古城文峰中环路有部分老四合院还在拆迁，于是我找到了《安阳县志》查看民国时期安阳古城的地图。这时才知道彰德府古城目前的规模是在明代洪武时期奠定的。在古城里和一些爱好文史的老先生聊天中，我知道了安阳古城有九府十八巷七十二胡同和十八罗汉街的传说。这使我更加想深入了解安阳的城市历史。

在开展我的博士科研启动项目明代北部边防巡察机制研究时，我收集了大量关于明代北部边防的文献，其中特别引起我注意的是很多关于九边粮草、边粮运输、边操班军等的记录中都涉及了明代彰德府。这极大地激发了我的兴趣，明代彰德府为北部边防做了哪些贡献，明朝中央又是如何选定彰德府支援北部边防呢？随着收集的资料不断增多，一条线索也逐渐清晰起来，在支撑明代九边宣府、大同的边粮供给中，彰德府等河南府县发挥重要的作用。为了弄清明代北部边防巡察中的边防问题，我开始查阅安阳的地方志，其中包括明清两代的府志、县志等。在明代中后期，尤其从嘉靖朝开始，彰德府和北部边防的联系越来越紧密。

嘉靖中期，蒙古俺答汗率部众掠边，越过大同镇攻入山西，当时北方大震。

明世宗嘉靖皇帝命令河南巡抚李宗枢在彰德府涉县、武安县等地修建长城，以防范蒙古骑兵进入中原。彰德府地方官为此组织众多人力兴修山西和河南交界处的长城。这部分资料在地方志中有详细的记载。此后，随着收集资料的增多，我觉得这部分材料已经可以单独编辑成册，既可以完成我的明代北部边防巡察项目，又可以丰富和扩展研究成果，突显明代安阳对北部边防的贡献。

作为一个异乡客，安阳是我的第二故乡，能为这座古城做一点文化贡献也算是一种欣慰。河南省地方史志办公室整理出版的《河南历代方志集成》，其中安阳地方的府志和县志均有收录。这也为我们继续深入研究明清安阳历史文化提供了极大的方便。在教学之余，我也尽量抽时间来丰富资料。在这漫长的资料收集、整理过程中，我得到了很多志同道合者的帮助。

感谢每一位帮助收集资料的文史学者。在资料收集过程中，我得到了安阳市档案馆尉江华馆长的帮助，心存感激。同时，尉馆长还介绍我认识孜孜耕耘于《彰德府志》点校的乔利军老师。乔老师长期致力于钻研安阳地方文史，是我非常敬重的一位长辈。安阳市图书馆地方文献资料室的各位朋友也非常热心地为我提供资料。

文章不厌百回改，反复修缮方成篇。由于收集资料时间长，写作时间短，书稿虽反复修改但我还是忐忑不安。在准备写后记时，我仍然在反复修改。毕竟将明清安阳历史文化深入剖析，我还是个初学者。书稿写作中，围绕着明清彰德府地方社会还有很多值得深入挖掘的地方，希望在日后能够继续呈献给读者。

郭海东书于安阳
2023年2月